山东省社会科学规划研究一般项目（编号：18(

U0499272

基于自主式协同创新的
沂蒙老区
农村产业融合研究

卢中华 ◎ 著

中国财经出版传媒集团

经济科学出版社
Economic Science Press

·北 京·

图书在版编目（CIP）数据

基于自主式协同创新的沂蒙老区农村产业融合研究 /
卢中华著 . -- 北京：经济科学出版社，2024.12.
ISBN 978 - 7 - 5218 - 6452 - 6

Ⅰ . F327. 523

中国国家版本馆 CIP 数据核字第 2024TB1784 号

责任编辑：周国强
责任校对：孙　晨
责任印制：张佳裕

基于自主式协同创新的沂蒙老区农村产业融合研究

JIYU ZIZHUSHI XIETONG CHUANGXIN DE YIMENG LAOQU
NONGCUN CHANYE RONGHE YANJIU

卢中华　著

经济科学出版社出版、发行　新华书店经销
社址：北京市海淀区阜成路甲 28 号　邮编：100142
总编部电话：010 - 88191217　发行部电话：010 - 88191522
网址：www. esp. com. cn
电子邮箱：esp@ esp. com. cn
天猫网店：经济科学出版社旗舰店
网址：http://jjkxcbs. tmall. com
固安华明印业有限公司印装
710 × 1000　16 开　16.5 印张　250000 字
2024 年 12 月第 1 版　2024 年 12 月第 1 次印刷
ISBN 978 - 7 - 5218 - 6452 - 6　定价：98.00 元
（图书出现印装问题，本社负责调换。电话：010 - 88191545）
（版权所有　侵权必究　打击盗版　举报热线：010 - 88191661
QQ：2242791300　营销中心电话：010 - 88191537
电子邮箱：dbts@ esp. com. cn）

前　　言

　　针对沂蒙革命老区（以下简称"沂蒙老区"）农村产业融合四个突出问题，即创新系统薄弱、产业主体的能力匮乏、产业融合平台建设刚起步、产业链发展滞后，本书以产业发展理论、创新理论为基础，立足沂蒙老区农村产业融合发展客观情况，采用比较归纳法、多元回归模型、定性比较分析法、案例分析方法等，从沂蒙老区农村的产业融合的状况梳理、沂蒙老区农村产业融合内在机理的比较研究、沂蒙老区产业融合内在机制的实证研究、基于自主式协同创新的沂蒙老区科技创新系统研究、沂蒙老区农村产业融合主体的自主式协同创新研究、基于自主式协同创新的沂蒙老区农村产业融合平台研究、沂蒙老区农村全产业链融合研究、促进沂蒙老区农村产业融合的对策研究。这八个方面对革命老区农村产业融合的内在机理进行了系统研究。

本书的主要研究成果有以下八个方面：

（1）认为沂蒙老区农村产业融合可以划分为五个阶段，具有自主式协同创新的特点，形成九条基本经验。这些经验为：突出农业优势，推动农业产业化发展；推动工业化发展，吸引投资，引进先进技术；加强基础设施建设，为产业发展提供硬件保障；推进城乡融合发展，缩小城乡差距；加强产业联盟建设，推动产业链的延伸和升级；推进技术创新，提高产业竞争力；突出农业产业化发展；加强政府和社会各方面的协调配合；推进农村居民就业转移，发展农村旅游、农业休闲等产业。

（2）基于自主式协同创新，构建了沂蒙老区和赣南老区农村产业融合的理论模型。该模型包括自主式协同创新主体、自主式协同创新环境、自主式协同创新过程、农村产业融合效应、自主式协同创新评估和改进五个部分。模型不仅强调了自主式协同创新在农村产业融合中的重要作用，并且认为自主式协同创新主体、自主式协同创新环境和自主式协同创新过程是实现农村产业融合的关键因素。而且强调了农村产业融合效应的重要性，并且认为农村产业融合效应是评估自主式协同创新成功程度的关键标准。还强调了自主式协同创新评估和改进的重要性，并且认为自主式协同创新评估和改进是提高自主式协同创新效果和水平的关键手段。

（3）发现不存在促进沂蒙老区农村产业高效融合的必要条件，也说明不存在促进沂蒙老区农村产业非高效融合的必要条件。促进沂蒙老区农村产业高效融合的组态有四个，即"政府－企业"驱动型融合路径、"科技－金融"型融合路径、"龙头企业"引领型融合路径、"企业－银行"驱动型融合路径。

（4）认为当前沂蒙老区农业科技创新系统，在科研机构和科技创新平台建设、农业科技成果转化、农业技能培训、农业科技展示和推广、农村合作社发展等方面存在明显短板。发现沂蒙老区农村企业科技创新的主要影响因素有四个，即合作研发投入（*HK*）、合作研发参与度（*HC*）、产品市场需求（*SC*）、科技人员（*KR*）。提出沂蒙老区科技创新系统的"一头－两翼－双足"的优化路径，"一头"是市场需求，"两翼"指合作研发投入及其参与度，"双足"是指技术人员和激励政策。

（5）提出沂蒙老区农村产业融合主体具有自主式协同创新的特点，其创新深受政策环境、市场需求、技术能力、合作关系、文化环境的影响。基于自主式协同创新，发现沂蒙老区产业融合主体能力提升路径主要有五种，即建立创新型合作机制、推进技术创新、强化人才培养、优化政策环境、加强品牌建设。

（6）认为沂蒙老区农村产业融合平台主要产业园区、农产品电商平台、农业科技创新平台、农村综合服务平台四种类型。

农村产业园区高质量发展的路径为：加强政府支持，深化园区与政府合作；引进先进技术，深化产业园区内部的协同创新机制；推行环保创新；完善园区与企业合作，强化园区产业链合作；培养专业人才，拓展园区与高校、研究机构的合作；增强产业园区的市场营销能力；不断优化产业园区的基础设施和环境。

农产品电商平台高质量发展的路径为：完善平台内部的协同创新机制；增强技术创新和服务创新；增强用户黏性；深化平台与物流公司合作，优化物流配送；严格质量控制；扩大平台规模；加强品牌建设。

农业科技创新平台高质量发展的路径为：优化平台的技术和服务；建立平台内部的协同创新机制；加强与高校和研究机构的合作；加强政府合作；吸引和培养人才；增强市场营销能力；探索新的业务模式。

农村综合服务平台高质量发展的路径为：完善平台建设，建立平台内部的协同创新机制；增强农民参与度，建立平台与农民之间的互动机制；扩大市场影响力；健全的合作机制，完善的合作体系；不断创新和优化，提升平台的技术和服务整体水平。

（7）提出沂蒙老区农村产业链的主要优势为产业链初具规模、优质的农产品资源、发达的农业基础设施、活跃的农村合作社、丰富的农业文化资源、政府的支持和引导。根据产业链的主要问题、重要实践活动、核心主体、产业链融合能力等条件，将沂蒙老区农村产业链融合的发展情况分为三个阶段，即产业链融合的初期、快速发展时期、转型发展时期。

通过纵向多案例分析，构建了沂蒙老区农村产业链融合的"三阶段–两创新–三能力"理论模型，"三阶段"是指沂蒙老区农村产业链融合至今已经经历了融合初期、融合深化、融合转型三个阶段，"两创新"是指自主式协同创新和协同式自主创新，"三能力"是指本地区资源整合能力、跨区域资源整合能力和科技创新能力。

根据产业链龙头企业、成链企业的科技创新能力，产业链的知名度，产业链的影响力等指标，将老区农村的产业链分为三种基本类型，即以本地资源整合为核心的产业链（Ⅰ型），以跨区域跨行业资源整合为根本的产业链（Ⅱ型），以数字化、智能化、绿色化高新科技为核心的产业链（Ⅲ型）。在此基础上，提出了每种类型产业链融合的优化路径。

（8）提出促进沂蒙老区农村产业融合的对策体系。主要内容包括：积极推动沂蒙老区人力资源集聚、强化沂蒙老区科技创新系统的建设、持续促进沂蒙老区农村产业融合平台体系建设、有条不紊推动沂蒙老区农村全产业链融合。

另外，本书可能的创新之处主要有四点：第一，提出了"自主式协同创新"的理念。自主式协同创新是指以"自主学习、自主研发、掌握主动、引导引领创新"为特征的协同创新，是在自主创新基础或前提之下的协同创新；自主式协同创新与一般意义的协同创新具有内在的区别，在一定程度上发展了协同创新理论。第二，发现了沂蒙老区农村产业融合路径。认为自主式协同创新是沂蒙老区农村产业融合的必由之路，基于自主式协同创新的沂蒙老区农村产业融合路径由老区人力资源集聚、科技创新系统构建、融合平台体系建设、全产业链融合构成，其先后次序取决于各县市区或乡镇的发展实际。第三，通过纵向多案例分析，构建了沂蒙老区农村产业链融合的"三阶段－两创新－三能力"理论模型。第四，构建了"四位一体"的对策建议体系。在系统研究沂蒙老区人力资源集聚、科技创新系统构建、融合平台体系建设、全产业链融合的机制体制的基础上，基于自主式协同创新的视角，依次针对上述四个维度构建了"四位一体"的沂蒙老区农村产业融合对策建议。

目　　录

第 1 章

导　　论

本章主要讨论三部分内容，即问题的提出、文献综述与研究意义，研究设计以及本研究可能的创新之处。

1.1　问题提出、文献综述与研究价值

1.1.1　问题提出

1.1.1.1　研究背景

（1）国家重视革命老区的发展。国家对革命老区的发展非常关注，并且出台了一系列的政策

文件和实施措施，以支持和促进革命老区的发展。以下是一些具体的实例和文件：

2016 年 10 月，中共中央印发了《关于加快革命老区建设的意见》，明确提出了加快革命老区建设的总目标和任务，并制定了一系列具体的政策措施，如建设公共基础设施、发展特色产业、增强生态环境保护等，以支持革命老区的发展。

2018 年 10 月，国务院印发了《关于支持革命老区发展的几个政策措施》，明确提出了支持革命老区发展的 20 个具体政策措施，如减免企业所得税、支持农业发展、加快基础设施建设等，以促进革命老区的经济社会发展。

2020 年 1 月，中共中央办公厅、国务院办公厅联合印发了《关于印发〈关于深化革命老区改革开放的意见〉的通知》，提出了深化革命老区改革开放的总目标和任务，并制定了一系列具体的政策措施，如建设现代化农业、推进农村振兴、加快基础设施建设等，以支持革命老区的发展。

2021 年 1 月，国家发布《国务院关于新时代支持革命老区振兴发展的意见》，巩固拓展革命老区脱贫攻坚成果。同年 3 月，中共中央办公厅、国务院办公厅联合印发了《关于做好"十四五"期间革命老区工作的意见》，提出了"十四五"期间革命老区工作的总目标和任务，并制定了一系列具体的政策措施，如加快现代化农业发展、推进农村振兴、加强生态环境保护等，以支持革命老区的发展。

中央财政增加对革命老区支持力度。多年来，中央财政积极增加财政投入，支持革命老区发展。在"十三五"期间，财政部累计安排中央专项彩票公益金 100 亿元支持革命老区发展。[①] 2021 年，财政部向革命老区转移支付

---

① 两会热词惠及民生 体彩传递温暖民声［N/OL］. https：//www. gdlottery. cn/html/ticaidongtai/20220309/84431. html，2022 - 03 - 09.

198.66 亿元改善民生。①

鼓励社会各界参与革命老区发展。国家鼓励社会各界参与革命老区发展，支持企业、社会组织、个人等在革命老区投资、创业、从事公益事业等。例如，国家鼓励企业在革命老区建设智慧农业、生态农业等特色产业，支持社会组织在革命老区开展文化传媒、教育培训等公益活动。

（2）沂蒙革命老区（以下简称"沂蒙老区"）农村产业发展面临困境。沂蒙老区是指以沂蒙山区为中心、以今临沂市为主体的包括毗邻部分地带的山东省东南部地区，涵盖临沂市的兰山区、罗庄区、河东区、兰陵县、蒙阴县、费县、平邑县、沂水县、沂南县、郯城县、临沭县、莒南县，潍坊市的临朐县，淄博市的沂源县，泰安市的新泰市，济宁市的泗水县和日照市的五莲县、莒县，共计 18 个县市区，总面积 2.7 万平方千米，2023 年人口 1500 多万。② 现如今，沂蒙地区已经成为山东省东部地区商流、物流、资金流、信息流聚集中心。③

经过几十年的艰苦奋斗，沂蒙老区农村产业发展取得了一定的成果，但也存在一些困难和问题，主要包括以下几方面：第一，基础设施建设不足。革命老区的基础设施建设相对滞后，如交通、水利、电力等基础设施建设不足，限制了农村产业的发展。第二，农业生产要素缺乏。革命老区的农业生产要素如土地、水资源、农业机械等相对缺乏，限制了农业生产的扩张和提高。第三，农业科技创新能力不强。革命老区的农业科技创新能力不强，农业科技成果转化率低，限制了农业产业的升级和转型。第四，农业生产模式单一。革命老区的农业生产模式单一，主要依靠传统的农业生产方式，缺乏创新和改革，难以满足市场对农产品的多元化需求。第五，农村劳动力流失

---

① 关于下达 2021 年革命老区转移支付预算的通知［EB/OL］. http://www.mof.gov.cn/jrttts/202105/t20210511_3699757.htm，2021 – 05 – 07.

② 沂蒙老区的面积和人口源自《山东统计年鉴（2023）》相关县市区面积和人口的加总。

③ 徐东升，李婧，薛舒文. 新时代沂蒙红色文化传承与弘扬研究［M］. 北京：九州出版社，2023：192.

严重。革命老区的农村劳动力流失严重，年轻劳动力外出工作，导致农村人口老龄化、农业劳动力不足等问题。第六，农业产品销售困难。革命老区的农业产品销售困难，缺乏有效的销售渠道和市场信息，导致农业产品价格低、销售不畅等问题。第七，农村环境恶化。革命老区的农村环境恶化，如农村生活垃圾处理不当，农业化肥、农药滥用等问题，影响了农村生态环境和农业生产的可持续发展。

（3）产业融合发展为沂蒙老区农村产业高质量发展提供了契机。产业融合发展是产业发展的基本趋势，它可以促进沂蒙老区农村产业的高质量发展，主要体现在五个方面。第一，产业融合发展可以实现不同产业之间的协同发展，提高产业链的整体效益。农业、旅游、文化等产业的融合发展，可以形成一个完整的产业链，共同推动农村产业的发展。第二，产业融合发展可以促进农业产品的加工价值，提高农业产品的价值。农业产品加工企业与旅游企业的合作，可以将农业产品加工成特色农产品、农家乐等旅游食品，提高其价值和竞争力。第三，产业融合发展可以推动农村旅游的发展。农业、旅游、文化等产业的融合发展，可以形成一个完整的农村旅游产业链，提供更加丰富的旅游体验，吸引更多的旅游者前来消费。第四，产业融合发展可以增加农民收入。例如，农业、旅游、文化等产业的融合发展，可以为农民提供更多的就业机会，增加农民的收入来源。第五，产业融合发展可以促进农村文化的传承和创新。农业、旅游、文化等产业的融合发展，可以通过旅游、文化等形式，将农村文化传承下去，同时也可以通过创新和改造，使农村文化更加富有生命力。

（4）协同创新对沂蒙老区农村产业高质量发展具有重要价值。协同创新对沂蒙老区农村产业高质量发展具有重要作用，可以促进技术创新、提高产业链整体效益、促进产业结构优化、促进农民创业创新、促进农村文化创新，具体体现在以下八个方面：第一，协同创新可以促进技术创新，通过企业、研究机构、高校等多方共同研发和创新，提高农业科技水平，推动农业产业的升级和转型。第二，协同创新可以提高农村产业的产品创新。通过多方协同，可以结合市场需求，共同研发和创新，推出更加符合市场需求的产品，提高农村产业的竞争力。第三，协同创新可以推动农村产业的模式创新。通过多方协同，可以探索新的产业模式，推动农村产业的转型和升级，实现农村产业的高质量发展。第四，协同创新可以促进农村文化创新，通过企业、文化机构、社区等多方共同创新，推动农村文化的创新和发展，增加农村文化的价值和影响力。第五，协同创新可以提高产业链整体效益，通过企业之间的合作和协同，实现资源共享和互补优势，提高产业链的整体竞争力。第六，协同创新可以促进产业结构优化，通过企业之间的合作和协同，实现产业的跨界融合和创新，推动产业结构的优化和升级。第七，协同创新可以促进农民创业创新，通过建设创业创新平台，为农民提供创业培训、项目支持等服务，促进农民创业创新，增加农民收入。第八，协同创新可以促进农村产业的品牌创建。通过多方协同，可以共同建设农村产业的品牌，提高农村产业的知名度和影响力，增加农村产业的价值。

1.1.1.2　问题提出

综上所述，虽然国家高度重视革命老区的发展，但是沂蒙老区农村产业发展当前面临着诸多困难；经过老区自身和其他发达地区的实践探索，可以证明产业融合和协同创新对沂蒙老区农村产业的高质量发展发挥重要的促进作用。然而，沂蒙老区农村地区的产业融合、协同创新也在不同层面存在很多约束，例如，产业融合发展面临的产业融合主体不强、市场竞争不充分、科技创新能力不足、科技平台薄弱等问题，协同创新层面的创新环境不够成熟、创新资源不足、创新成果转化率低等瓶颈。因此，为了促进沂蒙老区农村产业的高质量发展，有必要对老区农村产业的协同创新、产业融合进行系统、全面、深入的研究，探索二者之间的内在关联，为各级政府、企业、社会组织等相关主体的决策提供理论参考或借鉴。

1.1.2　文献综述

1.1.2.1　农村产业融合文献综述

（1）产业融合的定义和分类。

①产业融合的定义。今村奈良臣（1996）提出"六次产业"概念，对农村产业融合具有深远的影响。姜长云（2015）、马晓河（2016）、王乐君和寇广增（2017）等指出农村产业融合是以农业为基础，通过产业关联或功能整合，优化资源配置，以实现产业链延伸、农民增收、核心竞争力增强的目的；而李治和王东阳（2017）认为产业融合的本质是交易成本内部化。南比桑等（Nambisan，Lyytinen & Song，2019）将行业融合定义为通过技术、资源和市场整合不同行业，创造新的行业格局和创新模式。赵磊等（2019）认为产业融合是指不同产业之间通过技术、资源、市场等方式的相互融合，形成新的产业格局和创新模式。里塔拉等（Ritala，Hurmelinna-Laukkanen & Saarijärvi，2020）将行业融合定义为通过并购、联盟和平台建设实现不同行业的融合，以实现资源整合和协同创新，创造新的行业景观和创新模式。王晓萍等（2020）认为，产业融合是指企业通过合并收购、联盟合作、平台建设等方式，实现不同产业之间的资源整合和协同创新，形成新的产业格局和创新模式。戈梅斯等（Gomes，Lopes & Carvalho，2021）将行业融合定义为通过技术、资源和市场整合不同行业，创造新的行业格局和创新模式。刘晓燕等（2021）认为，产业融合是指不同产业之间通过技术、资源、市场等方式的相互融合，实现产业链的延伸和扩展，形成新的产业格局和创新模式。

②产业融合的分类。产业融合的主要类型有延伸型融合、交叉型融合、

衍生型融合（郭晓杰，2013），交叉性融合和重构性融合（梁立华，2016），顺向融合、逆向融合、农业集群融合、农业功能拓展融合和服务业引领融合（姜长云，2016；张昀晨，2012），农旅一体化带动型融合、纵向一体化延伸型融合、基层党组织引领型融合和电商平台助推型融合（欧阳胜，2017），产业间重组融合、产业渗透融合、产业交叉融合（吕岩威，刘洋，2017）。布雷夏尼（Bresciani，2018）、董晓辉等（2021）分析了产业的技术融合、资源融合和市场融合。张晓艳等（2018）、里塔拉等（Ritala, Hurmelinna-Laukkanen & Saarijärvi, 2020）从垂直融合、水平融合、相关融合和跨界融合等维度探讨了产业分类。南比桑等（Nambisan, Lyytinen & Song, 2019）将产业融合分为价值链融合、产业集群融合和产业景观融合。冯艳茹等（2019）将产业融合分为产业链融合、产业群融合和产业格局融合三种类型。王晓萍等（2020）将产业融合分为垂直融合、水平融合、相关融合和跨界融合四种类型。

（2）农村产业融合的内在机制。张昀晨（2012）认为社会理念变迁、居民收入和闲暇时间增加促进了农村旅游业发展；梁立华（2016）提出贸易成本降低和创新驱动是农村产业融合的动力；郑风田和乔慧（2016）指出农业供给侧结构性改革的需要、新型农业经营主体、政策鼓励推动产业融合；李治和王东阳（2017）发现技术与制度创新、市场需求扩大、农业多功能综合开发驱动农村产业融合；赵霞、韩一军和姜楠（2017）提出影响农村产业融合的因素是技术创新、主体利益、市场需求、政府政策。

李晓龙（2021）认为城镇化显著促进农村产业融合发展水平提升，城镇化对农村产业融合发展的影响效果受财政支农水平制约，在财政支农水平由低变高的动态过程中，城镇化对农村产业融合发展的促进作用逐步增强。王长征、冉曦和冉光和（2022）提出农民合作社在乡土生产传统的基础上通过集体经济，形成了内部化处理方式，以兼容形式进入市场领域，构建了农村产业市场的"在地秩序"，形成"专业合作社联合—新型市场主体关系—产业聚合体"的农村产业融合路径。

张岳和周应恒（2021）、焦青霞和刘岳泽（2022）、张林和温涛（2022）、孟维福和任碧云（2023）分别研究了数字金融对农村产业融合的影响，发现数字金融能显著推动农村产业融合发展。但是张岳和周应恒（2021）认为数字普惠金融的信贷业务对农村产业融合的促进作用最大，支付业务次之，保险业务的推动作用最小。传统金融竞争在数字普惠金融发展与农村产业融合之间起到调节作用，传统金融市场的竞争越激烈，数字普惠金融发展对农村产业融合的促进作用越强。焦青霞和刘岳泽（2022）提出数字金融可以通过农业科技创新间接促进农村产业融合发展。张林和温涛（2022）发现数字普惠金融主要通过提高支付便利性和缓解流动性约束两种途径对农村产业融合发展产生作用。孟维福和任碧云（2023）认为缓解融资约束和提高农村创业活跃度是数字金融促进农村产业融合的重要机制。

黄政等（2023）发现农村产业融合是一个多阶段、多元主体参与并相互博弈推进的过程。例如，海南省海口市施茶村产业融合历经了转型探索、利益联结和多产融合三个阶段，非人类行动者自身属性、村民参与度提升、关键行动者及其意图改变、异质行动者间的利益博弈等联合驱动施茶村产业融合。王超、崔华清和蒋彬（2023）认为农业文化遗产是我国农耕文明的活化载体，对推进农村"三产融合发展"具有促进作用。

邱书钦和滕剑仑（2024）发现数字经济对农村"三产融合发展"有显著的促进作用，西部地区农村"三产融合发展"获得的数字红利比东部及中部地区更加显著，技术创新和产业结构升级是数字经济促进农村三次产业融合发展的重要机制。孟维福、郑素兰和刘婧涵（2024）从技术创新和创业活跃度视角检验了数字经济助推我国农村产业融合的效应和机制。提出数字经济能够显著地促进农村产业融合，提升技术创新水平和创业活跃度，是促进农村产业融合的重要机制。

（3）产业融合效应。文献研究了农村产业融合对农业碳排放（谢帮生等，2024）、返乡农民工创业能力（张立新和袁雪，2021）、共同富裕（王琴等，2023；焦青霞，2023；徐鹏杰，2024）、农民增收（郝华勇和杨梅，2023）、县域经济增长（许伟，2023）、农业绿色发展（田彩红等，2024）、农业强国（贾伟，2024）的影响。其中，张立新和袁雪（2021）发现农村产业融合发展认知对返乡农民工创业的机会、承诺、关系及战略管理能力均有显著正向影响；王琴等（2023）提出农村产业融合对县域共同富裕具有显著的促进作用，农村产业融合可以通过优化产业结构和提升城镇化水平推动县域共同富裕；许伟（2023）提出农村产业融合通过提高人均国内生产总值，缓解城乡居民收入的不平等性，能显著提高共同富裕水平。农村产业融合的共富效应在欠发达、高财力、高数字金融和高人力资本地区更为显著；田彩红等（2024）发现长江经济带县域农村"三产融合发展"能显著促进农业绿色发展，但影响效应存在区域异质性、存在产业升级的双门槛特征、存在技术创新的双门槛特征。徐鹏杰（2024）、谢帮生等（2024）等文献也作了相关研究。

（4）农村产业融合的综合评价。钱明辉等（2023）构建我国农村产业融合的"4 + 1"模式及农村产业融合度测算体系。通过对 2017 ~ 2019 年注册地在我国农村地区的工商实体经营范围文本数据的挖掘展开了农村产业融合度的测算，并基于测算结果对我国农村产业融合水平进行分析和比较。吴丽丽、朱世友和吕永强（2024）从全产业链发展视角选择能够突出产业融合深度、广度和经济效益的评价指标，然后采用熵值法和综合评价指数法对安徽省农村产业融合发展水平进行量化测度和等级划分。邱书钦和滕剑仑（2024）利用 2011 ~ 2020 年中国 30 个省份的面板数据，测算了数字经济发展水平和农村"三产融合发展"水平。孟维福、郑素兰和刘婧涵（2024）基于熵值法和主成分分析法分别测度了各省份农村产业融合指数和各省份数字经济发展指数。

1.1.2.2　协同创新的文献综述

（1）协同创新内涵、特征。王学真和郭剑雄（2000）认为中国农业现代转型必须走协同创新之路，它既是农业系统及其硬件和软环境系统适应农业现代化要求的创新，也是三个子系统间以及子系统内部的同步创新。欧金荣和张俊飚（2012）提出我国"三农"的现实性和国家农业科技战略要求，决定农业知识源头的大学、涉农企业、农村基层组织、农户构建知识联盟、开展协同创新。王丹等（2021）将国家农业科技创新生态系统划分为"创新主体－创新种群－创新群落－创新生态系统"四个层次，构建国家农业科技创新生态系统结构模型。王丹等（2023）界定了国家农业科技协同创新的内涵、网络层次及协同关系，构建国家农业科技协同创新网络理论模型，用社会网络分析方法识别中国农业科技协同创新网络的结构特征。

（2）协同创新内在机制机理的研究。崔海云和施建军（2013）发现情感承诺在龙头企业协同创新与其经济绩效、社会绩效关系中发挥正向调节作用，而计算性承诺在龙头企业协同创新与其社会绩效关系中起负向调节作用。郝世绵（2014）构建了由农业院校、政府、涉农企业、科研机构、中介机构组成的现代农业协同创新的关系契约模型，分析现代农业协同创新的内外部影响因素，提出现代农业协同创新关系契约治理机制。高启杰和姚云浩（2015）构建合作农业推广协同网络治理模式，从网络结构、网络关系、动态化的运作过程、全方位的治理机制、合作网络发展等角度对该模式进行阐述。王文亮（2016）发现校企协同的驱动要素包括人力资本、技术创新、战略创新、平台建设、资金支持、文化观念，校企协同创新要注重驱动要素的集成，整合优势资源以实现共享。李鹏等（2016）认为农业技术创新链与产业链的"极弱融合"是农业科技创新系统协同能力处于"协调且一般有效"状态的根源，科技研发、农业科技推广与社会化服务及农业科技采纳与应用等方面的不足是导致农业科技系统内部未深度融合的主要原因。胡宝贵和庞洁（2016）发现农业产业化龙头企业与创新各主体的协同创新存在无效率情况，企业通过与高校、科研机构建立长期合作可以提高技术创新效率，政府在协同创新中发挥重要作用。王农等（2016）提出农业科研体系内在驱动机制包括收益动力驱动、内部绩效激励驱动、科研文化创新驱动、学科建设驱动，农业科研体系外部驱动机制涉及市场需求驱动、科技驱动、科技竞争压力驱动。协同创新形式有协同创新的研究平台、网络体系或创新集群、战略联盟。胡平波（2018）认为政府主导是推动区域生态农业创新体系构建的关键，科研院所与服务机构是促使生态技术创新与扩散的基础，企业与农村精英创新是支持合作社生态化建设的关键。有效的区域生态农业创新体系需要实现观念、技术与制度的协同创新。王晓君等（2021）提出从建立协同发展长效机制、营造科技人才跨区流动综合环境、细化农业创新资源开放合作清单和路径等方面，构建京津冀新型农业科技创新合作网络。生吉萍（2021）基于区块链多技术的融合创新，通过产业横向整合、纵向整合和空间整合，提升农业生产效率、改善产品市场表现、提升农业市场效率、优化农业空间布局，从而促进农业协同创新发展。彭思喜（2023）发现以市场为主导发挥产学研"主体协同"和"要素协同"联动作用，促进产学研创新要素全面协同，是化解农业企业产学研深度融合"要素症结"的重要机制；从主体交易协同到要素全面协同是农业企业产学研深度融合的有效演化路径；以"战略－知识－组织"为主导的全要素协同是农业企业产学研深度融合的内在机制。王腾（2023）认为面向所有积极协同方的事后成本补贴是促进各联盟协同的关键，针对主导方较高强度的事前补助，可激励产业性联盟各成员积极协同。

（3）协同创新绩效、水平的综合评价。李鹏和张俊飚（2013）借助三阶段 DEA 方法，测度林果业科研团队各决策单元的协同创新绩效。李鹏（2014）依托国家食用菌产业技术体系，采用 DEA-HR 模型，分析农业废弃物循环利用参与主体的协同创新绩效及区域差异问题。丁玉梅（2014）依托国家食用菌产业技术体系，采用 DEA-HR 模型，分析农业废弃物基质化循环利用过程中技术推广与农户采纳的协同创新及深度衔接机制构建问题。刘畅等（2021）运用熵值法和耦合协调模型，对黑龙江省 2018 年农业高质量发展与农业科技创新能力耦合协调水平进行研究。徐宣国等（2023）构建育种协同创新复合系统指标体系，并实证分析种子企业与农业科技园区的协同创新发展水平，研究发现种子企业育种创新绩效与农业科技园区育种创新产出之间的协同配合，对复合系统协同创新发展水平提高存在重要影响。尹春凤（2022）对我国东、中、西部代表种子龙头企业和农业科技园区两个作物育种子系统及其协同创新复合系统进行协同度测量，并对其中的影响因素进行分析。

（4）协同创新模式、路径的研究。邱密和李建军（2014）认为我国要实现以创新促农业可持续发展战略，应加大对农业科技创新的政策支持，要充分考虑农业创新中介服务机构的独特功能和作用，为农业科技创新的协同推进提供服务支持和社会资本。余庆来等（2018）发现农业企业协同创新的六种模式，即产学研合作、重大科技项目联合攻关、企业科技特派员、农业科技示范园区、产业技术创新战略联盟、以股权方式联合成立新的研发机构。王燕（2018）探讨了西部地区五种具有代表性的典型农业科技协同创新实践，提出了新时代乡村振兴战略下西部地区"5＋2"农业科技协同创新模式。易加斌等（2021）提出农业数字化转型要构建"环境－网络－主体－要素"协同创新"四位一体"的实施路径，包括营造农业数字化转型的协同创新环境、优化农业数字化转型的产业价值创新网络、增强农业数字化转型的价值主体间协同创新能力、强化农业数字化转型的协同创新要素支撑。李海艳（2022）提出了数字农业创新生态系统的"环境－主体－链条－网络"协同创新"四位一体"的实施路径，包括营造数字农业创新生态环境、打造数字农业创新生态"命运共同体"、优化数字农业多层次创新生态链、构建数字农业热带雨林式创新网络。黄瑶和李佳（2022）提出农业产业创新链的构建需要扩展到产业生态系统各个链条与环节之中，加强农业信息平台建设，构建产业链协同机制。张毅和杨金江（2024）认为应集成现代设施农业发展所需的各类资源要素，实现产业链上下游相关主体协同创新。需要构建多方参与的协同创新机制，强化关键核心技术的综合集成供给，制定完善现代设施农业标准和支持政策。

（5）协同创新效应。林青宁等（2019）、林青宁和毛世平（2019）发现协同创新对农业科研院所创新产出存在基于研发禀赋结构的双门槛效应。项诚和毛世平（2019）发现农业科研院所参与协同创新对其国外发表科技论文和申请发明专利有促进作用，但并未显著影响其学术著作出版数量，对其国内发表科技论文有显著负影响；创新平台对农业科研院所国外科技论文发表有显著促进作用。韩正涛和张悟移（2020）发现涉农企业选择知识共享的策略受农业科技协同创新中协同利益的分配系数变化的影响。李二玲（2021）发现山东寿光蔬菜产业的各类各层主体通过知识和创新网络实现五大维度上的协同创新，一起促进企业（农户）、产业（网络）、技术、制度和空间"五位一体"的协同演化，是农业集群可持续创新发展的内在机制。夏岩磊（2021）发现主体协同程度显著正向提升创新能力，"报酬溢价"作为中介变量的非完全中介效应显著；政府主导型园区和重点城市园区，主体协同促进创新能力提升的效果更好。

（6）简要的评论。上述研究具有广泛的推广价值，发展滞后地区采取协同创新以促进农村产业融合，无疑具有很好的现实意义。但是，在区域特殊性十分明显的沂蒙老区如何推动协同创新以更好地推动产业融合？尤其是，协同创新是个比较复杂的系统，用一个指数表明协同创新的水平，没有深入到协同创新内部，具体分析不同的协同创新主体、方式、程度等对农业科技协同创新绩效的影响。

综上所述，对沂蒙老区而言，农村产业融合具有重要意义，是其发展的基本方向。可是目前明显存在着四个问题。第一，创新系统薄弱，且呈现出城乡二元结构；第二，产业主体的知识能力匮乏，人力资源的集聚度偏低；第三，城乡一体化的市场体系急需完善，物流与供应链管理滞后；第四，产业融合发展的服务平台建设刚起步。从而提出所要研究的问题——在新的发展时期，沂蒙老区如何才能更加有效地推进农村的产业融合？本书将从自主式协同创新的视角，研究沂蒙老区产业融合的机制体制和对策建议。

1.1.3　研究价值

（1）学术价值。所提出的自主式协同创新的概念，深化了对协同创新的认识和研究；揭示的沂蒙老区农村产业融合的内在机理，提出的基于自主式协同创新的沂蒙老区农村产业融合的路径，在一定程度上推动了产业融合理论的深化。

（2）应用价值。本书基于自主式协同创新，从科技创新系统完善、人力资源集聚、融合平台建设、全产业链融合四个维度，系统研究了新时期沂蒙老区农村产业融合的关键因素，并提出了"四位一体"的对策建议，可以为政府决策、企业发展、科学研究提供参考和借鉴，具有很强的针对性和可操作性。

1.2　研究设计

1.2.1　研究对象

本书以沂蒙老区产业融合为研究对象。首先，本书先以沂蒙老区县市区或乡镇三次产业融合为研究样本，分析了沂蒙老区产业融合的内在机理，揭示了沂蒙老区"三产融合发展"困境的根本原因。又系统梳理和科学阐释了习近平新时代中国特色社会主义经济思想，提出了基于自主式协同创新理念的沂蒙老区产业融合研究框架。其次，本书从科技创新系统完善、人力资源的集聚、产业融合平台的建设、特色优势农产品全产业链融合四个维度，剖析老区产业融合的有效模式。最后针对上述四个维度提出本书研究的对策建议。

1.2.2 研究框架

（1）沂蒙老区农村产业融合的状况梳理。主要从四个方面对沂蒙老区农村产业融合的现状进行梳理，即新中国成立后到 2000 年沂蒙老区农村产业发展状况、沂蒙老区农村产业融合发展的基本历程、沂蒙老区农村产业融合发展的主要特征、沂蒙老区农村产业融合发展的自主创新与协同创新。

（2）沂蒙老区农村产业融合内在机理的比较研究。将通过对赣南革命老区（以下简称"赣南老区"）农村产业融合的状况梳理、沂蒙老区和赣南老区农村产业融合的比较研究，构建沂蒙老区和赣南老区农村产业融合理论模型。

（3）沂蒙老区产业融合内在机制的实证研究。尝试运用定性比较分析方法（QCA），实证研究沂蒙老区产业融合内在机制。主要内容包括：文献回归和模型构建、变量选择、数据来源、研究方法，沂蒙老区农村产业融合的组态分析。

（4）基于自主式协同创新的沂蒙老区科技创新系统研究。首先，梳理各县市区或乡镇科技创新的基本状况，理顺老区企业创新系统、产业创新系统以及区域创新系统的边界和关联。其次，根据老区科技水平低下、城乡科技联系较少的实际，针对特色优势产业构建基于自主式协同创新的企业、产业或区域创新系统。最后，探索沂蒙老区基于自主式协同创新的科技融合发展的路径选择。

（5）沂蒙老区农村产业融合主体的自主式协同创新研究。从沂蒙老区产业融合主体自主式协同创新的表现、沂蒙老区农村产业融合主体自主式协同创新的主要影响因素、基于自主式协同创新的沂蒙老区产业融合主体能力的提升路径研究三个层面进行分析，研究了企业家、科技专家、返乡创业者三类主体的自主式协同创新的表现、影响因素，以及提升路径。

（6）基于自主式协同创新的沂蒙老区农村产业融合平台研究。首先，简要介绍沂蒙老区农村产业融合平台的主要类型，主要涉及产业园区、农产品电商平台、农业科技创新平台以及综合服务平台。其次，从特点优势不足、影响因素、提升路径三个层面，分析了沂蒙老区农村产业园区、农产品电商平台、农业科技创新平台以及综合服务平台的演进逻辑。

（7）沂蒙老区农村全产业链融合研究。主要内容有三个部分。首先，梳理沂蒙老区农村产业链融合发展的基本情况，主要是每个县市区的主要产业链、老区农村产业链的基本特征和主要优势以及存在的主要问题。其次，采用程序式扎根理论编码方法对沂蒙老区农村全产业链融合的内在机制进行多案例研究，以揭示老区农村产业链融合的基本逻辑。最后，讨论沂蒙老区农村产业链融合路径。

（8）促进沂蒙老区农村产业融合的对策研究。在前面的研究基础上，提出促进沂蒙老区农村产业融合的对策体系。主要内容包括：积极推动沂蒙老区人力资源集聚、强化沂蒙老区科技创新系统的建设、持续促进沂蒙老区农村产业融合平台体系建设、有条不紊推动沂蒙老区农村全产业链融合。

1.2.3 研究重点、难点

（1）研究重点是沂蒙老区农村人力资源教育培训、科技创新系统完善、融合平台体系建设以及全产业链融合四个方面的研究。若这些研究存在问题，沂蒙老区的产业融合肯定是一句空话，这些研究可以采用计量模型、统计模型、案例分析等方法加以解决。

（2）研究难点是老区农村产业融合内在机理的研究。沂蒙老区农村产业融合的整体水平很低，究竟是什么原因导致了这个结果的形成或发展？这是本书的研究起点，统领了后面四个层面的研究以及对策建议。产业融合可以从多个角度进行研究，可以开出许多药方，究竟哪个更好？哪个最好？为什么？通过剖析各地农村产业融合的经验，分析沂蒙老区多年的实践探索，综合运用计量模型、统计模型或案例分析等方法，可以帮助我们攻克本书研究的难点，实现研究目标，促进老区农村发展。

1.2.4 主要目标

（1）总目标。研究沂蒙老区农村产业融合的内在机理，提出切实可行的对策建议，推动沂蒙老区农村产业融合四个关键问题的解决，为政府决策、企业发展、科学研究提供参考和借鉴。

（2）子目标。第一，以沂蒙老区 18 个县市区或乡镇为单元，探索老区农村产业融合发展的内在机理，提出制约老区农村产业融合的主要因素；第二，基于自主式协同创新的视角，研究沂蒙老区人力资源集聚、科技创新系统构建、融合平台体系建设、全产业链融合的机制体制和优化的对策建议。

1.2.5 基本思路、方法、技术路线

1.2.5.1 基本思路

本书按照"提出问题，探索原因，解决问题"的基本思路展开。具体地，首先，在系统总结老区农村产业融合的客观背景和认真梳理研究文献与

实际探索的基础上，提出了科学的研究问题，即沂蒙老区如何在新时期更加有效地推进产业融合？其次，立足沂蒙老区农村产业融合现状，从理论分析和实证研究两个层面探索老区农村产业融合的内在机制。再其次，从科技创新系统构建、产业融合主体能力提升、产业融合平台、全产业链融合四个维度研究了沂蒙老区农村产业融合的自主式协同创新机理。最后，立足科技创新系统构建、老区产业融合主体能力提升、产业融合平台、全产业链融合四个维度，从基层政府层面提出了沂蒙老区农村产业融合问题的对策建议。

1.2.5.2 研究方法

（1）比较归纳法。通过比较归纳沂蒙老区产业融合历史和现状，总结出了沂蒙老区农村产业融合的基本规律，尤其是揭示了沂蒙老区农村产业融合的自主式协同创新属性。通过对沂蒙老区和赣南老区农村产业融合的系统比较与归纳，构建了基于自主式协同创新的沂蒙老区和赣南老区农村产业融合的理论模型。

（2）定性比较分析方法。运用定性比较分析方法（QCA），实证研究沂蒙老区产业融合内在机制，系统分析了老区农村产业融合的必要条件、充分条件，揭示了老区农村融合的不同组态。

（3）构建多元回归模型。通过构建沂蒙老区科技创新系统高质量发展的评价指标，运用调研数据，采用了逐步多元回归模型，运用 SPSS 22.0 软件对调研数据进行模拟，以探索沂蒙老区农村企业科技创新的主要影响因素。

（4）多案例分析方法。采用程序式扎根理论编码方法，对沂蒙老区农村全产业链融合的内在机制进行多案例研究，发现了老区农村全产业链融合的三个阶段，以及每个阶段产业链融合的内在机制，归纳构建了沂蒙老区农村产业链融合的理论模型。

1.2.5.3 技术路线

本书研究的技术路线如图 1-1 所示。

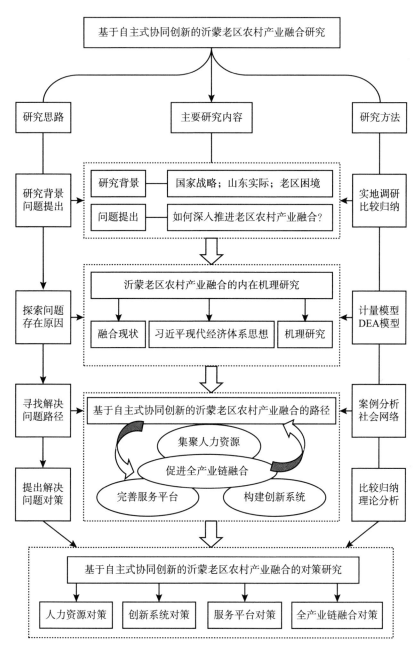

图 1-1　基于自主式协同创新的沂蒙老区农村产业融合研究的技术路线

1.3　可能的创新之处

（1）提出了"自主式协同创新"的理念。自主式协同创新是指以"自主学习、自主研发、掌握主动、引导引领创新"为特征的协同创新，是在自主创新基础或前提之下的协同创新。自主式协同创新与一般意义的协同创新具有内在的区别，发展了协同创新理论。

（2）发现了沂蒙老区农村产业融合路径。认为自主式协同创新是沂蒙老区农村产业融合的必由之路，基于自主式协同创新的沂蒙老区农村产业融合路径由老区人力资源集聚、科技创新系统构建、融合平台体系建设、全产业链融合构成，其先后次序取决于各县市区或乡镇的发展实际。

（3）通过纵向多案例分析，构建了沂蒙老区农村产业链融合的"三阶段－两创新－三能力"理论模型，"三阶段"是指沂蒙老区农村产业链融合至今已经历了融合初期、融合深化、融合转型三个阶段，"两创新"是指自主式协同创新和协同式自主创新，"三能力"是指本地区资源整合能力、跨区域资源整合能力和科技创新能力。

（4）构建了"四位一体"的对策建议体系。在系统研究沂蒙老区人力资源集聚、科技创新系统构建、融合平台体系建设、全产业链融合的机制体制的基础上，基于自主式协同创新的视角，依次针对上述四个维度构建了"四位一体"的沂蒙老区农村产业融合对策建议。

第 2 章

沂蒙老区农村产业融合的状况梳理

在第 1 章研究的基础上，鉴于沂蒙老区乡村产业融合的起步可追溯至 2000 年左右，本章的核心旨在从四个方面系统性地阐述沂蒙老区农业产业融合的现有状态。首先，回顾自新中国成立以后至 2000 年沂蒙老区农村产业的发展轨迹；其次，概述沂蒙老区农村产业融合发展的一般过程；再其次，剖析沂蒙老区农村产业融合的主要特点；最后，探讨沂蒙老区农村产业在融合发展过程中的自主创新与协同创新实践。

2.1 新中国成立后至 2000 年沂蒙老区农村产业发展状况

依据时间序列，沂蒙老区农村产业发展的历

史进程可被细分为四个阶段：首先是 20 世纪 50 年代，接着是 20 世纪 60 年代，随后过渡到改革开放初期，最后涉及 20 世纪 90 年代的情况。

（1）20 世纪 50 年代，随着新中国的诞生，政府采取了计划经济体制，有力地促进了工业与农业机械化的进程。在此期间，沂蒙老区积极响应国家号召，建立起一系列农业机械设备站点，广泛推广机械化耕作方法，实现了农业生产效率的显著提升。此外，该地区还兴办了包括纺织工厂、造纸厂及矿产企业在内的一系列工业企业，为地区的工业化道路铺设了坚实的基石。这些企业的创办，不仅有效满足了当地居民的日常生产与生活需求，还极大地激活了沂蒙老区的经济发展潜力，为其注入了新的活力与增长点。

（2）20 世纪 60 年代，随着 50 年代末中国农村掀起人民公社化运动高潮，沂蒙老区也积极响应并融入这一社会变革。沂蒙老区在深化农业合作化进程的同时，加速推广农业机械化作业，修建了一连串关键的农业基础设施项目，涵盖水利工程体系与农业机械设备站点等，有力地推动了农业生产效率的提升。此外，在此期间沂蒙地区还兴办了一些农业化学工业设施，例如，化肥制造厂与粮食油脂加工厂，这些举措进一步增强了当地的农产品生产能力及加工处理效能。

（3）改革开放的初期（即 20 世纪 70 年代末至 80 年代期间），沂蒙老区在促进农村经济结构转型上迈出了重要步伐。步入 80 年代，随着中国政府推行的家庭联产承包责任制在全国范围内铺开，沂蒙地区亦积极响应，实践了这一制度革新，极大地增强了农户的生产决策权，激发了农民的劳动积极性。此时期，沂蒙老区同步引入并普及现代农业科学技术，掀起了农业现代化浪潮，构建了若干农业产业示范园区，涵盖了蔬菜培育基地、畜牧业集中区等领域，有力地驱动了农村经济增长。此外，该区域还积极探索农村旅游业与特色种植业等新兴业态，拓宽了农民收入渠道，显著提升了农村居民的生活品质。

（4）步入 20 世纪 90 年代，沂蒙老区在促进农村产业兴旺方面取得了显著成就，这一进展主要体现在三大领域。首先，在农业生产领域，通过实施家庭联产承包责任制，极大地激发了农民的生产热情，同时，科学农业技术的普及与应用，以及一系列农业产业园区的建立，有力驱动了农村经济增长，此外，农产品深加工企业的兴起增强了农产品的价值及其市场竞争力。其次，在工业发展方面，沂蒙老区积极推动产业结构的调整与升级，培育出多家具有市场竞争力的工业企业，并在此基础上，继续深耕纺织、造纸、矿业等传统产业，提升产品品质及附加值。最后，在农村基础设施建设上，大力地推进了交通与水利设施的完善，具体表现为修建多条乡村道路与桥梁，极大便利了农村交通，并且，通过兴建水利工程，有效改善了农田灌溉条件，显著增强了抵御水旱灾害的能力。

2.2 沂蒙老区农村产业融合的发展历程

中华人民共和国成立以来，沂蒙老区长期维持着以农业为核心的经济结构，面临着较为滞后的经济发展态势。为促进农业与工业的同步增长及两者间的和谐发展，沂蒙老区大约自 2000 年起，开启了产业融合发展战略的探索之路。此时期标志着"三位一体"产业化策略的启动，该策略着重于农业、工业和服务行业的深度融合。随后，沂蒙老区又推进了"三化集成"发展模式，这是一种将农业、工业及城乡发展融为一体的新型模式。至 2013 年，这一系列举措成效显著，区域内三大产业——农业、工业、服务业基本形成并驾齐驱的发展格局。具体进展如下所述。

（1）公元前 2000 年起始的古老农耕时期，沂蒙老区作为历史悠久的农业地带，其经济社会发展步伐较为迟缓。在此阶段，区域内生计维系高度依赖农业生产活动，且农业生产体系呈现出单一化特征，主要聚焦于谷物种植业。

（2）2000～2005 年，沂蒙老区迈出了产业融合发展模式的探索步伐。约于 2000 年，沂蒙老区着手尝试将农业、工业及服务业进行深度整合。在此期间，地方政府采取了吸引外部投资、加强基础设施建设等举措，有效促进了当地经济的快速增长。在此阶段，沂蒙老区侧重发展了农业衍生的制造业，涵盖了食品加工、纺织等多个领域。

（3）2006～2010 年，沂蒙老区致力于加速产业融合的进程。在此期间，沂蒙老区积极推进农业、工业及服务业之间的协同共生，促进了经济结构的优化升级。地方政府通过构建产业园区、弘扬特色农业等策略，有效拉动了当地经济增长。此阶段内，沂蒙老区着重发展了与本地农业特色紧密相连的加工制造业，如水果深加工、蔬菜精加工等行业。

（4）2011～2015 年，沂蒙老区成功促成了产业间的并行融合发展格局。此时期内，地方政府采取了积极推动城乡一体化及现代农业体系建设等策略，有效加速了当地经济增长的步伐。在此阶段，沂蒙老区着重培育了一批与现代农业紧密相关的工业领域，涵盖了农业机械设备制造、生物科技等行业。

（5）自 2016 年至今，沂蒙老区致力于推进经济社会的高质量发展路径，着力于产业结构的精细化与升级转型，旨在提升产业整体竞争力。在此期间，地方政府采取了创新驱动与绿色发展双轮驱动策略，不仅促进了经济体系的高效转型，也确保了发展的可持续性。在此阶段，沂蒙老区有针对性地培育和发展了一批高新技术导向的工业领域，涵盖了新能源汽车制造、智能化装备制造等前沿行业，展现了向高科技产业链延伸的明显趋势。

2.3　沂蒙老区农村产业融合的基本经验

（1）强化农业领域之优势，促进农业产业的链条化升级。鉴于沂蒙老区承载着深厚的农业传统，其在产业融合的进程中，应当充分利用这一固有优势,推进农业向产业链条化方向迈进。沂蒙老区已成功培育出诸如苹果、梨、葡萄等多种特色农产品,并以此为基点,带动了周边产业的协同发展。为进一步深化这一进程,考虑建立现代农艺公园及农业科技创新园区等策略,将为农业的链条化发展注入新动力。

(2)促进工业化的进步,吸纳资金投入,引入高端技术。在产业融合的进程中,应当着力推进工业化的深化,吸引外界投资,引进前沿技术,以增强工业制品的深加工水平及附加值。沂蒙老区已成功培育了食品制造、纺织业、建筑材料等工业领域,并借由工业化进程的加速带动了农业产业链的升级及服务业的扩展。在此坚实基础之上,考虑通过筹建工业园区、设立研发机构等策略,来进一步催化工业化的发展进程。

(3)强化基础设施建设,奠定产业发展的物质基础。在推动产业融合的进程中,必须重视交通、水利及电力等基础设施的完善,为产业发展构建坚实的硬件支撑体系。以沂蒙老区为例,其通过铺设高速公路与铁路等交通网络,极大提升了区域内的交通便捷度,为产业发展铺设了畅通的道路。在此基础上,持续探索智能化及环保型设施建设路径,以期进一步升级基础设施体系,优化其效能。

(4)促进城乡一体化发展,缩减城乡差异。在产业渗透融合的进程中,应当致力于推进城乡一体化进程,减少城乡发展差异,提升农村居民的收入水平。以沂蒙老区为例,该地区成功促进了农村劳动力向其他行业的转移,大力发展了乡村旅游、农业体验等特色产业,为农村居民创造了更丰富的就业机会。在此基础之上,还能够通过加强农村公共服务设施建设、普及农村金融服务等举措,进一步加深城乡之间的一体化进程。

(5)强化产业联盟建构,促进产业链的拓展与升级转型。在产业融合进程之中,应当重视产业联盟的建构工作,以期实现产业链的深度延展与层次提升。例如,沂蒙老区成功组建了食品加工产业联盟,借助这一联盟平台促进了食品加工产业内企业间的协作与资源共享,有效增强了全产业链的竞争优势。在此坚实基础之上，可通过构建产业大数据共享平台、普及产业互联网应用等手段，进一步深化产业联盟的构建与发展。

（6）强化技术创新力度，提升产业竞争优势。在产业融合的大背景下，应致力于技术创新的推进，以增强产业的整体竞争力。沂蒙老区已成功搭建了科技创新的桥梁平台，促进了企业与科研机构的深度合作，加速了技术革新进程与产业升级转型。为进一步深化技术创新，可考虑增设创新创业孵化基地，加大企业技术研发中心的布局力度，持续推动创新策略的实施。

（7）强化农业产业化进程是沂蒙革命老区发展的核心策略之一。鉴于沂蒙老区经济以农业为支柱，产业融合的推进应当侧重于挖掘并利用农业潜力，促进农业向产业化方向迈进。沂蒙老区已成功培育出一系列特色农产品，涵盖苹果、梨和葡萄等品种，这些成就不仅提升了自身的农业发展水平，也带动了周边相关产业链的扩展。为了进一步深化这一趋势，建议通过增设农产品深加工园区、加速农业电子商务平台的应用等举措，为农业产业化注入新的活力与发展机遇。

（8）强化政府与社会各界的合作协同。在推进农村产业融合的进程中，必须增进政府与社会多方面的合作协同，构建一套完善的法律规章及政策支持架构，以确保农村产业融合既可持续又健康地发展。例如，沂蒙老区特设了农村产业融合发展领导工作小组，该小组的职责在于协调各个部门及社会力量的任务，加速推动农村产业融合的实践。同时，建立全面的法规政策保障系统，加强对产业融合进程的监督引导，维护其发展路径的长期稳定与健康发展。此外，通过建构产业融合进展的监测评估机制、扩大产业融合示范区域的推广等策略，能够进一步助推产业融合向着更高层次的可持续性和健康发展迈进。

（9）促进农村劳动力向非农产业转移，培育和发展乡村旅游、农业体验等新型业态。在推动农村产业深度融合的进程中，应当着力促进农村劳动力转移就业，积极探索乡村旅游、农业休闲等领域的发展路径，为农村居民拓宽就业渠道。以沂蒙老区为例，该地区成功实现了农村劳动力的有效转移，通过发展乡村旅游和农业休闲项目，大幅度增加了农村居民的就业机会。

2.4 沂蒙老区农村产业融合过程中的自主创新与协同创新研究

2.4.1 沂蒙老区农村产业融合过程中的自主创新分析

经细致梳理与深思熟虑后，我们可以观察到沂蒙老区在农村产业融合进程中所展现的自主创新特质，其核心效用在于推动这一融合进程的发展，而这种正向驱动力主要从三个方面具体体现出来。

2.4.1.1 自主创新推动农村产业结构优化

自主科技创新涉及企业及个人依托自主研发进程与创新实践活动，促生新类型产品、先进技术及新颖模式的问世与实践运用。在沂蒙老区这一特定背景下，自主科技创新成为撬动农业生产方式革新的关键杠杆，引领传统耕作模式向现代化农业形态过渡，此过程中不仅农业生产效率获得显著提升，农产品质量亦得到优化。其实践路径可细化为三个维度。

（1）在沂蒙老区这一农业资源充沛且生态多样的地域，强化新品种作物种子的研发及其普及应用显得尤为重要。通过本土化的创新策略，能够培育出更能适应本地自然环境的作物种子，进而提升农产品的产出效率与质量。具体措施包括：运用基因工程手段开发出具有抗旱、耐盐碱及抵抗病害能力的新型水稻与玉米品种，以科技力量推动粮食生产量与品质的双重增长；实施跨界物种杂交技术，创造新的果蔬种类，旨在增加果蔬的产量并优化其品质；此外，开发新型生物肥料与生物农药产品，意在大幅度减少对传统化肥与农药的依赖，促进农业向更绿色环保及有机化的方向转型。

（2）研究与应用智能化农业装置及系统。随着信息科技与人工智能科技的进步，智能化农业正逐渐成为现代农业生产的主流趋势。通过增强自主研发能力，能够开发出智能化农业装置与管理系统，达成农业生产流程的智能化与精细化管控。具体而言，自主研发的智能农田灌溉系统，实现了农田水分管理的精确调控；智能农业无人机的研制，则促进了农作物播种、施肥、除草及收割的高精度作业；此外，构建智能农业大数据平台，有效实现了农业生产数据的收集、深入分析与实践应用。

（3）探索与实施农业生态保护的技术创新及应用实践。沂蒙老区，作为一个生态环境卓越的地域，其农业生态保护是达成乡村可持续性发展的重要一环。经由自主研发，旨在开发出融合农业与生态环境保护的先进技术。具体而言，这涵盖了生态农业园区构建技术的创新、生态农业旅游技术的开创，以及生态农业品牌建构技术的提升。

2.4.1.2 自主创新推动农村产业增值

自主研发为沂蒙老区农村产业升级开辟了新径，促使其产业模式由原料供给向精深加工与商品营销转型，进而拓宽了增值领域。这一转型的具体效应体现在以下三个方面：

（1）探索与应用新颖的农产品深加工技术创新方案，旨在提升农产品加工的效率与精细度。通过自主研发途径，我们能够开创出新的果蔬脱水工艺，确保果蔬长时间保鲜与远距离输送成为可能；同样，也在牧产品加工领域取得突破，开发新技术以增强其品质及市场价值；此外，不断推进的食品加工技术创新使得农产品向多样化加工路径转化，充分实现了资源的综合利用。

（2）推进农产品电商平台的创新开发及实践。借助自主科技创新，开发农产品电商平台，旨在拓宽农产品的销售路径与市场覆盖面。具体而言，创新构建农产品直售平台，促成生产者与消费者之间的直接交互；自主研发农产品批发交易平台，以促进农产品的大宗销售与分销业务；此外，开创农产品跨境电子商务平台，推动农产品出口贸易向全球化市场渗透。

（3）推动农业科技成果转化的实践与普及。经由自主创新发展，能够促进农业科研成果的普及应用，达成其商业化及产业化转型。具体而言，通过创新手段，拓展与应用新型农作物种子培育技术，旨在提升农作物的产出量与品质；借力自主创新，推广新型农业机械与系统运用技术，朝着农业生产智能化与精细化管理迈进；另外，利用自主创新优势，普及新型农产品深度加工技术，以增强农产品的加工转化率与深加工层次。

2.4.1.3 自主创新推动农村产业融合

自主创新有能力推动沂蒙老区农业、工业及服务业等多领域产业深度融合，实现乡村经济结构的多元化与持续健康发展。具体体现在：

（1）农业旅游的促进可通过自主创新来实现，这涵盖了农业旅游产品与服务的开发，旨在达成农业生产与旅游体验的深度融合。具体而言，创新聚焦于设计农业体验活动，作为衔接农业生产和旅游消费需求的桥梁；打造农业文化展示活动，促进农业文化与旅游文化的交互融合；规划农业生态旅游线路，优化组合农业生态环境与旅游资源。这些措施共同推动了农业旅游的综合发展，展现了多维度的创新实践。

（2）农业直售模式的进步。通过自主研发，能够创建农产品直售平台与服务体系，促进农业与流通领域的深度融合。自主研发的农产品直售平台促进了生产者与消费者之间的直接交互；同样，通过创新手段，建立了农产品品牌塑造技法，旨在提升农产品的质量和市场认知度；并且，开发了农产品供应链管控技术，实现了供应链的高效管理与优化配置。

（3）农业文化领域的进步依赖于自主创新。这涵盖了多个层面：首先，通过研发新颖的农业文化产品与服务，促使农业与文化深度整合；其次，设计独特的农业文化展示活动，搭建起农业文化与旅游文化之间的桥梁；再其次，探索先进的农业文化传承技术，以确保传统文化的延续与拓展；最后，创造富有创意的农业文化产品，推动文化的创新实践与广泛应用。

2.4.2　沂蒙老区农村产业融合过程中协同创新分析

经过细致的分析与反思，我们揭示了沂蒙老区农村产业融合进程中协同创新的核心作用。这种正向推动力主要体现在四个方面。

2.4.2.1　协同创新促进农业科技成果的共享和应用

协作创新在推动农业科学进步方面扮演着关键角色。通过这一机制，各机构能携手开展研究并共用农业科研成果，加速成果转化与推广应用。以沂蒙老区为例，协作创新在以下多个层面展现了其影响力：

（1）在新型农作物种子的研发与实践领域，通过跨领域合作的创新模式，农业科学研究院所与农业生产实体携手推进了新型种子技术的研究开发，旨在将农业科技研究成果转化为实际应用并推向市场。具体而言，这种合作模式促进了耐逆境作物种子的研制，诸如具备抗旱、耐盐碱及抵御病害特性的水稻与玉米新品种，这些创新直接提升了粮食的产出效率与品质。同时，合作双方还致力于探索开发新颖的果蔬品种，旨在增强其口感、营养价值及产量。此外，协同创新的范畴亦涵盖了新型生物肥料与生物农药的开发，旨在替代传统化肥与农药，减少化学物质依赖，推动农业向更加绿色环保及有机的方向转型。

（2）推进农业智能化装备及系统的研究与实践。通过集合创新力量，高等教育机构能够与农村合作社携手，共同探索并开发农业智能化装备及管理系统，以此增强农业生产的智能化水平及精细管理能力。具体而言，合作可着眼于以下几个方面：首先，共同研发智能农田灌溉系统，以实现对农田水利资源的精确调控与高效管理；其次，联手开展智能农业无人机项目，旨在实现农作物种植、施肥、除草乃至收割的高精度作业；最后，合作构建智能农业大数据平台，用于全面收集、深入分析并有效运用农业生产过程中的各类数据。这些措施均旨在依托协同创新机制，促进农业科技的实质性飞跃。

2.4.2.2 协同创新促进农村产业链的整合和优化

协作创新有力推动了不同产业价值链的融合与优化进程，促成了农村产业链的高效率运行及长远发展。以沂蒙老区为例，协作创新在其多个维度上展现出重要影响：

（1）增强农产品的加工与增值潜力。通过跨领域协同创新模式，农业生产单位与食品加工单位可携手开发新颖的农产品加工工艺，推进农产品向深度加工与增值应用方向发展。具体而言，双方合作探索先进的果蔬脱水新技术，旨在实现果蔬品项的长期保鲜与远距离运输；共同研究创新的畜牧业产品加工技术，旨在提升畜牧产品的品质及市场价值；此外，合力开创新的食品加工技术途径，以促进农产品的多维度加工与综合利用。

（2）农业与旅游业的深度融合。通过协同创新机制，促使乡村旅游企业与农业生产单位合作，共创农业旅游商品及服务，达成农业与旅游业的紧密结合。具体而言，协同创新能够促使乡村旅游企业与农业生产企业共同设计农业体验项目，促进农业生产与旅游消费的有效融合；携手开发农业文化遗产展示活动，实现农业文化与旅游文化的深度交织；以及共同规划农业生态旅游线路，确保农业生态资源与旅游景观的有机整合。

（3）实现农产品电商渠道的建构与运维。借助协同创新机制，电子商务企业应与农村合作社携手合作，共创农产品在线销售平台，促进农产品直接对接消费者市场。具体而言，双方可通过协同努力，建立直售平台，直接连通农民与消费者；开发批发平台，支持农产品的大宗交易与代理销售；搭建跨境电商平台，推动农产品出口及全球化营销网络的构建。这些举措均围绕协同创新核心，旨在多维度强化电商平台的功能与覆盖面，提升农产品市场的流通效率与国际化水平。

2.4.2.3　协同创新促进农村人才的培育和流动

协作创新有力地推动了跨机构间人才的互动与合作，促成了农村地区人才的培养与流转。以沂蒙老区为例，协作创新在其内部显现三大效用：

（1）农业专业人才的培养与保留问题，可通过协同创新策略得到有效应对。具体而言，高等教育机构应与农村合作社携手，共同致力于农业专业人才的培育，以确保人才的持续供给与留存。此合作模式旨在促进农业生产技术人才的成长，推动技术创新与实际应用的融合；同时，加强农业经济管理人才的培养，引领管理理念与实践的革新；此外，还着重于培养农业科学研究领域的专门人才，加速科研成果向实际生产力的转化。总而言之，这种跨领域合作不仅聚焦于人才培养的多元化，还力图实现农业各领域的全面创新与进步。

（2）农业技术人才培育及实践领域的革新。借助协同创新模式，农业科研单位与农业生产实体可携手培育农业技术领域的人才，以确保技术人才不仅得到培养，并且能实际应用所学。具体而言，通过这种合作模式，双方能够联合培养专注于新作物种子栽种技术的专家队伍，推动该领域技术创新与实践；同时，合作培养熟悉新型农业机械与系统应用的技术人员，加速这些先进技术工具的应用与普及；此外，双方还能共同培育在新型农产品加工技术方面具有应用能力的人才，促进此类加工技术的有效创新与实际运用。

（3）农村旅游业人才培育与保留策略。该策略涉及通过协同创新机制，搭建农村旅游企业与旅游管理教育机构的合作平台，共同致力于农村旅游管理人才的培养与挽留。具体而言，合作旨在促进旅游管理专业人才在农村旅游产品创新、市场开发以及文化旅游传承等多维度的能力提升，从而推动农村旅游产业的全面进步。通过这种合作模式，不仅能够为农村旅游市场的发展注入新活力，拓展其市场份额，还能够确保农村独特的文化旅游资源得到有效的传承与弘扬。

2.4.2.4 协同创新促进农村创新文化的建设和传播

协作创新有力地推动了不同组织间的创新知识交流与合作，促成了农村创新文化的建构与普及。以沂蒙老区为例，协作创新在其内部展现出多方面的积极影响：

（1）开展与实施农业科技创新竞赛。通过协同作用，高等学府能够携手农村合作社，共同发起农业科技创新竞赛，旨在培育农业科技革新人才及推动农业科技革新文化的普及。具体而言，合作双方可组织针对新作物种子栽培技术的创新竞赛，旨在培育该领域内的创新人才，加速新作物种子栽培技术创新文化的传播；组织新型农业机械与系统应用技术的创新挑战赛，以培养该领域的应用技术创新人才，促进相关技术创新文化的推广；以及举办新型农产品加工技术应用的创新大赛，不仅培养该技术的应用创新人才，还进一步推动其创新文化的广泛传播。

（2）实施与筹办农业技术交流会议。通过集合创新力量，农业科学研究机构与农业生产企业可携手筹办农业技术交流活动，旨在推动农业科技的革新及农业创新文化的普及。具体而言，双方可联合举办新作物种子栽培技术研讨会，加速新种子栽培技术的创新与实践；共同组织先进农业机械与系统应用技术交流会，促进这些新型设备与系统应用技术的突破与应用；此外，还可合作开展新型农产品加工技术应用研讨会，驱动该领域技术应用的创新与推广。这些举措均基于协同创新的模式，旨在多维度促进农业技术的发展与传播。

（3）农村文化旅游节的策划与实施。通过合作创新的方式，农村旅游企业能够携手旅游管理学院共同策划农村文化旅游节，以此推动农村旅游文化的宣传与进步。具体而言，双方可协作开展农村旅游商品展览会，借以激发农村旅游商品的创新与升级；组织农村旅游文化遗产展览，旨在促进农村旅游文化的延续与发扬。此外，共同部署农村旅游市场开发项目，以助力农村旅游市场的扩展与深化。

2.4.3　沂蒙老区农村产业融合过程中的自主式协同创新研究

2.4.3.1　自主创新与协同创新在老区农村产业融合中的核心关联性探讨

在沂蒙老区农村产业融合中，自主创新与协同创新的相互作用展现在三个方面：

（1）自主创新是协同创新的基础。自我创新是指实体与个体借助自主研发及创新实践的过程，促成新产物、新技术、新模型的问世与运用。在沂蒙老区的背景下，自我创新构成了协同创新的根基，是达成协同创新的先决条件与必备要素。提升自我创新能力，有助于实体与个体在协同创新的进程中施展作用，贡献创意思维与技术支持。具体而言，当农业科学研究机构与农业生产企业协同开展创新活动时，必须依据科研机构的自我创新实力及生产企业的创新需求，携手开发新型农作种子与农业生产技艺，以促进农业科技成果转化与应用实践。举例来说，沂蒙老区内某农业科研单位，通过自我创新手段成功培育出一种抗旱稻种。为使该新型稻种实现商业化运作与广泛应用，科研单位与一家农业生产企业携手实行协同创新策略，共同探索了新稻种的栽培工艺与经营管理模式。这一协同创新举措不仅迅速扩大了新稻种的种植范围，也有效提升了生产企业的产量与经济效益。

（2）自主创新和协同创新互补互促。在沂蒙老区农村产业融合发展背景下，自主创新与协同创新展现出相辅相成的关系。自主创新不仅为协同创新奠定了技术基础并启发了新的思维路径，而且协同创新反哺自主创新，拓宽了其应用领域与市场前景。具体而言，当高校与农村合作社携手推进协同创新时，高校能依托其自主研发能力，创造新型农业智能化装备及管理系统；而农村合作社则通过协同机制，将这些创新成果融入农业生产实践，推进农业生产的智能化与精细化管理水平提升。

（3）自主创新和协同创新共同推动农村产业融合。在沂蒙老区农村产业融合的进程中，自主创新能力与协同创新机制共同作用于农业产业结构的升级、价值增长及跨领域融合。自主创新能力的提升引领了农业生产模式由传统向现代的过渡，不仅增强了生产效能，还提升了农产品的质量水平；而协同创新则加速了不同农业产业链条间的衔接与优化进程，确保了农村产业链运行的高效性与发展的持续性。

当农业制造企业和食品处理企业实施协同创新活动时，能够探索并开发出新颖的农产品加工工艺，旨在深化农产品的加工层次并促进其价值的进一步提升，同时，这种协同还促进了农业领域与食品制造业的紧密融合，增强了农村产业价值链的综合竞争实力。例如，在沂蒙老区某农业企业内部，一项独创的果蔬脱水新技术被成功研发。为了将这一新型果蔬脱水技术推向市场并实际应用，该农业企业与一家食品加工企业展开了合作创新，携手研发了一整套关于果蔬脱水处理的技术方案及市场推广策略，不仅令新型脱水技术得到了广泛实践，实现了果蔬深加工与价值增值的目标，还加深了农业与食品加工的协同效应，为提升整个农村产业链的竞争力奠定了坚实基础。

当农业制造企业与电子商贸企业实施协同创新举措时，渴望催生出新颖的农产品电子贸易平台，以此促进农产品直接流通至消费者端，同时，这种协同还促进了农业与电子商贸领域的深度融合，增强了农村产业价值链的综合竞争力。例如，在沂蒙老区某家农业制造企业内部，自主研发的一项新型农产品电子贸易平台应运而生。为使这一创新平台实现市场转化与实践应用，该农业企业携手一家电子商贸企业，通过协同创新路径，共创了一整套该平台的运作与管理新机制。得益于双方的协同创新，新型农产品电子贸易平台得以广泛部署，不仅直接链接了农产品的销售与消费者的购买，也深化了农业与电子商贸的融合度，为提升农村产业链的总体竞争优势提供了有力支撑。

在农村旅游企业与旅游管理教育机构的协同创新进程中，可通过自主研发创新增进新型乡村旅游产品及服务的诞生，促成农业与旅游业的深度融合。同时，这种协同创新模式促进了乡村旅游企业与旅游管理专业学院之间的紧密合作，提升了整个乡村旅游产业链的综合竞争力。以沂蒙老区某乡村旅游企业为例，该企业独立研发了一项新颖的乡村体验项目。为了将此新型乡村体验活动成功商业化并推广应用，企业携手一所旅游管理学院，协同创新，共同制定了一套该项目的运营管理和实践模式。得益于双方的协同创新努力，该新型体验活动得以广泛实施，不仅加深了农业与旅游的融合度，也强化了乡村旅游企业与旅游教育机构的合作关系，进一步增强了乡村旅游产业的整体竞争实力。

2.4.3.2 沂蒙老区农村的自主创新与协同创新的融合

（1）自主式协同创新和协同式自主创新。实际情况表明，自主创新与协同创新之间存在着密切的联系，二者时常相互渗透、相辅相成。基于此，将二者高度融合的部分界定为自主导向的协同创新或协同支撑的自主创新是合理的。

自发性协同创新是指在自我创新的前提下，与其他实体或个体展开合作创新活动，旨在拓宽自我创新技术及产品的应用领域与市场版图，促成创新成果转化与实践应用。例如，高等学府与农村合作社间的协同创新案例中，高等学府依托自身研发的农业智能化装备与体系，通过协同创新机制，由农村合作社将这些创新技术融入农业生产实践，推动农业生产的智能化与精细化运营。此间，自我创新占据引领地位，而协同创新则起到辅助与强化作用，因此这一模式可被界定为自发主导型协同创新。

协同式的自主创新是在协同创新的平台上，借助自主创新的力量，导入技术进步元素与创新理念，推动创新成果向更深层次的开发及应用领域迈进。以农业生产企业与食品加工企业的协同创新增长点为例，双方通过自主研发新兴的农产品加工技术，不仅促进了农产品的深加工与价值提升，还促成了农业与食品加工业的无缝衔接，整体上增强了农村产业价值链的竞争力。此情境下，协同创新扮演"领航"角色，而自主创新则起到支持与强化的作用，这种模式恰被界定为协同式的自主创新。值得注意的是，自主式协同创新与协同式自主创新并非截然二分，在具体实践场景里，两者很可能展现出相互渗透与融合的特性。

（2）沂蒙老区产业融合过程中创新的分类。在探讨沂蒙老区产业升级融合进程中的创新模式时，将其划分为四大类：自主创新、独立主导的协同创新、协同主导的自主创新及综合性协同创新，此分类体系逻辑自洽。该划分方法细腻地展现了创新活动中自主性与协同性相互作用的差异与联系，深化了我们对创新过程复杂多元特性的认知与把握。具体阐述如下：自主创新情境下，企业及个体依托自身研发力量，独自推进新产品的创造、新技术的突破及新模式的探索与实践；独立主导的协同创新，则是在保持自主创新核心地位的同时，与其他实体合作，拓宽创新成果的实践领域与市场边界，加速其商业化步伐与应用范围；协同主导的自主创新是指在协同机制框架内，借力自主创新的技术驱动力与创意源泉，促进创新成果的深度开掘与广泛应用；综合性协同创新强调多主体（包含企业、科研机构及高等教育机构等）的跨界合作，通过集体智慧的汇聚，共享创新硕果，提升创新效率与成效。

（3）自主式协同创新、协同创新对沂蒙老区农村产业融合的影响。在沂蒙老区这一典型欠发达地域中，探讨自主创新、自主式协同创新、协同式自主创新及协同创新彼此间的重要性，需依托实际情况细致分析与判断。通常，鉴于欠发达区域在创新资源与能力上的局限，协同创新模式更显关键，它能促进不同实体间的合作，共谋创新突破，并实现创新成果的普惠与实践。例如，通过与高等教育机构、科研单位等智慧力量协同，借力其专业技术与创新潜能，推动农业科学的革新及技术成果转化的市场化应用；或者，携手电子商务平台、物流服务等市场主体开展协同创新，利用它们的市场渠道与管理智慧，推广农产品的线上交易平台，促成农产品从产地直供至消费者手中的高效对接。这些实例彰显了在特定情境下，协同创新对于激活欠发达地区发展潜力的重要作用。

|第3章|

沂蒙老区农村产业融合内在机理的比较研究

基于前两章的铺垫，本章节旨在通过系统性地比较沂蒙老区与赣南老区的农村产业融合发展情况，揭示两者内在融合机制的探索路径。章节内容细分为三个核心部分：首先，概述赣南老区农村产业融合的现状；随后，开展沂蒙与赣南两大革命老区间农村产业融合的深入对比分析；最后，构建关于两地区农村产业融合的理论模型框架。

3.1 赣南老区农村产业融合的状况梳理

3.1.1 赣南老区农村产业融合的发展历程

赣南老区农村产业融合发展的轨迹呈现出一种逐步演进的特点，由初期以家庭作坊为主的形态进展至多元市场主体广泛介入的成熟阶段，其间成功地实现了农业、制造业与服务业的深度融合。在此进程中，产业化建构的主体构成与模式均经历了持续的演化与创新，生产及管理模式亦在不断精进与完善。依据产业融合的主干内容及其综合发展程度，可将赣南老区的这一融合发展进程划分为四个明确阶段。

（1）初期阶段（1980~1990年）。赣南老区的农村产业融合进程主要特征为"家庭工作坊"的盛行。彼时，市场经济尚处于萌芽状态，资金和技术的双重匮乏促使农民选择在居家附近或村内创设小型加工作坊，这些加工作坊活动涵盖了农业种植与小规模制造加工，构成了该时期农村产业融合的基本样态。其生产物主要包括日常生活用品、食品及农业生产工具等，市场销售则多局限于本土或邻近区域。此阶段的农村产业融合实践，显著依赖于个体劳动及家庭协作模式，尚未形成系统化的规模生产和管理模式。

（2）发展关键阶段（1990~2000年）。此时期，赣南老区的农村产业融合进程显著加速。随着市场经济的日渐成熟，农村集体经济实体逐步融入产业化进程，通过合作社、农业联合社等形式，农民不仅投身于农业生产与养殖，还涉足工业制造领域，深化了农业与工业的联结。此阶段的产业化道路主要由乡镇企业引领，农村集体经济与个人企业家携手合作，共同构建起具有一定规模的产业集合体。这一时期，农村产业融合的推进依托于集体协作及社会化生产模式，不仅提升了产品品质与生产效率，亦使得销售网络不断扩展。

（3）深化发展阶段（2000~2012年）。此阶段的特点是赣南老区实现了农业生产、工业加工、服务行业的紧密联结，构建了一套以农业为核心支柱、工业为驱动先锋、服务业为坚实后盾的综合产业模式。多元化的市场参与者——农村集体经济实体、农户专业合作组织、农业龙头公司等——携手共促产业化进程，深化了农业与工业、服务业的交叉渗透。这一时期，农村产业融合的推进很大程度上得益于市场化及专业化运营策略的采纳，不仅提升了产品品质与品牌知名度，还促使销售网络扩展至全国乃至全球范围。

（4）融合阶段（2012年后）。赣南老区的农村产业融合发展展现出若干新特质与成果：首先，产业升级转型显著。此阶段的融合已非昔日农业与工业的简单联结，而是进化至农业、工业及服务业的深度交织。新时代的赣南老区致力于产业结构的高端化调整，积极培育特色及创新产业，涵盖生态农业、文化旅游、健康养老等多个维度，成功推动了产业结构的革新与提升。其次，市场主体构成趋于多元化。地区发展不再单一依赖农村集体经济或个体企业家，而是形成了由农民专业合作社、农民创新创业实体及外部社会资本共筑的多元化参与格局，有效促进了市场的多向繁荣。再其次，技术革新成为推手，具体表现为数字技术与智能化工具的广泛应用。赣南老区积极探索农业大数据、云计算及人工智能的实践路径，以此赋能农业生产与管理流程，实现了产业运作的智慧转型。最后，可持续发展模式获得重视。在追求经济增长的同时，赣南老区亦将绿色发展理念及循环经济模式纳入农村产业化蓝图，确保生态环境的良性互动与农村产业的和谐共生，标志着向可持续发展方向的坚定迈进。综上所述，新时代的赣南老区农村产业融合实践，不仅彰显了高质量发展的态势，还通过产业结构的高级化、市场参与主体的丰富性、技术应用的现代化及发展模式的可持续性，勾勒出了该区域农村产业发展的新面貌与趋向。

3.1.2 赣南老区农村的协同创新

赣南地区作为中国革命史上的重要战略根据地，同时也是农村经济改革浪潮的先驱地带之一，自新时代以来，在推动农村协同创新领域不断尝试与实践，促成了农业与农村社会经济发展的创新驱动力量。

（1）主体构成的多元化特性在赣南老区的农村协同创新领域内显著体现，涵盖了农民群体、各类农业生产合作社、专业农业合作社、企业实体及政府机构等多个核心参与方。这些多元主体通过紧密的协同机制与合作模式，携手融入农村的创新活动与发展进程中。在此态势下，农民角色实现了从传统生产与消费的被动接受者到积极创新主体与参与者的转型。农业生产合作社与农业专业合作社作为这一进程中的关键支撑点与平台，为农户提供了包含技术引导、资金扶持及市场接入等多方位服务。同时，企业和政府凭借其资金注入、政策导向等杠杆作用，有效激励和巩固了不同主体间的协同效应，合力推进了农村协同创新体系的蓬勃发展。

（2）赣南老区农村协同创新展现出了多元化态势，囊括了技术创新、产业革新及模式变革等多个维度。这些创新实践通过跨主体的协作机制，为农业与农村社会经济的转型升级注入了创新动力。具体而言，在技术创新层面，赣南地区侧重于农业生产技术与农业信息技术的双重提升。农业生产技术的革新覆盖了农作物品种改良、农机设备迭代及农业生态优化等领域；而农业信息技术则着重于农业大数据应用、云计算服务及人工智能融入等方面，为农业农村现代化发展奠定了坚实的技术基石。产业创新方面，该区域致力于特色农业与养殖业的创新拓展，不仅涉及特色农作物培植、特种动物饲养及特色水产品养殖，还推动了农产品深加工、乡村休闲旅游及农村电商等辅助产业升级，开辟了农村经济新增长极。至于模式创新，赣南老区聚焦于农村共富机制与生态文明建设，前者涵盖了农村集体经济发展模式转型、农村金融创新服务及社保体系革新等内容，后者则涉及农村环境综合治理、生态旅游推广及生态农业实践，为实现可持续发展的农业与农村社会经济蓝图规划了可行路径。

（3）支撑体系概览。赣南老区构建的农村协同创新支撑体系涵盖了科技创新、产业升级及金融服务等多个维度的平台。这些平台共同为区域内的农村协同创新活动奠定了坚实的基础，催化了各参与方间的有效协作。在科技创新领域，已建立起一系列农业科技创新平台，如农业科技园区、农业科技创新中枢等，为推动农业及农村社会经济的科技进步和创新转型供给了强有力的支撑。产业创新层面，赣南地区特设了多个特色农业产业园区与畜禽养殖产业园区，以红树林茶叶产业园区、莲花山绿色食品产业园区为例，此类平台对农业产业的结构性升级与创新发展起到了关键作用。至于金融服务方面，通过设立农村信用社、农村商业银行等一系列金融服务机构，为农村经济的资本需求与创新发展开辟了新的融资渠道，强化了资金保障与创新驱动的双重功能。

（4）政策扶持背景下的赣南老区农村协同创新。该区域的农村协作创新活动受益于政府的强有力推动，通过实施一系列策略性措施，如财政补助、税收减免、技术援助等，积极促进各参与主体间的协同合作机制建立，加速了农村创新体系的发展步伐。在财政资助维度，政府采取了多元化手段，包括设立专项基金、实行政府采购政策、给予政府补贴等形式，为农村协同创新提供了坚实的经济后盾。税收优惠政策方面，政府针对农村协同创新实体实行了税收优惠政策调整，具体体现为减少或豁免企业所得税、增值税等税种负担，以减轻创新主体的财务压力。至于技术支持层面，政府则通过开展技术培训课程、促进技术转移项目、推动多方技术合作等举措，为农村地区的协同创新活动注入了必要的技术动力与资源。

3.1.3 赣南老区农村的自主创新

赣南老区的农村自主创新现象，涉及该区域内农民与其他社会主体自发开展创新活动，以此推动农业及整个农村社会经济的全面进步。具体而言，这一过程在赣南老区的乡土环境中展开，呈现出如下特征：

（1）创新主体之自我探索。在赣南老区的农村领域，构成自主创新核心的实体多元化，涵盖了农户、农业生产的合作组织、专业合作社及各类企业。这些主体经由自主创新的行为路径，成功驱动了农业农村经济社会的发展进步。此进程里，农户扮演着自主创新的关键角色，通过提升自身的农业生产技术及管理水平，促进了农业农村经济社会的持续健康发展。

（2）自主创新模式的探讨。在赣南老区的乡土环境中，自主创新的表现形式丰富多彩，涵盖了从技术革新、产业升级到模式转变等多个维度。这些创新活动依托于主体的独立抉择与实践探索，为农业及农村社会经济体系的前进插上了创新驱动的翅膀。具体而言，在技术进步层面，该区域农村侧重于农业生产技术和信息科技的自主研发，前者如农作物遗传改良、农机设备迭代、农业生态环境质量提升，后者涉及农业大数据应用、云技术融入及人工智能的农业化实践，为农村发展奠定了坚实的技术基石。产业革新方面，则集中于特色农业与养殖业的突破，以及农产品深加工、乡村休闲旅游、电子商务等领域的开拓，为农村经济增长开辟了新领域与活力源泉。至于模式创新，赣南老区尤为关注农村共同繁荣与生态文明建设，前者囊括了集体经济发展模式的革新、金融服务业在农村的新探索、社会保障体系的创新构建，后者则体现在生态环境综合治理、生态旅游推广、生态农业实践等方面，为农村社会经济的持续、绿色发展铺设了道路和策略。

（3）自主研发体系。在赣南老区的乡村环境中，自主研发体系涵盖了科技研发平台、产业升级平台、金融助力平台等多元化支撑体系。此体系为乡村自主研发活动提供了坚实基础与合作桥梁，促成了各参与方之间的创新协作。在科技研发平台层面，赣南地区已成功构建了多个涉农科技研发机构，例如，农业科技园区、农业科技创新中枢等，为促进农业及乡村社会经济的科技进步和创新动力提供了有力依托。在产业升级平台方面，该区域成立了多个特色农业产业园区，例如，红树林茶叶产业园区、莲花山绿色食品产业园区等，为乡村经济的产业升级和创新驱动注入了活力。至于金融助力平台，赣南老区亦设立了诸如农村信用合作组织、农村商业银行等一系列金融服务机制，为农业农村的经济发展提供了必要的资金后盾与创新引导。

（4）政策扶持情况。赣南老区的农业农村创新活动深受政府的鼎力支持。通过实施多元化的政策措施，包含资金注入、税赋减免及技术助推等手段，政府积极促进各参与主体间的协同创新，驱动农村创新体系的蓬勃发展。在财政资助方面，政府运用专项基金、政府购买服务及补贴等形式，为农村创新活动提供坚实的财务后盾。在税收政策方面，农村创新主体受益于政府的税收优惠政策，例如，减少或豁免企业所得税、增值税收等，以减轻负担、激发活力。在技术支持路径方面，政府采取技术培育、技术转移合作等举措，为农村创新活动强化知识与技能的支撑。

3.1.4 赣南老区农村产业融合的自主式协同创新

赣南老区农村产业融合的自主式协同创新的情况：

（1）自主导向的协同创新实体。在赣南老区的农村产业融合背景下，这一进程涵盖农民、农业生产的合作组织、专业合作社及各类企业等多元主体。这些实体通过自我主导的协同作用，携手投身于农村产业融合的创新升级之中。在此框架下，农民群体构成了自主导向协同创新的核心驱动力，他们借由自发的协同合作，不仅提升了自身的农业生产技能与管理水平，还促进了农业与农村社会经济的可持续性发展路径。

（2）自主导向的协同创新模式。在赣南老区的农村产业融合背景下，自主导向的协同创新涵盖了技术革新、产业升级及模式变革等多种创新策略。这些创新策略经由协同主体的独立抉择与实践探索，成功驱动了农村产业融合的创新发展。在技术革新层面，赣南老区侧重于农业生产技术和农业信息科技两大领域。其中，农业生产技术的革新聚焦于农作物品种改良、农机设备迭代及农业生态条件的优化；而农业信息科技的创新则深入农业大数据应用、云计算服务及人工智能技术的融入，为农村产业的融合发展奠定了坚实的技术基础。在产业升级层面，赣南老区的创新活动主要围绕特色农业与农产品深加工行业展开。特色农业的创新实践包括特色作物培植、特种畜禽养殖及特色水产品开发；农产品深加工产业则涉及加工制造、乡村休闲旅游及电子商务平台的创新，为农村产业融合开辟了新的增值空间与动力源泉。在模式变革层面，赣南老区着重探索农村共富机制与生态文明建设的新路径。农村共富创新策略囊括了集体经济体制革新、农村金融配套服务创新及社会保障体系的升级；农村生态文明建设则致力于生态环境整治、生态旅游推广及生态农业模式的发展，为农村产业融合指明了可持续发展的导向与实践路径。

（3）自驱动协同创新体系。在赣南老区的农村产业融合背景下，构建了包含科技创新体系、产业升级体系及金融扶持体系在内的多元化自驱动协同创新平台，为促进各参与主体间的自发协作与创新提供了稳固的支撑。科技创新体系涵盖了一系列农业科技创新基地，例如，农业科技园区与农业科技创新中枢，这些机构为农村产业融合注入了技术力量与创新动能。产业升级体系则通过建立诸如红树林茶叶产业园区、莲花山绿色食品产业园区等特色农业及加工产业园区，为产业融合发展带来了实质性的产业依托与创新引导。至于金融扶持体系，赣南老区设立了多样的农村金融服务机构，包括农村信用社与农村商业银行，确保了农村产业融合进程中必要的资金流通与金融创新激励。

（4）政策扶持力度。关于赣南老区的农村产业融合领域，其自发式协同创新模式受到了政府的高度扶持。通过实施财政补助、税收减免及技术引导等一系列政策措施，政府积极促进各参与主体间的自发协同合作，旨在推进农村产业融合自发式协同创新的稳步发展。财政方面，政府运用专项基金、政府采购和补贴等形式，为农村产业融合的自发式协同创新提供了坚实的财务支撑。税收优惠政策上，政府对涉及农村产业融合自发式协同创新的主体实行了税收宽免措施，具体包括减少或豁免企业所得税、增值税等税种。至于技术支持层面，政府则借助技术培育、技术转移及合作研发等多种路径，为农村产业融合的自发式协同创新发展注入了强大的技术动力。

3.2 沂蒙老区和赣南老区农村产业融合的比较研究

3.2.1 两个老区农村产业融合的异同

3.2.1.1 共同点

两地均为历史悠久的革命摇篮，涵盖了沂蒙与赣南两大革命老区，它们在中国革命史上占据着举足轻重的地位，拥有深厚的革命文化积淀与光耀的革命传统。这些宝贵的文化遗产与优良传统，为两区域的农业与产业融合进程赋予了精神动力与文化底蕴，进而促进了农村社会经济的持续健康发展。

沂蒙老区与赣南老区均已成功实现了农业与工业的深度融合，构建了一个以农业为根基、工业为驱动、服务业为补充的复合型产业结构。这一结构不仅促进了农业生产效率与产品品质的提升，也激发了农村劳动力就业机会的增加及农民收入的增长，保障了农村经济与社会发展的长期稳定与进步。

沂蒙老区与赣南老区均已达成农村社会经济的持续发展状态，实现了农民收入的提升、农村生活环境的改善，并促成了农村共富与农村生态文明的有机结合。这一发展模式不仅守护了农村的自然环境，也推进了农村文化的延续及社会的和谐进步。

3.2.1.2 差异点

地理环境与自然资源配置的差异化特征显著。以沂蒙老区为例，该区域位于山东省南部，归属于黄河流域范围内，拥有充沛的水土资源与温和湿润的气候特点。对比之下，赣南老区位于江西省之南，深入江南水乡腹地，同样具备丰饶的水土资源，气候则更为温暖湿润。正是这些地域自然条件的异质性，造就了两地农业生产模式与产业结构布局上的各自特色与区别。

两地的产业构成呈现显著差异。沂蒙老区的农业生产侧重于粮食、油料作物及蔬菜栽培，而工业领域则以轻工业为支柱，例如，食品加工和纺织业。相比之下，赣南老区的农业以茶树种植、果树栽培及家禽家畜养殖为特色，其工业结构则偏向重工业，涉及机械设备制造与电子信息产业等领域。因此，两区域因产业架构的不同，展现出各异的农业农村融合发展模式。

农村地区产业融合展现多样化路径。以沂蒙老区为例，该区域推动农村产业融合的关键途径依赖于农业特色项目与农产品深加工领域，具体实践包含乡村旅游开发、农村电子商务平台搭建等。相比之下，赣南老区采取的策略侧重于利用特色农业生产及加工产业升级，例如，红树林茶叶产业园区、莲花山绿色食品产业园区的建立，体现了另一套融合模式。两地农村产业融合模式的差异化选择，直接促成了它们在产业融合发展上的特有面貌与不同成果。

政府扶持力度与财政投入在沂蒙老区与赣南老区的农村产业融合进程中显示出不完全对等的特征。两地均受到来自省级政府的鼎力支持，旨在促进其农村产业的综合发展，然而在具体的支持策略和资金配置上显现出了差异性。山东省政府对沂蒙老区的支援涵盖了特设资金、政策倾斜及技术援助等多个维度，有效驱动了该区域农村产业融合的进程。相比之下，江西省政府对赣南老区的扶持亦采取了相似的多方位措施，包括专项基金、优惠政策及技术支持，助力当地农村产业的融合升级。这些差异化的政策环境与资金配给直接关联到两地农村产业融合发展路径的不同，体现了政策实施细节对区域发展成效的显著影响。

3.2.2　两个老区农村产业创新的比较

3.2.2.1　共同点

均重视创新技术的应用。沂蒙老区与赣南老区均强调了技术创新的重要性，致力于通过科技革新来促进农业生产的工艺及信息科技的进步与迭代，以此增强农业生产效能与提升农产品质量。两地均已构建起一系列农业科研创新平台，涵盖了农业科技园区、农业科技创新中心等，旨在为农业及农村社会经济的发展注入技术力量与创新动能。

均重视产业创新领域的发展，沂蒙老区与赣南老区不约而同地将产业创新视作推进农业加工及特色农业前行的关键策略，为农村产业的深度融合开辟了新经济增长点与动力源泉。两地均致力于特色农业产业园及农业加工产业园的建设，例如，红树林茶业产业园区、莲花山绿色食品产业园区等，这些园区成为了促进农村产业融合的重要支柱与创新引擎。

均着重于创新模式的应用。沂蒙老区与赣南老区均重视通过模式创新这一途径，旨在促进农村共同富裕与农村生态文明的深度融合，确保农村经济社会发展的长久活力。两地积极探究并实施了多维度的创新策略，涵盖农村集体经济改革、农村金融服务业的新模式开发，以及农村社会保障体系的创新等多个方面，为农村产业的整合发展开辟了新视野和实践路径。

3.2.2.2　差异点

创新主体的差异构成了沂蒙老区与赣南老区在创新活动上的不同风貌。具体而言，沂蒙老区的创新动力核心为农业生产合作社及农业专业合作社，这些实体通过实施科技革新与产业升级，有力地促进了农村产业的深度融合。相比之下，赣南老区的创新活动则更多源自企业与科研机构的携手合作，它们依托于技术改进及模式创新的双轮驱动，同样推进了农村产业融合的进程。

沂蒙老区与赣南老区在创新领域呈现出显著的差异化特征，这种差异直接关联到它们创新成果的多样性。具体而言，沂蒙老区的创新活动侧重于农业生产技术革新及农产品深加工行业，涵盖了诸如现代农业机械的迭代升级、农业生态系统的优化策略，以及乡村旅游模式的革新探索等方面。相比之下，赣南老区则将创新的重点放在了特色农业的发展及农业信息技术的应用上，涉及领域包括茶树品种的改良研究、农业大数据的实践运用，以及农业电商的新模式探索等。

两地创新生态存异。沂蒙老区与赣南老区在创新生态环境上展现出不同特点，进而影响到创新实践的多样性。沂蒙地区倾向于构建政府引导型创新体系，依托政策扶持与财政投入，积极推动农业与多产业融合的创新路径。相比之下，赣南地区则更侧重于市场驱动的创新模式，依靠企业及科研单位对市场需求的敏感度与竞争态势的应对，驱动农业产业融合的创新进程。

3.2.2.3　小结

概括而言，沂蒙老区与赣南老区在农村产业融合发展方面的创新展现了共通之处与个性差异，二者均重视技术创新、产业升级及模式革新，有力驱动了农村产业融合的创新前进步伐。两地的差异化特色为各自的创新实践赋予了独一无二的优势与机遇。展望未来，加强区域间创新合作、发掘新创新点，将是双方携手促进农村产业融合深度发展的重要途径。

3.2.3 两个老区农村产业协同创新的比较

沂蒙与赣南两大革命老区农村产业协同创新方面的异同细节探究。

3.2.3.1 共同点

均重视联合创新。沂蒙老区及赣南老区均强调联合创新的重要性，借助跨主体的协作机制，携手推进农村产业融合的革新发展。此模式不仅提升了创新效能与成果应用的速度，还促成了资源在不同参与方之间的优化配置与利益的和谐共生。在联合创新实践进程中，各参与主体间的信息流通与知识交汇得到增强，为农村产业融合的长远发展注入动力。

均着力于构建平台体系。沂蒙老区与赣南老区均重视平台体系建设，通过搭建科技、产业及金融服务等多维度创新平台，为农村产业的协同创新奠定了坚实基础与有力支撑。这些平台充当了不同参与主体间合作与交流的桥梁，促进了资源的优化配置及利益的和谐共生。在平台构筑的进程中，亦加速了农村产业升级的数字化转型与智能化进程，有效增强了农村产业融合的创新潜力与市场竞争力。

均着重于政策扶持的作用。沂蒙老区与赣南老区均凸显了政策扶持的重要性，利用政府的政策引导及资金注入来驱动农村产业的协同创新进程。此类政策扶持举措，不仅确保了农村产业协同创新的资金基础，还构建了各参与主体间合作的政策框架。在此政策扶持的背景下，农村产业的协同创新活动及成果转化得到了增强，进而促进了农村产业升级融合的长期稳健发展。

3.2.3.2 差异点

两地协同创新主体的差异化分析显示，沂蒙老区与赣南老区在协同创新活动中呈现出不同特点，归因于二者主导的协同主体有所区别。沂蒙地区侧重于农业生产合作社及农业专业合作社作为创新引领者，这些主体与企业实体、科研组织和政府部门形成合力，共同促进了农村产业融合的新型发展模式。具体实践中，该地区的协同创新紧密围绕农业生产的现代化技术革新与农产品深加工领域，涵盖了诸如农用机械的迭代升级、农业生态系统的改善策略，以及乡村旅游业态的创新探索等多个方面。相比之下，赣南地区的协同创新动力更多源自企业界与科研机构的联合，同样携手农业生产合作社、专业合作社及政府资源，驱动农村产业融合的前进步伐。赣南地区的创新焦点则偏向于发展特色农业项目与应用农业信息技术，例如茶树品种的改良研究、农业大数据的实际应用案例，以及农业电商的新模式探索等。

两地在协同创新的具体领域方面展现出明显差异，进而影响了其创新成果的多样性。沂蒙老区侧重于农业生产技术及辅助产业的协同创新，涵盖了农用机械的升级换代、农业生态系统的改善措施及乡村旅游业态的革新等多个维度。此过程通过科技与产业升级的双重驱动，促进了农村经济的跨界融合与创新发展。相比之下，赣南老区的协同创新则更加聚焦于特色农业的培育及农业信息技术的应用，例如，茶树品种改良、农业数据的深度利用和农产品电商的新模式探索，这些努力依托于技术创新与模式创新的双重路径，同样旨在推进农村产业的深度融合与创新跃升。

两地在协同创新环境方面展现出明显差异，进而影响到它们协同创新实践的特色。沂蒙老区构建的协同创新体系侧重于政府引领，通过官方政策扶持与资金注入，激活农村产业的协同创新动能。在此模式下，协同创新活动围绕政府核心展开，吸引企业、科研院所以协作形式共谋发展。相反，赣南老区的协同创新生态系统更倾向于市场引导，利用市场需求的牵引力与市场竞争的鞭策作用，推动农村产业内部的协同创新进程。在此背景下，企业成为协同创新的主导力量，农业合作社及专业合作社等实体则通过紧密合作，共同参与到这一创新进程中。

3.2.3.3　小结

概括而言，沂蒙老区与赣南老区在农村产业协同创新领域共存着相似之处与差异性，两者均重视协同创新机制、平台建构及政策扶持，有力推进了农村产业在协同创新路径上的发展。这些区域间的个性差异，为双方的协同创新实践带来了独特的有利条件与合作契机。展望未来，两地应强化协同创新的合作深度，发掘更多协同创新的潜在领域，携手共促农村产业协同创新的持续进步。

3.2.4　两个老区农村产业自主创新的比较

3.2.4.1　共同点

两地域皆重视自主创新能力的培育。沂蒙老区与赣南老区均强调了自主创新的重要性，视其为驱动农村产业升级与融合持续性发展的核心动力。这种内生式的创新不仅有效提升了农户自身的创造思维与实践能力，同时也加速了农村产业融合模式的革新步伐，促进了该领域更加蓬勃的发展态势。

两地域皆着重于创新技术的应用。沂蒙老区与赣南老区均强调了技术创新的重要性，以此作为驱动农村产业升级融合的新动力。此类技术创新不仅促进了农业生产技术和农业信息科技的进步，同时也加速了农村产业融合向数字化与智能化方向的发展进程。

两地域皆着重于政策扶持的重要性。沂蒙老区与赣南老区均强调了政策性扶持的作用，利用政府的政策引导及资金注入，来驱动乡村产业自主创新能力的提升。此类政策扶持举措，不仅为乡村产业的自主创新构建了坚实的财务基础，还为其营造了有利的政策环境。

3.2.4.2 差异点

创新主体的差异构成了沂蒙老区与赣南老区在自主创新能力展现上的不同面貌。具体而言，沂蒙老区的创新动力核心为农民群体及农业生产合作社，他们致力于通过创新手段促进农村产业的深度融合与革新，重点关注的是农业技术的进步与农产品加工业的转型升级，例如，推进农业机械的现代化、优化农业生态体系、探索乡村旅游的新模式等。相比之下，赣南老区的创新主体则更加多元化，涵盖了农民与企业双方，共同作用于农村产业融合的创新路径，其创新焦点偏向于发展特色农业项目与应用农业信息技术，例如，改良茶叶品种、运用农业大数据分析、创新农业电商平台等，以此推动区域发展的新态势。

两地在创新领域展现出了内容的异同，进而影响了各自创新成果的特色。沂蒙老区侧重于农业生产的进步与农产品深加工的革新，涵盖了农用机械的升级换代、农业生态系统的优化策略，以及乡村旅游模式的革新等方面，通过科技革新与产业升级的路径，有力驱动了农村经济的多元化融合与发展。相比之下，赣南老区的创新焦点则落在特色农作物的培育改良（例如，茶叶品种的提升），以及农业信息科技的应用拓展（例如，大数据在农业中的运用、电子商务在农产品销售中的创新实践），此类创新主要依托技术改进与新模式探索，同样旨在促进农村产业的深度融合发展。

两地创新生态存异。沂蒙老区与赣南老区在自主创新生态环境上展现出不同特点，进而影响到各自区域内自主创新行为的形态。沂蒙地区的特点是构建了政府引领型创新体系，通过官方政策扶持与财政资金的注入，激活农村产业升级中的自主创新动能。此模式下，自主创新实践主要围绕政府为核心展开，农户及农业合作社等实体在政府引导下积极参与创新进程。相比之下，赣南老区则形成了市场驱动型自主创新环境，自主创新的推手更多来自企业和农户对市场需求的敏锐捕捉及行业竞争的内在压力。在这一背景下，企业成为自主创新的主导力量，农户等参与者紧随市场需求，主动开展创新活动。

概括而言，沂蒙老区与赣南老区在农村产业创新发展的共性与特性方面均呈现出鲜明的图景。两地均着重于自主创新、技术革新及政策扶持的强化，有力推进了农村产业自主创新能力的提升。各自的独特性为两地的创新实践开辟了特有优势与机遇的新天地。展望未来，深化两地自主创新的合作机制，发掘新颖的创新契机，携手共促农村产业自主创新的壮大，将是两个革命老区面临的共同课题。

3.2.5　两个老区农村产业自主式协同创新的比较

3.2.5.1　共同点

均重视自主性协同创新模式。沂蒙老区及赣南老区均强调采用自主性协同创新策略，以此作为驱动农村产业深度融合与可持续发展的关键途径。这种模式不仅增强了各参与主体间的信任感与合作意向，还为农村产业融合的创新转型提供了有力支撑。

两地域均重视构建平台体系。沂蒙老区及赣南老区均强调了构建平台体系的重要性，通过搭建科技研发、产业升级及金融服务等多种平台，为农村产业的自发协作式创新提供了坚实的支撑与保障机制。这些平台充当了不同参与主体间自发协作与创新的桥梁，促进了资源的优化配置与利益的和谐共享。

两地域皆着重于政策扶持的重要性。沂蒙老区与赣南老区均强调了政策性扶持的作用，利用政府的政策引导及资金注入，来驱动农村产业自主创新协作机制的成长。此类政策扶持不仅是对农村产业自主创新协作的资金支柱，也构建了各参与主体间自主协作的政策框架。

3.2.5.2 差异点

两地域在自主协同创新主体方面的异同，显著影响了两地创新活动的特点。具体而言，沂蒙老区的自主创新合作网络构建主要依托于农业生产合作社及农业专业合作社，这些实体与企业实体、科研组织和政府部门自发协作，共同推进农村产业升级与融合的新型发展模式。该地区的创新焦点聚集在提升农业生产技术、优化农业机械设备、改良农业生态环境及开拓农村旅游业的新路径等方面。相比之下，赣南老区的自主协同创新体系核心由企业和科研机构构成，这些主体与农业生产合作社、专业合作社及政府等多方面力量联合，旨在驱动以特色农业和现代农业信息技术为主线的农村产业革新。该地区侧重于茶叶品种改良、应用农业大数据技术、探索农业电商新领域等创新实践。由此可见，两地自主协同创新的差异化表现，根源在于其主导创新的主体构成及其独特的创新方向选择。

两地域在自主协同创新的具体领域上展现出明显差异，进而影响了各自的创新成果特点。沂蒙老区侧重于农业生产和加工领域的自主创新，涵盖农机设备的迭代升级、农业生态系统的优化策略，以及乡村旅游业态的革新等多个维度，通过这些技术及产业升级的协同创新举措，有力地驱动了农村产业融合的新型发展模式。相比之下，赣南老区则将自主协同创新的重点放在了特色农业的培育及农业信息技术的应用上，例如，茶树品种改良、农业大数据的实践运用，以及农业电商的新模式探索，此类创新活动通过技术革新与模式创新的双重路径，同样促进了农村产业融合的深度发展。

两地域在自主式协同创新环境方面呈现出显著差异，这一区别进一步引发了两地在自主式协同创新实践上的不同风貌。具体而言，沂蒙老区构建的自主式协同创新体系侧重于政府引导模式，通过官方政策扶持与资金注入的双重机制，有力驱动了农村产业升级中的协同创新进程。在此框架下，协同创新活动的核心动力源自政府，而企业、科研院所以及其他实体则在政府引领下，以自治协作的形式共同参与到这一创新生态系统中。相比之下，赣南老区的自主式协同创新环境更倾向于市场驱动导向，企业与科研机构在市场需求的牵引及市场竞争的激励下，主动推进农村产业内部的协同创新。该区域内的协同创新活动主要由企业领航，农业合作社及专业合作社等组织在市场机制下，以自我主导的合作创新模式积极融入此进程。

3.3 沂蒙老区和赣南老区农村产业融合的理论模型

综上所述，可以构建基于自主式协同创新的沂蒙老区和赣南老区农村产业融合的理论模型。该模型的具体内容如下：

（1）自主式协同创新主体。在这个模型中，自主式协同创新主体是农村产业融合的主要参与者。这些主体包括农民、农业生产合作社、农业专业合作社、企业和科研机构等。这些主体之间存在共同的利益和目标，并且通过自主式协同创新来实现这些利益和目标。在具体应用中，可以根据具体情况选择不同的自主式协同创新主体，例如，以农民为主体的农村家庭工作站、以农业生产合作社为主体的农业生产合作社联盟、以企业为主体的企业与农村合作模式等。

（2）自主式协同创新环境。自主式协同创新环境是指影响自主式协同创新主体行为的外部条件和因素。这些条件和因素包括政策支持、市场需求、技术水平、文化传统等。在这个模型中，自主式协同创新环境是农村产业融合的外部驱动力。在具体应用中，可以通过建设科技创新平台、产业创新平台和金融服务平台等方式，为自主式协同创新提供支持和保障。

（3）自主式协同创新过程。自主式协同创新过程是指自主式协同创新主体在自主式协同创新环境下所采取的一系列行动和活动。这些行动和活动包括信息交流、资源整合、利益协商、创新实践等。在这个模型中，自主协同创新过程是农村产业融合的内部驱动力。在具体应用中，可以通过建设信息交流机制、资源整合机制和利益协商机制等方式，促进自主式协同创新过程的顺利进行。

（4）农村产业融合效应。农村产业融合效应是指自主式协同创新过程所产生的一系列积极的经济、社会和环境效应。这些效应包括农业生产效率的提高、农村就业的增加、农民收入的提高、农村生态环境的改善等。在这个模型中，农村产业融合效应是自主式协同创新的最终目标。在具体应用中，可以通过建设农业生产效率监测机制、农村就业监测机制和农村生态环境监测机制等方式，评估和提高农村产业融合效应。

（5）自主式协同创新评估和改进。在实施自主式协同创新的过程中，需要不断评估和改进自主式协同创新的效果。这可以通过建设自主式协同创新评估机制和改进机制来实现。在具体应用中，可以通过建设自主式协同创新评估指标体系、自主式协同创新案例库和自主式协同创新培训机制等方式，提高自主式协同创新的效果和水平。

（6）模型的关键点。这个模型不仅强调了自主式协同创新在农村产业融合中的重要作用，并且认为自主式协同创新主体、自主式协同创新环境和自主式协同创新过程是实现农村产业融合的关键因素。还强调了农村产业融合效应的重要性，并且认为农村产业融合效应是评估自主式协同创新成功程度的关键标准。此外，这个模型还强调了自主式协同创新评估和改进的重要性，并且认为自主式协同创新评估和改进是提高自主式协同创新效果和水平的关键手段。需要注意的是，这个模型只是一个可能的框架，实际上还需要结合具体的情况和数据进行进一步的研究和验证。

基于自主式协同创新的沂蒙老区和赣南老区农村产业融合发展的理论模型，如图 3 - 1 所示。

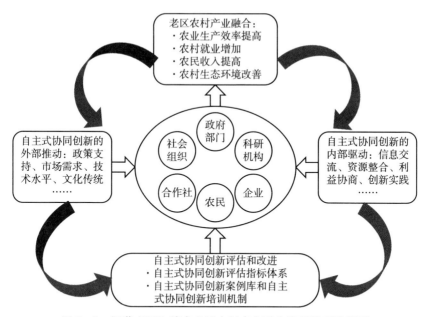

图 3 - 1　沂蒙老区和赣南老区农村产业融合发展的理论模型

第4章

沂蒙老区产业融合内在机制的
实证研究

本章尝试运用定性比较分析方法（QCA），实证研究沂蒙老区产业融合内在机制。

4.1　文献回顾与模型构建

4.1.1　文献综述

鉴于直接研究沂蒙老区农村产业融合的文献极为稀少，本书主要从农村产业融合机制、路径与模式两个维度对相关文献进行梳理。

4.1.1.1 农村产业融合机制文献的述评

农村产业融合的主要影响因素有：技术革新和放松管制（马健，2002），主导产业、融合主体、政府市场、新产业新业态新模式、融合机制、农户利益（王乐君和寇广增，2017），技术和制度创新、市场需求、农业多功能开发（李治和王东阳，2017），科技创新、互联网＋农业、文化创意＋农业（张来武，2018），技术进步、制度放松、市场需求、基础设施、公共服务均等化、区位与资源优势（李莉和景普秋，2019），生产要素、产业支撑、市场需求、经营主体、技术创新、政策环境（陈红霞和屈玥鹏，2020），农村科技进步、产权改革、农业供求融合、经营主体、人居环境（朱文韬和栾敬东，2020），消费需求、土地流转、技术进步、基础设施、环境质量、人力资本、金融发展（程莉和孔芳霞，2020），农村新产业、新业态、新模式（雷鹏和周立，2020）。

近期研究发现，数字普惠金融通过提高支付便利性和缓解流动性约束途径对农村产业融合发展产生作用（张林和温涛，2022）。数字普惠金融不仅促进农村产业融合发展，还通过农业科技创新间接促进农村产业融合（焦青霞和刘岳泽，2022）。乡村非人类行动者自身属性、村民参与度提升、关键行动者及其意图改变、异质行动者间的利益博弈等驱动施茶村产业融合（黄政等，2023）。共生主体间良性的互动机制、市场与政府的调节机制推动产业融合体系形成共生新能量，多主体、多行业、多部门间的协作助推产业协同融合实现稳定的社会共生（王超等，2023）。数字经济具有高扩散性、溢出性和普惠性特征，以数字经济赋能农村三次产业融合发展已成为我国现代农村产业体系建设和农村高质量发展的关键（王海飞和钱茜，2024）。数字经济对农村三次产业融合发展有显著的促进作用，技术创新和产业结构升级是数字经济促进农村三次产业融合发展的重要机制（邱书钦和滕剑仑，2024）。

上述研究表明农村产业融合的影响因素有多重，但没有充分揭示农村产业融合的核心要素和非核心要素，也没有科学呈现不同要素的组合对农村产业融合的作用。

4.1.1.2　农村产业融合路径与模式文献的述评

有专家从农村产业组织形式（姜长云，2016）、融合主体（吕岩威和刘洋，2017b；冯贺霞和王小林 2020）、产业链（李洁，2018；熊爱华和张涵，2019）、农业价值链（胡石其和熊磊，2018）、资产权和科技进步（朱文韬和栾敬东，2020）、产业政策和环境及利益等要素（高元武，2020）等方面研究了农村产业融合的主要路径。还有学者从多维度混合的角度，研究了农村产业融合的路径或模式（芦千文和姜长云，2016；欧阳胜，2017；李洁，2018；李莉和景普秋，2019）。此外，姜长云（2015a，2015b）、科技智囊专题研究小组（2016）、陈曦等（2018）分析了日本"六次产业"的背景、概念、模式、机制、思路、政策、实施等。王长征等（2022）提出了"专业合作社联合—新型市场主体关系—产业聚合体"的农村产业融合路径。钱明辉等（2023）构建了我国农村产业融合的"4＋1"模式，认为促进农村产业融合应加强农村基础设施建设，加深农业产业链延伸，加大人才培育力度。这些研究提出了农村产业融合路径的多样性，但是这些融合路径的普遍性、有效性有待商榷，而且已有研究未能形成统一的研究框架。

为此，本书将在前人研究的基础上，深入探索沂蒙老区农村产业融合的主要影响因素及其基本路径，为促进沂蒙老区农村产业融合发展奠定理论基础。

4.1.2　理论模型构建

综合分析上述因素，可以发现影响农村产业融合的因素可以归结为四类，即技术创新、公共服务（包括基础设施、放松管制、制度创新、公共服务均等化、政策环境、产权改革、环境质量、土地流转、人居环境等）、金融发展（普惠金融、数字金融）、产业升级（例如，农村新产业、新业态、新模式，产业支撑、区位和资源优势、市场需求、生产要素、物联网＋农业等）、物质资本（涉及企业固定资本投资等）。

根据产业经济学理论，产业融合是产业发展、产业结构、产业关联的统一体，农村产业融合应包含农村地区的微观主体、微观主体围绕着企业和产业发展优化配置资源开展的经济活动、农村产业融合的具体环境三个层面。进而，充分借鉴已有研究，可以从劳动力、农村物质资本、自主式协同创新、金融服务、公共服务五个维度，系统剖析沂蒙老区产业融合的主要影响因素及其相互作用的内在机制。

（1）劳动力。微观主体是指在农村从事生产、经营、服务活动，具有一定自主性、积极性、创造性的个人或组织，是产业融合的基础和前提。按照功能不同，微观主体可以分为体力劳动者、科技专家、企业家、基层政府四种类型。各类微观主体以自身的体力或脑力活动为基础，优化配置自身所能掌控的资本或资源，采取独立或合作的方式从事企业或产业活动，为市场提供产品或服务。与此同时，在客观上推动了农村企业、产业的融合发展。

（2）物质资本。物质资本是指微观主体从事企业或产业生产、经营、服务活动所需的资源凭借，是沂蒙老区农村产业融合的必要条件。物质资本在物理形态上表现为，机器设备、新建的厂房以及办公场所等从事生产经营所需要的物质凭借。一般情况下，及时高效的物质资本可以有力促进企业或产业劳动生产率的提高，有力提升企业或产业的市场竞争力，带来可观的经济效益和社会效益。

（3）自主式协同创新。科技是第一生产力已成为学界和实践的共识，但是在沂蒙老区农村，其科技创新具有自己的特殊性，具体表现在两个方面。一方面，沂蒙老区农村的企业家、政治精英、社会贤达以及普通群众，都具有不甘人后，努力发展科技促进生产经营的理念，也在自身的能力范围内积极投资科技研发、招聘相关人员。从而，沂蒙老区农村的企业具有一定的自主式科技创新的基础和现实性。另一方面，沂蒙老区各县市区农村科技研发力量相对薄弱，本地区的企业或科研机构的综合创新能力整体上还处于模仿创新阶段。因此，欲提高老区农村产业高质量发展的水平，其创新必然具有较强的协同性，也只有充分协同才可能获得生产经营所需的科技支撑。从而，我们将沂蒙老区农村的科技创新模式称为"自主式协同创新"模式。

（4）金融服务。为了反映农村金融发展的水平，借鉴温涛和张林（2022）、李琳和田彩红（2024）的研究成果，考虑到传统金融对沂蒙老区农村产业融合发展的支持以信贷为主，本章采用各县市区 2020～2023 年农林牧渔业贷款余额的均值表示沂蒙老区各县市区农村金融发展水平，原始数据来源于临沂市统计局、潍坊市统计局、淄博市统计局、济宁市统计局、日照市统计局 2020～2023 年的统计年鉴。

（5）公共服务。政府的公共服务是沂蒙老区农村产业融合的基础和背景，是产业活动系统存在的重要力量。沂蒙老区政府的公共服务与其农村产业融合息息相关，在一定条件下环境甚至能够决定产业融合的质量和水平。按照公共服务的具体内容，可将沂蒙老区农村的公共服务分为政府的制度性服务、投资性公共服务两种基本类型。

综上所述，沂蒙老区农村产业融合是老区农村微观主体，在各级政府的大力支持、指导下，围绕着企业或产业高质量发展的需要，优化配置各种物质资本、金融资本，不断推进自主式协同创新，从事生产、经营、服务活动，不断适应市场需求，实现产业环节、产业链或产业体系不断结合、拓展、延伸、融合的过程。进而，可形成如图 4-1 所示的基于自主式协同创新的沂蒙老区农村产业融合的"五角星"理论模型。

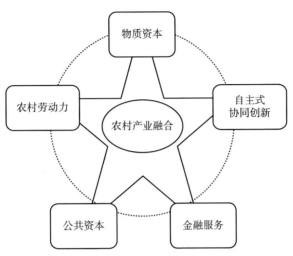

图 4 – 1 沂蒙老区产业融合的"五角星"理论模型

4.2 变量选择、数据来源、研究方法

4.2.1 变量选择、数据来源

在上述分析的基础上，本书从劳动力、农村物质资本、自主式协同创新、金融服务、公共服务五个维度选择解释变量，确定农村产业融合被解释变量，以展开实证研究。

（1）劳动力。考虑到以体力劳动为主的劳动力是沂蒙老区各县市区农村产业发展的重要参与者，而以智力、管理等非体力劳动者通过科技创新、固定资本投资等指标加以衡量。此外，由于体力劳动者经过多年实践或教育培训，都可以很好地完成相应岗位的工作。所以，本书选择农村劳动力数量表示沂蒙老区各县市区劳动力的状况。劳动力的数据来自临沂市统计局、潍坊市统计局、淄博市统计局、济宁市统计局、日照市统计局 2020 ~ 2023 年的统计年鉴。

（2）固定资产。本书采用 2020~2023 年农村地区设备、工具、器具购置投资额衡量沂蒙老区各县市区农村固定资产投资，单位为"万元"。农村设备、工具、器具购置投资额的原始数据来自临沂市统计局、潍坊市统计局、淄博市统计局、济宁市统计局、日照市统计局 2020~2023 年的统计资料。

（3）科技创新。借鉴李莉和景普秋（2019）、程莉和孔芳霞（2020）、焦青霞和刘岳泽（2022）、邱书钦和滕剑仑（2024）等专家学者的研究成果，本书从科技活动经费支出总额、专利授权量两个维度刻画沂蒙老区农村自主式协同科技创新的综合水平。采用熵值法对上述指标进行赋权，计算出沂蒙老区农村自主式协同创新指数。2020~2023 年沂蒙老区各县市区获得的专利授权量，包括发明、实用新型、外观设计。沂蒙老区各县市区获得的专利授权量、科技活动经费支出总额的数据来自临沂市统计局、潍坊市统计局、淄博市统计局、济宁市统计局、日照市统计局 2020~2023 年的统计年鉴。

（4）金融服务。为了反映农村金融发展的水平，借鉴温涛和张林（2022），考虑到传统金融对沂蒙老区农村产业融合发展的支持以信贷为主，本章采用各县市区 2020~2023 年农林牧渔业贷款余额的均值表示沂蒙老区各县市区农村金融发展水平，原始数据来自临沂市、潍坊市、淄博市、济宁市、日照市五地市统计局 2020~2023 年的统计资料。

（5）公共服务。对于公共服务，我们将基础设施、放松管制、制度创新、公共服务均等化、政策环境、产权改革、环境质量、土地流转、人居环境等政府活动分为两类，即政府公共服务投资、政府公共服务政策措施。选择采用各县市区 2020~2023 年财政农林水事务支出的均值表征政府对农村公共服务的水平，原始数据来自临沂市统计局、潍坊市统计局、淄博市统计局、济宁市统计局、日照市统计局 2020~2023 年的统计年鉴。

（6）农村产业融合。本书模型的被解释变量为各省份农村产业融合发展指数。在充分借鉴李晓龙和冉光和（2019）、程莉和孔芳霞（2020）、张岳和周应恒（2021）、张林和温涛（2022）、田彩红等（2024）对农村产业融合指数研究的基础上，考虑到农业多功能是农业产业链延伸的基础和前提，农业服务业、农业新业态培育正是农业产业链延伸的主要表现或形式，而农业技术渗透和利益联结机制是农村产业融合的重要动力或主要机制，再结合沂蒙老区农村产业发展的具体情况，我们选择农业产业链延伸作为测度农村产业融合的主要维度。具体地，产业链延伸表现在两个方面，即农业与工业、服务的结合。农业与工业的融合用农产品加工率表示，即农副食品加工主营业务收入/农林牧渔业总产值。农业与服务业的融合用农林牧渔服务业占比表示，即农林牧渔服务业总产值/农林牧渔业总产值。

农副食品加工主营业务收入用农村工业总产值计算，该数据源自临沂市统计局对工业总产值数据的统计资料，其计算公式为：农村工业总产值 = 农业工业企业总产值 – 非涉农工业企业总产值。农林牧渔服务业总产值、农林牧渔业总产值的数据源自临沂市统计局、潍坊市统计局、淄博市统计局、济宁市统计局、日照市统计局 2020 ~ 2023 年的统计年鉴。

最后，对农产品加工率、农林牧渔服务业占比两个变量采用熵权法赋权，计算沂蒙老区各县市区农村产业融合指数。

综上所述，沂蒙老区农村产业融合的被解释变量、解释变量如表 4 – 1 所示。

表 4 – 1　　　　　　　**沂蒙老区各县市区农村产业融合主要变量**

一级指标	二级指标	定义	来源
人力资本（labor）	农村劳动力	2020 ~ 2023 年沂蒙老区各县市区农村实际劳动力数量的均值	程莉和孔芳霞（2020）
物质资本（capital）	新增固定投资	2020 ~ 2023 年沂蒙老区各县市区农村设备、工具、器具购置投资额的均值	李莉和景普秋（2019）

一级指标	二级指标	定义	来源
科技创新（innovation）	科技活动经费支出	2020~2023年沂蒙老区各县市区农村科技活动经费支出总额的均值	李莉和景普秋（2019）、程莉和孔芳霞（2020）、焦青霞和刘岳泽（2022）、邱书钦和滕剑仑（2024）
	专利授权量	2020~2023年沂蒙老区各县市区农村专利授权量的均值	
金融服务（finance）	农林牧渔业贷款	2020~2023年沂蒙老区各县市区农林牧渔业贷款余额的均值	温涛和张林（2022）
公共服务（government）	财政农林水事务支出	2020~2023年沂蒙老区各县市区财政农林水事务支出的均值	王乐君和寇广增（2017）、王超等（2023）
产业融合（integration）	农产品加工率	2020~2023年沂蒙老区各县市区农副食品加工主营业务收入的均值/2020~2023年沂蒙老区各县市区农林牧渔业总产值的均值	张岳和周应恒（2021）、张林和温涛（2022）、田彩红等（2024）
	农林牧渔服务业占比	2020~2023年沂蒙老区各县市区农林牧渔服务业总产值的均值/2020~2023年沂蒙老区各县市区农林牧渔业总产值的均值	

注：笔者分析整理而成。

4.2.2　方法选择

考虑到沂蒙老区产业融合影响因素的复杂性、促进路径的多元性，借鉴杜运周和贾良定（2017），张明、陈伟宏和蓝海林（2019），黄钟仪、赵胖和许亚楠（2020），杜运周、刘秋辰和程建青（2020），杜运周、李佳馨和刘秋辰等（2021）的研究，本书尝试采用定性比较分析方法探讨老区产业融合的组态效应，揭示其主要影响因素和基本促进路径。

本书采用模糊集定性比较分析方法（fuzzy-set qualitative comparative analysis，fsQCA），探索多种影响因素究竟以何种"组态"对沂蒙老区农村产业融合产生影响，揭示老区农村产业融合的多元路径。之所以采取 fsQCA 方法是因为以下原因：

（1）fsQAC 方法与本书的研究问题相一致。QCA 方法聚焦多要素的组态效应，注重因果关系的非一致性、非对称性，适于分析复杂研究问题的多重并发因果关系，适于探索多要素对结果的多条作用路径（Ragin，2008；杜运周和贾良定，2017；Furnari et al.，2020），这与本书的研究问题和研究目的是一致的。

（2）fsQCA 既有助于发现案例条件的互动关系，揭示不同融合环境下案例条件的替代关系。还能够说明每个组态所覆盖的案例情况，说明低产业融合农村的原因（张明等，2019a；黄钟仪等，2020；杜运周和贾良定，2017）。从而，可以从不同的视角深入探讨沂蒙老区农村产业融合机制和促进路径的多样性、复杂性。

（3）fsQCA 方法对研究案例的数量要求相对不高。沂蒙老区农村产业融合仅能找到 18 个县市区的样本，采用计量经济学模型、统计分析方法研究具有较大的局限性。而 fsQCA 既能够分析小样本，也能够非常有效地研究中等规模样本，还可以解剖大样本（Ragin，2008；杜运周等，2017，2021），这就解决了本研究样本数量较少的困难。

4.3　沂蒙老区农村产业融合的组态分析

4.3.1　校准

有效数据整理好之后，fsQCA 分析就进入了校准环节。校准是将条件和结果变量的集合根据隶属度赋值，转化为统一的隶属度集合的过程（Schneider et al.，2012）。沂蒙老区农村产业融合的人力资本（labor）、物质资本

（capital）、科技创新（innovation）、金融服务（finance）、公共服务（government）五个因素和产业融合（integration）都是案例的结合，每个案例的每个因素经过校准都会被赋予一个隶属度。鉴于对上述六个因素校准标准的缺乏，本章选择直接校准法进行校准（Ragin，2008），并将条件和结果变量的完全隶属、交叉点和完全不隶属的三个校准点分别设定为 0.75、0.50、0.25，将校准后交叉点为 0.50 的条件和结果变量值调整为 0.501（Fiss，2011；程建青等，2019；黄钟仪等，2020；罗公利和王晓彤，2024）。条件和结果变量的校准结果如表 4 - 2 所示。

表 4 - 2　　　　沂蒙老区农村产业融合条件和结果变量的校准结果

条件和结果	变量	单位	校准		
			完全隶属	交叉点	完全不隶属
融合主体	农村劳动力（labor）	万人	46.8012	38.6917	26.576
融合资源	物质资本（capital）	亿元	1.1088	0.7228	0.4831
	科技创新（innovation）	—	0.5782	0.3961	0.2237
融合环境	金融服务（finance）	亿元	1.536	0.9051	0.7629
	公共服务（government）	亿元	8.3017	5.737	4.682
结果变量	产业融合（integration）	—	0.3605	0.2384	0.1629

4.3.2　必要条件分析

fsQCA 必要条件分析是判断每个单个条件是否是沂蒙老区农村产业高效融合或者非高效融合的必要条件，其判断标准是条件的一致性水平是否高于 0.9（Schneider et al.，2012；罗公利和王晓彤，2024）。运行软件 fsQCA 3.0，得到单一条件必要性检验的结果，具体如表 4 - 3 所示。由表 4 - 3 可知，所有前因变量的一致性都小于 0.9，说明不存在促进沂蒙老区农村产业高效融合的必要条件，也说明不存在促进沂蒙老区农村产业非高效融合的必要条件。

表 4 – 3 　　　　　　沂蒙老区农村产业融合必要条件分析结果

前因条件	高产业融合水平		非高产业融合水平	
	一致性	覆盖度	一致性	覆盖度
农村劳动力（labor）	0.849	0.762	0.498	0.613
~农村劳动力（~labor）	0.569	0.452	0.806	0.880
物质资本（capital）	0.836	0.756	0.491	0.610
~物质资本（~capital）	0.569	0.449	0.804	0.871
科技创新（innovation）	0.824	0.845	0.441	0.620
~科技创新（~innovation）	0.629	0.450	0.889	0.874
金融服务（finance）	0.778	0.654	0.535	0.618
~金融服务（~finance）	0.545	0.461	0.702	0.812
公共服务（government）	0.708	0.559	0.605	0.655
~公共服务（~government）	0.564	0.510	0.593	0.736
产业融合（integration）	0.738	0.610	0.602	0.683
~产业融合（~integration）	0.617	0.530	0.656	0.774

注：~表示集合运算符。

4.3.3　组态的充分性分析

组态的充分性分析的目的在于揭示条件组合后的集合是不是结果集合子集。根据已有研究成果，为减少矛盾组态，在运行 fsQCA 3.0 软件前，将 PRI一致性阈值设为 0.75（杜运周等，2017；罗公利和王晓彤，2024），原始一致性阈值设为 0.8（Fiss，2011；罗公利和王晓彤，2024），案例频数设置为 1（Schneider et al.，2012）。最后，得到如表 4 – 4 所示的沂蒙老区农村产业高效融合与非高效融合的条件组态。

表4-4　　　　　　　　　沂蒙老区农村产业融合的组态

前因条件	产业高效融合组态				产业非高效融合组态		
	RHa	RHb	RHc	RHd	NRHe	NRHf	NRHg
农村劳动力（labor）	●	•				⊗	●
物质资本（capital）	●		●	●	⊗	⊗	
科技创新（innovation）	⊗	●	●	●	⊗	•	⊗
金融服务（finance）		●	⊗	●	⊗	⊗	⊗
公共服务（government）	●	⊗	•	•	⊗		⊗
一致性	0.923	0.918	0.907	0.900	0.293	0.163	0.471
原始覆盖度	0.252	0.217	0.316	0.283	0.035	0.012	0.11
唯一覆盖度	0.117	0.108	0.100	0.125	0.945	0.902	0.913
解的一致性	0.926				0.937		
解的覆盖度	0.635				0.646		

注：●表示核心条件存在；•表示边缘条件存在；⊗表示核心条件缺乏；⊗表示边缘条件缺乏；空白表示条件可有可无。

4.3.3.1　沂蒙老区农村产业高效融合的充分性分析

由表4-4可知，促进沂蒙老区农村产业高效融合的组态有四个，即这四条路径对实现沂蒙老区农村产业高效融合而言，殊途同归。可以发现，四种组态的一致性水平都大于0.9，满足一致性水平不小于0.75的条件；而且，总体解的一致性为0.926，解的覆盖度为0.635。由此推知，上述四种组态都满足沂蒙老区农村产业融合的充分条件。

RHa是以农村劳动力、物质资本、公共服务为核心条件，以非高科技创新为边缘条件的组态。这表明基层政府和本地企业以及农村劳动力充分合作，共同推动了农村地区的产业高效融合。而非高科技创新边缘条件以及可有可无的金融服务，说明该农村地区的产业所需资金相对有限，其产业的科技条件相对成熟或者该产业是个低技术行业。这意味着，这类县市区政府、企业的作用充分发挥，可以带动劳动力积极就业，高效克服其他条件的影响，形成了"政府－企业"驱动型的农村产业融合。这种组态的一致性是0.923，原始覆盖度为0.252，表明该组态能够解释25.2%左右的案例。

RHb是以科技创新、金融服务为核心条件，以农村劳动力为边缘条件的组态。这表明本县市区的农村科技创新和金融服务，共同推动了该地区农村的产业高效融合。而非高公共服务和农村劳动力两个边缘条件，说明在政府没有提供高水平的服务条件下，这些案例县市区的企业科技创新与金融机构在农村劳动力的响应和支持下，促进了农村产业高效融合。从而，构成了"科技－金融"驱动型的农村产业高效融合组态。这种组态的一致性是0.918，原始覆盖度为0.217，表明该组态能够解释21.7%左右的案例。

RHc是以物质资本、科技创新为核心条件，以非高金融服务、公共服务为边缘条件的组态。这表明在金融机构服务水平不高的条件下，企业以物质资本投入、科技创新能力为主，结合了基层政府的公共服务，共同推动了农村地区的产业高效融合。也说明，在企业自身强大的物质资本和高水平的科技创新条件下，企业尤其是龙头企业引领、驱动了农村产业的高效融合。在这个意义上，可将这一组态称为"龙头企业"引领型产业融合。这种组态的一致性是0.907，原始覆盖度为0.316，表明该组态能够解释31.6%左右的案例。

RHd是以物质资本、科技创新、金融服务为核心条件，以公共服务为边缘条件的组态。因为物质资本和科技创新主要来源于本地企业，所以可以发现以本地企业和金融机构为主要力量，以基层政府为辅助主体，共同推动了沂蒙老区农村地区的产业高效融合。尤其是，基层政府公共服务作为边缘条件，说明在企业和金融机构的通力合作下，政府的公共服务的作用可以弱化，让市场决定资源的优化配置，也可以产生农村地区产业的高效融合。从而，形成了"企业－银行"驱动型的农村产业融合组态。这种组态的一致性是0.900，原始覆盖度为0.283，表明该组态能够解释28.3%左右的案例。

4.3.3.2 沂蒙老区农村产业非高效融合的充分性分析

通过分析沂蒙老区农村产业非高效融合的组态，发现形成老区农村产业非高效融合的组态有三种，具体如表 4-4 所示。其中，组态 NRHe 说明缺乏物质资本、科技资本、公共服务这三个核心条件，缺乏金融服务这个边缘条件，很难形成高效的产业融合。组态 NRHf 表明缺乏物质资本、金融服务两个核心条件，缺乏农村劳动力这个边缘条件，即使满足科技创新这个边缘条件，也不可能产生沂蒙老区农村产业的高效融合。组态 NRHg 意味着缺乏科技创新、金融服务这两个核心条件，缺乏公共服务这个边缘条件，即使满足了农村劳动力这个核心条件，在沂蒙老区农村也不可能产生高效的产业融合。

4.3.4 稳健性检验

根据 QCA 方法的要求，为保证上述结论的可靠性，需要对沂蒙老区农村产业高效融合的前因组态开展稳健性检验。为此，本书借鉴相关研究成果，将原始一致性阈值设置为 0.85，将 PRI 一致性阈值设置为 0.8，得到的结果与第 4.3.3 小节中的结果相一致。从而，说明我们得到的沂蒙老区农村产业高效融合的前因组态具有很好的稳健性。

| 第 5 章 |

基于自主式协同创新的沂蒙
老区科技创新系统研究

本章节内容分为三大部分。首要任务是剖析沂蒙老区科技创新的基础情形，明确老区内在企业、产业及区域创新系统之间的界限与相互作用关系。进而，鉴于老区科技实力薄弱及城乡科技互动匮乏的现状，提出针对特色支柱产业的自主导向协同创新策略，旨在构建企业、产业或区域层面的创新体系。最后阶段，将实施全面评估，以各市县或乡镇为单位衡量其创新能力，旨在挖掘沂蒙革命老区借助自主导向协同创新实现科技深度融合的发展模式与路径。

5.1 沂蒙老区科技创新系统的基本情况梳理

5.1.1 沂蒙老区农业科技创新系统的构成

沂蒙老区的农业科技创新体系构成了一个复杂网络，该体系涉及科研机构、创新技术支持平台、农业技能培养基地、农业科技示范园区及农村合作社等诸多核心要素。

(1) 在沂蒙老区农业科技创新体系中，科研机构占据核心地位，例如，沂蒙老区农业科技研究院、山东省棉花研究院沂蒙分院等机构扮演着关键角色。这些组织专注于农业科学技术的基本理论探索与实际应用研发，旨在通过科学探究和技术革新的路径，驱动农业生产朝向现代化与数字化方向迈进。此外，它们还承担着对本土农业资源及生态环境的详尽考察与评估重任，为农业实践活动提供坚实的科学支撑。

(2) 科技创新平台的角色与功能。在沂蒙老区的农业科技创新体系中，科技创新平台扮演着至关重要的角色，涵盖了农业科技创新服务领域与农业科技成果转化等多个层面。这些平台致力于实现农业科研成果的有效转化及广泛推广，为农业生产活动注入先进的技术力量。具体而言，农业科技创新服务平台通过系统地调研并剖析农业科技的实际需求，为农业生产定制出科学合理的解决方案；而农业科技成果转化平台则专注于将科学研究的成果转化为适用于田间地头的实践技术，促进这些技术在乡村生产中的应用与普及。

(3) 专业技能培育机构。在沂蒙老区的农业科技创新体系中，专业技能培育机构扮演着核心角色，例如，沂蒙老区农业技术教育中心等便是典型代表。这些组织承担着提升农业技能和培养农业技术人才的重任，为农业生产活动输送高质素的人力资源。沂蒙老区农业技术教育中心专注于通过教育训练增强农民及技术人员的农业实践能力和科技知识，旨在为农业生产活动奠定坚实的技术支撑和劳动力基础。

（4）沂蒙老区农业科技展示园区作为该地区农业科技创新体系的关键展示平台，涵盖了诸如沂蒙老区农业科技展示园区等多个实体。这些园区致力于先进农业科技成果的展示与普及，为农业生产活动提供实例参照和示范引导。通过展示和推广前沿的农业科研成就，科技展示园区有力地推动了农业生产技术的革新与升级，进而提升了农产品的产出效率与质量水平。

（5）乡村合作组织。在沂蒙老区的农业科技创新体系中，乡村合作组织占据着重要一环，涵盖了该地区多种类型的合作实体。这些组织致力于农业技术与创新成果的普及，旨在提升农户的经济收益。通过推动农业技术的应用与实践，合作组织不仅增强了农业生产的能力和产品质量，还经由增加农民收入的途径，有力地推动了农村经济的整体发展。

总体而言，沂蒙老区的农业科技创新体系构成了一个多元化网络，该网络囊括了科研单位、创新技术平台、技能培训组织、农业科技展示区域及农村合作组织等多个关键环节。这些实体与平台通过彼此协作，推进了沂蒙老区农业生产向现代化与数字化时代的转型步伐。

5.1.2 沂蒙老区农业科技创新系统的发展历程

沂蒙老区农业科技创新系统的发展经历了以下四个阶段：

（1）2000 年以前，沂蒙老区的农业科技创新进程主要建立在既有的农业生产经验和传统技术基础之上，尚缺乏一套完备的科研体系与创新机制。在此时期，该地区的农业生产活动高度依赖自然环境与人力资源的投入，科技对农业生产的支撑作用有限，农业科技创新能力薄弱，难以实现对农业生产的技术革新与科学指导。

（2）2000～2010年，沂蒙老区迈入了农业科技创新体系构建的新纪元。此时期内，首要举措是成立了沂蒙老区农业科学研究院等学术研究单位，它们承载着农业科学技术的基础探索与实践应用的重任。此外，为促进农业科技的实际应用与普及，搭建了农业科技创新服务与成果转化两大平台。这一系列措施标志着沂蒙老区农业科技创新体系的雏形已具，为农业生产活动注入了更为系统和科学的研发生命力。

（3）2010～2020年，沂蒙老区对其农业科技创新体系进行了深入的健全与发展。此时期内，新建了农业技术培训中心及农业科技展示园区等多个崭新平台与机构，旨在为农业生产活动注入更专业化的技能培育与技术支持。同时，大力推进农村合作社构建，通过广泛传播与应用现代农业技术，不仅提升了农业生产效率与产品品质，还有效增加了农民收入，从而加速了农村经济的蓬勃增长。这一阶段标志着沂蒙老区农业科技创新体系的显著完善，为农业生产全方位地强化了技术支撑与服务网络。

（4）2020年以后，步入新时期，沂蒙老区持续深化其农业科技创新体系的变革之路。此时期内，首要举措为促进农业的数字化与智能化进程，借助信息科技及人工智能等先进技术，实现农业生产效率与精确度的双重提升。另外，强化农业科技创新与现代农业转型的深度融合，通过探索并应用前沿农业科研成果，驱使农业生产向现代化、数字化方向迈进。这一时期内，沂蒙老区构建起更为先进且高效的农业科技创新生态系统，为农业发展配备了尖端且智能的技术支撑服务体系。

5.1.3　沂蒙老区农业科技创新系统的主要成就

沂蒙老区农业科技创新体系在五个核心方面取得了显著进展，其具体内容可概括如下：

（1）增强农业科技创新力。沂蒙老区已构建起一套完备的农业科学研究体系及创新平台，有力地促进了农业科技的基础理论探索与实践应用研究，进而显著增强了该地区的农业科技创新力。在此支撑体系下，沂蒙老区的农业科技研究院在作物栽培与畜禽养殖领域取得了一系列突破性成就，为地方农业发展输送了关键性的技术支撑。另外，沂蒙老区还创立了农业大数据分析系统，通过系统化的数据采集与深入分析，为农业生产活动提供了更为精确和个性化的技术服务与策略引导。

（2）关于提升农业科技成果转化效率方面，沂蒙老区构建了一套农业科技成果转化体系，加速了农业科研成果向实际生产的转移及普及进程，成效显著地增强了农业科技成果转化的效率。该体系的搭建为沂蒙老区的农业科技成果转化注入了强劲动力。地方农业科技研究机构在农作物栽培与畜禽养殖领域所研发的新技术与新品种，已在本地得到了大范围的普及与实践，为区域内的农业生产活动提供了强有力的科技支撑与促进作用。另外，沂蒙老区还设立了农业科技创新孵化区，为农业科研成果的市场化转型及创新创业活动配备了平台资源。

（3）提升农业技能教育的质量。沂蒙老区已设立专门的农业技能教育中心，有力促进了农民及农业技术人才技能的增进。农业技能教育中心的建立，为沂蒙老区的农业技能提升开辟了新的篇章。具体而言，该中心针对棉花栽培与养殖领域，组织了一系列专业化培训课程，为地方农业从业者构建了全面的技能学习体系与技术支持网络。此外，沂蒙老区还创新性地引入了农业技能竞赛与认证体系，为农业教育实践注入了更为严谨与规范化的元素，进一步巩固了技能提升的制度基础。

（4）沂蒙老区农业科技展示与推广成效斐然。该区域构建了农业科技展示园地，引入并展示了前沿的农业科研成果，极大提升了科技展示及推广的效能。得益于这一园区的设立，沂蒙老区在农业科技的展览与普及方面实现了显著增长。园区内设立了多种先进的种植与养殖科技示范点，为地方农业生产注入了强有力的技术引导力量及模范实例。此外，沂蒙老区还创办了农业科技创新竞赛、农业科技成果展示会等多元化活动，为农业科技的展现与传播开拓了更为广阔且多样的渠道与机遇。

（5）近年来，沂蒙老区农村合作社的兴起势头迅猛。该地区积极推进农村合作社体系建设，有效提升了合作社的发展层次，加速了农业科技及创新成果的普及与实践进程。在此基础上，沂蒙老区的农业科技与创新成就在合作社的助力下实现了更深层次与更广领域的推广运用。具体而言，区内成立了多种专注于种植业与养殖业的专业合作社，为本地农业生产引入了专业化的技术支撑与服务体系。此外，沂蒙老区还构建了合作社间的联合网络，旨在通过一个更为体系化、规范化的框架促进合作社间的协同发展与合作交流。

5.1.4 当前沂蒙老区农业科技创新系统的主要问题

沂蒙老区农村科技创新系统发展存在以下五个方面问题：

（1）沂蒙老区内的科研机构与科技创新平台的建构现状尚存改进空间。尽管已初步设立若干农业科研组织及创新平台，但这些机构在建设和品质方面仍有待提升。具体而言，首先，部分基础建设未臻完善，体现在实验室设备配置不充分、实验环境欠佳等方面；其次，科研人员团队构建亦非理想，面临人才结构失衡、高层次与青年人才匮乏等问题；最后，科研机构与创新平台间的协同机制尚不健全，缺乏高效的信息流通与资源共享渠道，致使科研成就与技术创新的转化应用遭遇一定障碍。

（2）沂蒙老区面临农业科技成果转化效率偏低的问题，其核心缘由在于不够健全的科技成果转化机制。具体而言，首先，现有体系在保障农业科技成果的权益与应用上存在缺陷，例如，知识产权保护力度薄弱、激励措施不尽合理等；其次，资金配置不足成为制约因素，科研成果及技术创新向实际生产力转化的过程缺乏必要的经济支撑；最后，市场机制尚不成熟，市场导向不明晰与推广机制缺失导致农业科技成果转化路径受阻。

（3）沂蒙老区面临的农业技能培训挑战在于其水准尚待提升。这一状况主要归结于农业技能培训机构的发展不够健全。具体而言，首先，机构建设在规模与品质上均有待加强，体现在培训设施配置不充分、培训环境不尽如人意等问题；其次，培训课程内容缺乏系统性整合，对于农业技能培训的规范与标准化实施不足；再其次，培训方案未能充分考虑农民及农业技术人员的差异化需求，缺失针对不同群体的个性化培训规划；最后，农业技能培训机构与农业生产实体之间的协同机制尚未成熟，双方在信息沟通和资源分享上的桥梁构建不足，导致培训内容与产业实际需求之间存在脱节。

（4）关于沂蒙老区的农业科技展示与推广活动，其成效尚未达到预期水平。主要原因在于展示与推广机制的不健全。具体而言，首先，在农业科技展示园区的发展滞后及质量欠佳，例如，展示设施不齐全、展示内容单一等问题；其次，市场机制在农业科技展示推广中的角色未能充分发挥，缺少有效的市场指引和推广策略，限制了农业科技成果的广泛传播；再其次，资金投入不足亦是制约因素之一，农业科技展示与推广活动缺乏必要的财务支撑；最后，协同机制的缺失也是一个重要方面，即农业科技展示推广机构与农业生产企业的合作不够紧密，双方在信息沟通和资源共享上的机制尚不成熟，导致展示推广活动与企业实际需求之间存在脱节。

（5）沂蒙老区的农村合作社发展速度欠佳，其核心阻碍因素在于合作社建设机制的不健全。具体而言，第一，资金注入不足成为限制合作社扩展与深化建设的关键，欠缺足够的财政扶持以推动其成长；第二，市场机制的不成熟则进一步制约了合作社产品的市场渗透率，缺乏高效导向及推广策略，导致销售网络未能充分展开；第三，合作社与农业企业间的协同机制缺失，双方在信息沟通和资源共享上的不畅，致使其需求对接不精准，相互理解和信任构建受阻；第四，人才梯队建设的滞后，特别是管理者和技术人员培训教育的不足，直接影响到合作社的管理效能与技术水平提升；第五，创新能力薄弱，体现在对现代农业技术的研发应用不足，削弱了合作社产品的市场竞争力及品质优势。

5.2 沂蒙老区农村科技创新绩效的影响因素研究

5.2.1 变量选择

根据区域创新系统理论、沂蒙老区科技创新的调研资料，以及自主创新、协同创新的研究成果，我们确定了5个一级指标、18个二级指标，作为沂蒙老区农村科技创新系统高质量发展水平的评价指标。沂蒙老区科技创新系统的5个一级指标是指政治因素、经济环境、社会因素、创新主体和创新过程、创新绩效，各自又选择了2个、2个、2个、8个、4个二级指标，共计18个二级指标。各个二级指标的定义、衡量和来源如表5-1所示。

表5-1　　　　沂蒙革命老区科技创新系统高质量发展的评价指标

一级指标	二级指标	定义	来源
政策因素	政策支持度（ZD）	近三年政府出台的支持科技创新措施	王学真和郭剑雄（2000）、郝世绵（2014）、王文亮（2016）、胡宝贵和庞洁（2016）、王农等（2016）、王腾（2023）
	财政支持资金（ZZ）	近三年政府财政支持创新的资金数量	
经济环境	产品市场需求（SC）	企业销售变化率	王农等（2016）
	市场竞争态势（JZ）	按照李克特5级量表打分	
社会因素	社会环境（SH）	按照李克特5级量表打分	李鹏等（2016）
	社会组织服务水平（SF）	按照李克特5级量表打分	

续表

一级指标	二级指标	定义	来源
创新主体和创新过程	科技人员（KR）	科技人员数量	欧金荣和张俊飚（2012）、郝世绵（2014）、王文亮（2016）、李鹏等（2016）、胡宝贵和庞洁（2016）、高启杰和姚云浩（2015）、胡平波（2018）、王晓君等（2021）
	研发投入（KT）	研发投入资金	
	自主研发投入（ZK）	自主研发项目投资额	
	合作研发投入（HK）	合作研发投资额	
	合作研发参与度（HC）	参与研发人员数量、水平、时间、密切程度，按照李克特 5 级量表打分	
	合作研发的持续性（HX）	合作研发持续时间和次数	
	合作成果转化（HY）	使用顺利程度，按李克特 5 级量表打分	
	后续服务水平（HX）	按照李克特 5 级量表打分	
创新绩效	解决问题程度（JW）	按照李克特 5 级量表打分	丁玉梅（2014）、刘畅等（2021）、尹春凤（2022）
	自主研发成果（ZY）	获专利数量	
	协同研发成果（XY）	获专利数量	
	自主式协同研发成果（ZXY）	获专利数量	

资料来源：笔者分析整理而成。

5.2.2　数据来源

本书的数据来自课题组对沂蒙老区 18 个县市区农村企业科技创新情况的调研。调研的目的是通过系统的实地调研获得沂蒙老区农村企业科技创新的环境、主体、过程、成果的实际数据，通过微观数据反映老区农村科技创新系统的整体面貌。为了保障调研的顺利进行和数据的真实性，课题组精心设计了调研问卷，首先从自己家乡的农村企业开始调研，然后对不熟悉的县市区通过同学、亲戚、领导等的牵线搭桥，甚至和我们一起参加调研。

整体上，每个县市区至少调研 10 家企业，大的县市区多调研 5 家企业，共计调研了 236 家，有效样本 190 个，有效率为 80.51%。调研分 3 次进行，2019 年暑假我们对兰山区、平邑县、费县三地农村企业进行调研，2022 年暑假和寒假对沂蒙老区其他 15 个县市区进行了系统调研；2023 年暑假对兰山区、平邑县、费县三地农村企业进行了回访，对个别县市区的缺失或异常值进行了调查补充。需要说明的是，在 2022~2023 年的调研中，我们还对沂蒙老区人力资源、产业融合平台等方面的情况进行了问卷调查或访谈。沂蒙老区农村科技创新调研提纲见本书附录中第一部分。

5.2.3　数据处理

对数据的处理和分析分为三个步骤，即当天整理、数据补充、数据的描述性分析。

当天整理的主要目的是为了保障数据的真实性和有效性，以防遗失，同时发现数据缺失或失真也容易在第二天补救。其中，一项非常重要的工作就是调研小组要撰写调研日志，调研的基本情况、资料的获得情况、新的想法或发现要在日志上写好。

数据补充分为两个环节。一是对调研过程中发现的资料或数据问题，各小组在调研过程中及时想办法弥补，这样可以节省大量的时间、精力、资源。二是当时没有发现的资料问题，以及调研过程中无法获得的数据，经调研小组讨论后放到下一次调研补充完整。

数据的描述性分析。根据调研的实际情况，对表 5-1 的 18 个指标进行了调整。保留了 15 个主要指标。然后，课题组对收集整理的数据，采用 SPSS 22.0 软件对其平均数、标准差等进行描述性统计分析，具体如表 5-2 所示。

从表 5-2 可以发现，社会环境（SH）、研发组织（KZ）、合作研发的持续性（HX）、合作成果转化（HY）4 个指标都在 3 以上，政策支持度（ZD）、政府科技服务水平（ZF）、产品市场需求（SC）、社会组织服务水平（SF）、后续服务（HX）5 个变量的均值都在 2.8 ~ 2.9 附近，按照李克特 5 级量表，说明沂蒙老区的这些指标在实际中处于中等水平，也体现了沂蒙老区农村企业经过多年发展在上述领域或方面取得了较好的成绩，能够处于全国的平均水平以上。

表 5 - 2　　　　　　沂蒙老区企业科技创新主要指标的描述性统计

变量	平均数	标准差	样本数（个）
自主式协同研发成果（ZXY）	4.442	2.0916	190
政策支持度（ZD）	2.968	1.4797	190
政府科技服务水平（ZF）	2.816	1.4667	190
产品市场需求（SC）	2.974	1.3664	190
市场竞争态势（JZ）	3.132	1.3948	190
社会环境（SH）	3.147	1.4177	190
社会组织服务水平（SF）	2.863	1.3810	190
科技人员（KR）	6.00	2.677	190
研发组织（KZ）	3.011	1.4364	190
自主研发投入（ZK）	15.668	9.0385	190
合作研发投入（HK）	63.321	31.7726	190
合作研发参与度（HC）	2.653	1.1200	190
合作研发的持续性（HX）	3.179	1.3450	190
合作成果转化（HY）	3.232	1.4176	190
后续服务（HX）	2.889	1.3544	190

资料来源：根据软件计算结果整理而成。

　　合作研发参与度（HC）的均值为 2.653，说明刚超过李克特 5 级量表的中点，体现了沂蒙老区农村企业参与科技协同创新的程度还不是很高。这可能与该地区农村科技人员的数量或水平有密切关系，科技人员水平普遍较低深刻影响了自主创新，只有通过不断学习、跟随、培养优秀的科研骨干，才能够融入高水平的协同创新、自主创新中来，这也是本书研究的一个初衷。

而市场竞争态势（*JZ*）指标均值为 3.132，说明沂蒙老区农村企业产品或服务的平均市场竞争高于全国平均水平，已经非常激烈了。这样从一个侧面说明，积极推动科技创新的必要性和紧迫性。

自主式协同研发成果（*ZXY*）的均值为 4.442，说明在过去的 3 年里，调研企业平均有 4.4 项科技创新成果，这一方面说明沂蒙老区企业为了生存发展积极推进科技创新，另一方面说明沂蒙老区农村企业与相关单位的合作也是非常有效果的。

5.2.4 回归结果解释

本书采用了逐步多元回归模型，运用 SPSS 22.0 软件对调研数据进行模拟，以探索沂蒙老区农村企业的科技创新主要影响因素。最后得到的主要结果如表 5 - 3 至表 5 - 6 所示。表 5 - 3 说明对沂蒙老区农村企业科技创新的主要影响因素有 4 个，即合作研发投入（*HK*）、合作研发参与度（*HC*）、产品市场需求（*SC*）、科技人员（*KR*），这 4 个变量按照既定的准则（*F* 值 ≤ 0.050）被逐步纳入回归模型。表 4 - 4 说明的是沂蒙老区农村企业科技创新回归模型的基本情况，表 5 - 3 表示的是沂蒙老区农村企业科技创新的变异数分析结果，一起说明了沂蒙老区农村企业科技创新逐步回归模型的科学性和合理性。

表 5 - 3　　　　　　沂蒙老区农村企业科技创新的主要影响因素

模型	变数已输入	变数已移除	方法
1	合作研发投入（*HK*）	—	逐步（准则：F-to-enter 的概率 ≤ 0.050，F-to-remove 的概率 ≥ 0.100）
2	合作研发参与度（*HC*）	—	逐步（准则：F-to-enter 的概率 ≤ 0.050，F-to-remove 的概率 ≥ 0.100）

续表

模型	变数已输入	变数已移除	方法
3	产品市场需求（SC）	—	逐步（准则：F-to-enter 的概率 ≤ 0.050，F-to-remove 的概率 ≥ 0.100）
4	科技人员（KR）	—	逐步（准则：F-to-enter 的概率 ≤ 0.050，F-to-remove 的概率 ≥ 0.100）

注：应变数——自主式协同研发成果（ZXY）；"—"表示已被移除。
资料来源：根据软件计算结果整理而成。

表 5 – 4　　　　　**沂蒙老区农村企业科技创新回归模型的基本情况**[*]

模型	R	R 平方	调整后 R 平方	标准偏斜度错误	变更统计资料					Durbin-Watson
					R 平方变更	F 值变更	df1	df2	显著性 F 值变更	
1	0.729[a]	0.531	0.529	1.4358	0.531	213.087	1	188	0.000	
2	0.835[b]	0.697	0.694	1.1566	0.166	102.707	1	187	0.000	
3	0.842[c]	0.709	0.704	1.1373	0.012	7.407	1	186	0.007	
4	0.849[d]	0.720	0.714	1.1185	0.011	7.326	1	185	0.007	2.313

注：[*]应变数——自主式协同研发成果（ZXY）。a. 预测值：（常数），合作研发投入（HK）；b. 预测值：（常数），合作研发投入（HK），合作研发参与度（HC）；c. 预测值：（常数），合作研发投入（HK），合作研发参与度（HC），产品市场需求（SC）；d. 预测值：（常数），合作研发投入（HK），合作研发参与度（HC），产品市场需求（SC），科技人员（KR）。
资料来源：根据软件计算结果整理而成。

表 5 – 5　　　　　**沂蒙老区农村企业科技创新的变异数分析结果**[*]

模型		平方和	df	平均值平方	F	显著性
1	回归	439.290	1	439.290	213.087	0.000[a]
	残差	387.573	188	2.062		
	总计	826.863	189			

续表

模型		平方和	df	平均值平方	F	显著性
2	回归	576.693	2	288.346	215.536	0.000[b]
	残差	250.170	187	1.338		
	总计	826.863	189			
3	回归	586.274	3	195.425	151.083	0.000[c]
	残差	240.589	186	1.293		
	总计	826.863	189			
4	回归	595.438	4	148.859	118.997	0.000[d]
	残差	231.425	185	1.251		
	总计	826.863	189			

注：*应变数——自主式协同研发成果（ZXY）。a. 预测值：（常数），合作研发投入（HK）；b. 预测值：（常数），合作研发投入（HK），合作研发参与度（HC）；c. 预测值：（常数），合作研发投入（HK），合作研发参与度（HC），产品市场需求（SC）；d. 预测值：（常数），合作研发投入（HK），合作研发参与度（HC），产品市场需求（SC），科技人员（KR）。

资料来源：根据软件计算结果整理而成。

表5-6　　沂蒙老区农村企业科技创新的主要影响因素回归模型的系数

模型		非标准化系数		标准化系数	T	显著性
		系数值	标准误			
1	（常数）	1.404	0.233		6.031	0.000
	合作研发投入（HK）	0.048	0.003	0.729	14.597	0.000
2	（常数）	-0.007	0.234		-0.031	0.976
	合作研发投入（HK）	0.035	0.003	0.526	11.723	0.000
	合作研发参与度（HC）	0.850	0.084	0.455	10.134	0.000
3	（常数）	-0.523	0.298		-1.757	0.080
	合作研发投入（HK）	0.035	0.003	0.530	12.005	0.000
	合作研发参与度（HC）	0.853	0.082	0.457	10.348	0.000
	产品市场需求（SC）	0.165	0.061	0.108	2.722	0.007

模型		非标准化系数		标准化系数	T	显著性
		系数值	标准误			
4	（常数）	−0.824	0.313		−2.630	0.009
	合作研发投入（HK）	0.032	0.003	0.493	10.801	0.000
	合作研发参与度（HC）	0.806	0.083	0.432	9.716	0.000
	产品市场需求（SC）	0.174	0.060	0.114	2.914	0.004
	科技人员（KR）	0.093	0.034	0.119	2.707	0.007

注：应变数——自主式协同研发成果（ZXY）。
资料来源：根据软件计算结果整理而成。

表 5-6 体现的是沂蒙老区农村企业科技创新的主要影响因素回归模型的系数，说明其逐步回归模型是：

$$ZXY = -0.824 + 0.032HK + 0.806HC + 0.174SC + 0.093KR$$

说明沂蒙老区农村企业的自主式协同科技创新的主要影响因素，包括合作研发投入（HK）、合作研发参与度（HC）、产品市场需求（SC）、科技人员（KR）四个解释变量。四个解释变量与因变量在 0.05 的显著性水平上显著正相关，当合作研发投入（HK）、合作研发参与度（HC）、产品市场需求（SC）、科技人员（KR）四个解释变量增加时，沂蒙老区农村企业的自主式协同科技创新的数量会按照相应的系数增加。

从调研的实际情况观察，沂蒙老区农村企业的自主科技创新数量相对较少，这与该地区的科技基础和积累有直接关系；而沂蒙老区农村企业的协同科技创新数量相对很多，这说明老区企业知晓自身发展的短板，并采取措施与科研院所、高校、社会组织、政府等主体开展研发合作，以合作谋发展。在协同创新的过程中，沂蒙老区农村企业在当前阶段密切关注自身产品或服务的市场需求状况，主要是通过增加协同创新的资金投入、令尽可能多的科研骨干参与到科技创新的整个过程，实现科技协同创新成果不断涌现。上述四个变量，也在很大程度上解释了当前沂蒙老区农村企业科技创新的主动性、积极性和一定的创造性，即自主式协同创新。

除了上述四个变量之外的其他政府因素、社会因素，以及经济因素、创新主体和创新过程因素的十个变量，虽然体现了沂蒙老区农村企业科技创新的积极进展，但是没有通过模型的检验。这个结果与当前沂蒙老区农村的具体情况有密切关系。一方面，自 2019 年的新冠疫情，使沂蒙老区各级政府不堪重负，宏观经济的整体下行使之雪上加霜，导致政府因素对沂蒙老区农村企业科技创新的影响大为减弱。另一方面，沂蒙老区农村的社会环境一直很好，对科技创新非常支持，知道科技创新是企业发展的根本。此外，由于沂蒙老区的农产品质优价廉，市场美誉度较高，在全国市场都具有相当的竞争力，所以企业科技创新在当下更需要密切关注客户、市场的需求，只要客户、市场认可就可以发展，由此导致企业科技研发的需求导向。最后，我们在调查观察中，与企业的研发骨干访谈时，很愿意参与研发合作，不但增长了知识、提高了能力、开阔了眼界、和谐了关系、搭建了平台，还获得了企业和家乡的认可，形成了很好的企业归属感和荣誉感，这可能是科研人员变量呈现统计显著的原因。

5.3 基于自主式协同创新的沂蒙老区科技创新系统的优化路径研究

综上所述，目前沂蒙老区农村企业科技创新的主要影响因素是合作研发投入（HK）、合作研发参与度（HC）、产品市场需求（SC）、科技人员（KR）四个变量，不可否认其他解释变量虽未通过显著性检验，但也发挥着作用。因此，在探索基于自主式协同创新的沂蒙老区科技创新系统优化路径时，将以上述四个变量为核心，其他变量为辅助展开。

5.3.1 基于自主式协同创新的沂蒙老区科技创新系统优化路径的设想

具体而言，合作研发投入是指在农村科技创新系统中，各种主体（如研究机构、高校、私人企业等）对合作研发项目的投资情况。合作研发参与度是指在农村科技创新系统中，各种主体对合作研发项目的参与程度，包括参与人数、参与比例等。产品市场需求是指农村科技创新系统中，产品的市场需求情况，包括市场规模、市场需求趋势等。科技人员为在农村科技创新系统中，从事科研工作的人员，包括研究人员、技术人员等。

在深入分析沂蒙老区农村企业四个核心要素科技创新要素的基础上，结合沂蒙老区目前实际和未来一段时间发展需要，本书课题组提出了基于自主式协同创新的沂蒙老区科技创新系统"一头—两翼—双足"的优化路径。其中，"一头"是指市场需求，"两翼"是指合作研发投入及其参与度，"双足"是指技术人员和激励政策。

具体而言，基于自主式协同创新的沂蒙老区科技创新系统"一头—两翼—双足"的优化路径有四个方面的内在需要。第一，重点关注产品市场需求。这条路径旨在根据市场趋势和客户偏好研究和分析，优先开发满足特定市场需求的产品和技术。这将有助于确保创新系统专注于开发具有高商业成功可能性的产品，并满足最终用户的需求。第二，加强合作研发投入和参与度，这条路径旨在增加对合作研发项目的投资，并鼓励更多相关主体参与合作研发。这将有助于构建一个更健全的创新生态系统，并推动满足市场需求的新技术和产品的开发。第三，建设技术人员队伍。这条路径旨在通过培训和教育项目投资技术人员的发展，并从区域外招聘优秀人才。这将有助于为创新系统建立坚实的技术基础，并确保有足够的技术人员支持持续的研发工作。第四，创造支持性政策环境。这条路径旨在制定支持和鼓励合作研发、创新和创业的政策和法规。这可以包括税收优惠、研发项目资金和新产品开发简化的法规程序等措施。最终，优化沂蒙老区农村科技创新系统的最佳路径将取决于多种因素，包括区域的特定需求和目标、资源可用性以及相关利益相关者的偏好。

5.3.2 实现沂蒙老区科技创新系统优化路径的探索：基于自主协同创新策略

接下来，我们将细致探讨五个关键维度：产品对于市场的适应需求、参与合作研发的程度、合作研究与开发的资金投入、科技人才的配置和有利政策的支持，以此深入剖析促进沂蒙老区科技创新体系通过自主协同创新路径实现优化的战略举措。

5.3.2.1 关注产品市场需求

探究农村科技创新体系的优化途径时，重视分析产品在市场中的需求状况成为不可或缺的一环，尤其是当该体系依托于自主式协同创新机制时。

借助市场研究活动，能够辨明市场需求趋势，并为新产品的研发及技术革新提供导向。此过程涵盖了多种手段，例如，调研、焦点小组讨论及市场数据的深入分析。举例来说，通过面向农民与消费者开展问卷调研，可以收集到他们对现有农业产品与技术的实际需求、期望值，以及他们对未来可能面世的产品和技术的预估态度。这些宝贵资料为研发团队洞悉市场需求敞开了窗口，进而依据这些需求来定制开发新型产品与技术方案。

在创新实践的过程中，吸纳终端用户的参与不可或缺。通过组织共创工作坊、实施用户测试及举办反馈研讨会等举措，能更深层次地洞悉农民与消费者的具体需求与期待，从而保证新开发的产品及技术与实际应用紧密贴合、高度相关。这一协同创造的模式还有助于搭建起农民、消费者与研发团队间的信任桥梁，促进双方的紧密合作，为推动创新成果转化提供强大动力。

激发创业精神与推动创业活动是完善农村科技创新体系的关键途径。通过举办商业策划竞赛、建立导师指导机制及提供资金与资源扶持等手段，能够吸引更多个体投身创业实践，催生更多就业岗位，并为农村经济的创新与增长注入动力。例如，借助商业策划竞赛的形式，激励青年人及具备创业意向的人群提出富有创意的商业模式，对杰出策划方案给予实质性的资金与资源支持。同时，实施导师项目，为创业者配备专业指导，助力其在创业征途中应对各种挑战与难题，进一步促进了这一进程的顺利开展。

此外，创立创业孵化器与创新空间等机制，能够为创业者构建有利的创业条件及资源生态系统。这些平台不仅配备有办公区域、实验场所及相关配套设施，还致力于协助创业者将初期创意孵化成具体的产品与服务。

5.3.2.2　适度增加合作研发投入

为了优化立足于自主协同创新的农村科技体系，适当提升合作研究与开发的投资额度是一个关键环节，而这可通过多种策略来达成。

推动公私合作机制是关键策略之一。政府可通过为私营企业在合作研发项目上的投资提供激励，如税收减免或资金匹配，来促进这一进程。此举旨在借助私营领域的资源与专业技能，共同营造一个更具韧性的创新生态体系。例如，对于投身于农业科技创新研发的私营企业，政府可实施税收优惠或资金扶持政策，激励其加大投入。另外，私营企业也能通过与高等教育机构及科研单位建立合作，携手推进研发议程，实现资源共享与知识互补，从而提升研发效能。

强化各研究机构间的协作显得尤为关键。高校与研究机构可通过携手推进联合研究项目，实现资源共享与专业智慧的交流，并联名发表学术论文。这不仅有利于构筑一个凝聚力更强的研究社群，还促进了观念与知识的自由流通。例如，成立一个跨机构的农业科技研究联盟，该联盟汇聚了多家高等学府及研究机构，协同开展农业科技的深入探索，共用实验设施与设备，并协力发布研究成果。此类合作模式无疑将提升研究工作的效能，加速农业科技领域的革新与进步。

构建创新中心及孵化器体系构成了另一项关键策略。政府应着手创立此类中心或孵化器，旨在向新兴企业和创业者供给必要的资源与援助，从而营造一个激励创新的生态环境，推动新科技与产品的涌现。例如，政府可创设专注于农业科技的创新孵化中心，为初创公司配置包含工作空间、实验设施、技术咨询等在内的全面孵化服务，这一举措意在缩减初创企业的运营成本，增强其创新能力，并加速新技术商品的研发上市进程。同时，政府亦可通过举办多元化的创业竞赛及创新主题活动，搭建平台供创业者展示理念、促进交流，进一步激发创新与创业活力。

5.3.2.3 强化合作研发参与度

为了优化立足于自主式协同创新的农村科技体系，增强合作研发的活跃度是至关重要的环节。这可通过多种途径加以实现，例如，推动跨学科交融、深化产业与学术界的合作联系，以及拓宽国际合作的渠道。

推动跨领域协作被视为一项关键策略。通过集合拥有不同学术背景的研究者共同努力，可以激发创新思维并催生新观念。实现这一目标的途径涵盖了跨学科研究计划的设立、专题研讨会的举办及交流会议的召开。举例来说，能够促成农业科学与信息技术、生物技术等领域专家的联手，共同投身于科研活动，旨在探寻农业科技创新的新路径。这类跨界合作模式促进了知识体系与技术手段的交汇融合，增强了科研工作的创新力度，并为乡村振兴的科技进步提供了强劲动力。

强化产业与学术界的协同合作至关重要。激励产业界与学术界的联袂，不仅能够保障科研活动紧扣现实难题，还可在兼顾商业可行性前提下推进技术革新。实现这一目标的途径包括共建研究项目、实习计划及导师制度等。

例如，可构建一个集结高校与企业力量的农业科学技术创新联合体，携手进行农业科技的探索，资源与技术互享，加速新技术的研发及其实践应用。这种跨界合作模式促进了产学研成果的有效转化，为农村科技进步与创新开辟了新径。

强化国际合作机制是不可或缺的一环。激励与海外研究者及组织的协作，有利于拓宽视野，共享知识与专业技能，为创新领域开辟新契机。实施这一策略可借助于跨国研究联盟、互访计划及学术会议等形式。例如，与他国农业科学研究机构建立起合作桥梁，携手进行农业科技的探索，资源（如实验室与设备）的共享，以及研究成果的联名发布，均是其实现路径。此类跨国界的合作模式有力地推进了农业科技的全球交流与合作进程，为农村科技的进步与革新注入动力。

5.3.2.4 积极提高科技研发人员创新能力

优化农村科技创新体系，以自主合作创新为导向，强化科研人员创新能力是关键环节。这可通过多途径实现：一是增设培训及教育项目；二是吸纳区域外杰出人才；三是营造鼓励创新的氛围。

提供教育培训机会是一种关键策略。通过为技术专业人员举办培训和教育项目，能有效强化创新体系的技术根基。这涵盖了召开研讨会、开设专业课程及参与相关学科的学位教育。举例来说，可举办现代农业科技研习班，赋予技术工作者最前沿的农业科技知识与实践技能。此类教育培训机会不仅能够促进技术人才的专业成长，也为乡村科技进步与革新奠定了坚实的基石。

吸纳区域外部的杰出人才资源同样至关重要。这一做法有利于为创新体系注入新颖的理念与专业技能。实现此目标可能需要借助特定的招募举措，例如，职业博览会与线上社交活动。举例来说，通过吸纳国内外顶尖的农业科学和技术专家，能够向农村科技创新体系引入前沿的技术知识及高效的管理模式。这类人才引进策略，不仅能够强化创新体系的综合实力，还促进了农村科技领域的革新与进步。

构建创新型文化体系同样是不可或缺的策略。通过营造创新型文化氛围，不仅能够吸引更多卓越人才，还能激发创意思维与冒险尝试。这涉及创立一个鼓励成长的工作环境，铺设职业晋升路径，并通过表彰及奖励机制来肯定创新行为与成就。例如，设立农业科学技术创新奖，用以表彰在该领域内取得显著成果的个人与团队，便是实践之一。这样的激励与奖励体系，能有效驱动技术人员的创新积极性，为乡村振兴科技的进步与革新注入活力。

5.3.2.5 深入完善科技创新的支持性政策体系

为激励私营部门参与合作研发项目，政府可采取诸如税收减免、财政补助及配套资金等激励措施。此举旨在高效融合私营领域的资源与专业技能，共同促进一个更加稳固且持久的创新环境建设。

增强合作与伙伴关系构建。政府可通过制定策略及实施方案，积极促进研究单位、产业界及其他利益相关方之间的协作与伙伴关系发展。这涵盖为联合研究计划供给资金支持，鼓励"产业－学术界"合作模式，并促成知识传播与交流平台的搭建。

推动创新创业及市场化进程。政府可向创业者与新兴企业伸出援手，提供资金援助、商业拓展工具及法规指导等多方面支持。此举措有利于营造一个激励创新的生态环境，进一步促进新科技与产品向市场的转化应用。

推动乡村发展，政府可经由加大对基础设施、教育及促进创新、创业的公共服务的投资力度，来增进乡村发展与经济成长。具体措施可涵盖强化"互联互通"、拓宽教育与培训的受众覆盖面，以及扶持本土产业与价值链的成熟与发展。

构建简明的规则环境，以便企业及创业者能够更加自如地开展业务及推动创新。具体措施涵盖优化许可证及审批流程、削减准入障碍，并提供直观明确的合规指南，以促进高效运行与激发创新潜能。

营造创新氛围。政府可通过表彰创新成果、普及科学技术教育及加强对核心领域研发的支持来培养创新文化。这不仅能够吸引并留住高水平人才，还激励着创新思维与冒险尝试，为创新活动构建一个积极的生态系统。

第6章

沂蒙老区农村产业融合主体的
自主式协同创新研究

依据系统性的调研及深入的文献剖析，本章节从三个维度展开探讨：沂蒙老区产业融合主体自发协作创新的展现形式、影响沂蒙老区乡村产业融合主体自发协作创新的关键要素，以及基于自发协作创新促进沂蒙老区产业融合主体能力提升的路径。具体而言，研究聚焦于企业家、科技专业人员与归乡创业者这三类主体，对其在自发协作创新方面的表现、所受影响因素，及其能力提升路径进行了深入分析。

特别需要指出的是，在我们探究沂蒙老区农村产业融合主体的实际状况过程中（参见本书附录中第五部分至第八部分），鉴于其特性和影响因素极为显著，我们未采纳计量经济学分析手段，而是专注于对其具体情况做了全面而系统的梳理概括。

6.1 沂蒙老区产业融合主体自主式协同创新的表现

6.1.1 企业家的自主式协同创新

在市场经济体系下，企业家主导的协同创新模式涉及企业家依据自身需求自主选取合作伙伴，与不同企业实体及科研机构携手共进，旨在通过集体创新活动达到利益共享的目标。这一模式在沂蒙老区农村企业家群体中的实践，具体体现在以下五个方面：

（1）创新技术的应用。农村企业经营者通过自我研发或是引入尖端科技，不仅提升了产品品质及生产效能，也确保了企业的长久发展态势。具体而言，在农业领域，智能化农业科技，如无人机播种、精确施肥技术等的采纳，极大促进了农业生产效能与产出量的双重增长。此外，部分农村企业经营者通过自主研发或技术引进的方式，优化了农产品的深加工流程，进而实现了附加值的显著提升。

（2）产业革新方面，农村企业家致力于创新产业发展模式，促进农业与第三产业深度融合，驱动农村经济向多元化路径发展。具体实践中，农村企业家探索开展农家乐、农业观光等新型业态，拓宽了农村的收入渠道。此外，部分企业家还通过电子商务模式的创新，构建起农产品直达消费者的销售平台，有效缩减了流通环节，显著提升了农户的经济收益。

（3）品牌创新维度上，农村企业家着力于构建个性化品牌，以此增强其产品附加值与市场竞争力。具体实践中，他们运用网络营销策略及电商平台等工具，拓宽自身农产品品牌的覆盖面与销售渠道。此外，部分企业家通过采纳新颖的包装设计理念与精准的产品市场定位，有效提升了品牌价值认同及市场份额。

（4）协作创新方面，农村企业家积极探索与其他企业实体及科研机构的伙伴关系，携手推进新产品的研制与技术革新，共谋发展利益。通过与高等教育机构、专业研究所以及类似单位建立合作机制，共同钻研前沿农业技术，旨在提升农业生产效率与质量。另外，部分农村企业家通过与其他业界伙伴的合作途径，合力开拓乡村旅游项目，实现了资源共享与互利共赢的局面。

（5）文化创新领域中，农村企业家扮演着关键角色，他们通过继承并革新乡土文化，实现农村文化价值的提升，并增强了农村旅游的吸引力。为了吸引更广泛的游客群体，他们在农村地区策划了各具特色的文化旅游项目，涵盖了诸如乡土文化展示、乡村节庆活动等。此外，部分企业家还致力于文化产品的创新，例如，推广手工艺制品和地方特产品牌，这些举措不仅丰富了农村文化的内涵，也提升了其市场竞争力。

6.1.2　科技专家的自主式协同创新

专家自主协作创新模式是指，在市场经济环境下，科技专家依据自身选择，通过自愿合作途径，与多家企业、研究机构等实体展开合作，共同推进创新进程，旨在达成互利共赢的局面。这一模式在沂蒙老区农村科技专家群体中的实践，主要体现在以下五个方面：

（1）科技创新方面，农村科技专家致力于自主研发与引进高端技术，以此促进农业生产的现代化及提升农村生活质量。具体实践中，他们应用智能农业科技、生物科技、新式农业机械设备等手段，旨在增强农业生产效能与增加产量。另外，部分科技专家还专注于自主研发或引进改良型生活器具与设施，意在显著改善农村居民的生活标准。

（2）产业革新方面，农村科技专家通过创新产业经营模式，促进农业与第三产业深度融合，驱动农村经济向多元化路径发展。在农村地区，积极推进农业科技园区及农业科技创业孵化器等项目的建设，旨在吸引更多的科技人才与企业资本注入，加速农业科技的进步与产业升级。此外，部分农村科技专家采纳新颖的农业电子商务策略，实现农产品从生产端直接对接消费市场，缩减流通环节，提升农户的实际收益。

（3）知识革新。农村科技专家采纳创新性的知识传播策略与教育模式，以增进农村居民的科学技术素养及创新能力。利用网络平台与远程教育手段，普及现代农业科技知识与实践技能，助力提升农村居民的生产能力及创新意识。此外，部分农村科技专家通过筹办农业科技竞赛、创新创业大赛等多元化活动，发掘并培育农村地区的创新人才，进一步激发农村科技创新动能及创业活力。

（4）协同创新方面，农村科技专家通过与各企业实体、科研组织的协作，携手探索新产物、新技术的研发路径，达成互利共赢的局面。此外，他们与高等院校、专业研究机构结成合作伙伴关系，共同致力于农业新技术的研发，旨在提升农业生产效率与水平。还有一部分农村科技专家，选择与不同企业联合，共同投身于农村科技产业项目的开发实践，实现了合作双方的利益最大化。

（5）文化创新领域中，农村科技专家扮演着关键角色，他们通过接力与革新乡土文化，实现农村文化资本的增值，并增强农村旅游业的吸引力。为此，一系列特色文化旅游项目在农村地区应运而生，例如，举办农村科技展示会、创立农村科技节庆活动，这些举措有效地吸引了大量游客访问。此外，部分农村科技专家通过创新推出文化商品，如融入科技元素的手工艺品、地方特产等，进一步提升了农村文化的经济价值与市场竞争力。

6.1.3 返乡创业者的自主式协同创新

（1）乡村产业升级。归乡创业者采纳创新的业态模式，促进农业与服务业的融合，驱动农村经济向多元化路径发展。通过在农村地区规划创立农业创新创业园区、创意工作环境等举措，增强对外部创业者及企业的吸引力，注入农村产业发展的新动力。此外，部分归乡创业人员借助新颖的农业电子商务平台，实现农产品从生产端直接对接消费市场，缩减流通环节，提升农户的经济效益。

（2）创新技术应用。返乡创业人员通过自我研发或引入外部先进科技，促进农业生产的现代化与农村生活质量的提升。具体实践中，他们采纳了智慧农业系统、生物科技手段、新型农机装备等，旨在增强农业生产效能与增加产出。另外，部分创业者还致力于自主研发或引进高品质生活设施及装置，从而实质性地改进农村居民的生活标准。

（3）知识革新。归乡创业者采纳创新性的知识传播策略与培训模式，旨在提升乡村居民的创业素养与创新思维。利用网络媒介、远程教育等形式，普及创业知识与实践技能，助力乡村居民增强创业实力与创新能力。此外，部分归乡创业者通过筹办创业竞赛、创新创意大赛等多元化活动，培育乡村地区的创新人才，进一步激发乡村创业与创新活力。

（4）协作创新。返乡创业者采取了与多家企业、科研机构携手的方式，共同开展新产品的研制与技术革新，以此达到互利共赢的局面。他们积极与高等教育机构、科研所等组织合作，聚焦于农业新技术的研发，旨在提升整体的农业生产效能。此外，部分返乡创业者通过与其他企业的战略联合，共同探索并实施农村产业项目，实现了资源的优化配置与利益共享的目标。

（5）文化创新。在文化创新领域，返乡创业者扮演着重要角色。他们通过继承并革新地方传统文化，实现了农村文化价值的提升，增强了乡村旅游的吸引力维度。在乡村文化旅游的开发上，如举办乡土文化展览、乡土文化节庆活动等特色项目，有效吸引了广大游客的兴趣与到访。此外，部分返乡创业群体致力于文化创意产品的开发，包括手工艺品与地方特产等，这些创新不仅丰富了农村文化的内涵，还显著提升了其市场竞争力和经济附加值。

6.2 沂蒙老区农村产业融合主体自主式 协同创新的主要影响因素

6.2.1 沂蒙老区农村产业融合主体自主式协同创新的影响因素

沂蒙老区农村产业融合主体自主式协同创新的影响因素，主要包括以下五个方面。

（1）政策背景。政府政策的积极扶持构成了农村产业融合主体实行自我导向型协同创新的关键支撑体系。通过实施诸如税收减免、资金扶持等政策措施，政府能够有效激励与促进农村产业融合主体的创新实践活动。此外，政府经由构建公用平台及改善基础设施，为这些主体营造了有利的创新生态环境和必备条件。

（2）市场之需。市场需求构成了激发农村产业融合主体实行自我导向型协同创新的关键驱动力。唯有清晰的市场需求，方可赋予这些主体以创新的动力及明确的方向。因而，全面洞察市场需求，精准把握市场信息，是农村产业融合主体启动自我导向型协同创新不可或缺的前提条件与根基所在。

（3）技术能力的重要性在于支撑农村产业融合主体执行自主协同创新活动。农村产业融合主体必须拥有坚实的技术能力，才能有效推进创新实践。因此，强化技术能力与创新实力，成为农村产业融合主体实行自主式协同创新的核心策略。

（4）协同创新中的合作关系。在农村产业融合的背景下，主体间稳定的合作关系成为了自主式协同创新的关键支撑。这种合作模式使农村产业融合主体能与其他企业和科研机构紧密联结，共同推进新产品的开发与技术的突破，从而实现利益共享。因此，构建并维系良好的合作关系，对于农村产业融合主体而言，是开展自主式协同创新不可或缺的前提条件。

（5）文化情境。文化情境构成了农村产业融合主体实行自我引导型协同创新的关键外部条件。唯有置身于一种推崇创新、崇尚知识、促进协作的文化氛围之中，农村产业融合主体方能更充分地激发其创新潜能，达成自我引导型的协同创新目标。因此，构建并维系一个正面的文化情境，成为了保障农村产业融合主体有效实施自我引导型协同创新的必要基础。

6.2.2 政策环境对沂蒙老区农村产业融合中主体自主式协同创新的作用机制

6.2.2.1 企业家层面

在企业家层面，政策环境被视为影响沂蒙老区农村企业家自发协作创新的关键要素之一，其作用机制可归纳为以下四个方面：

（1）政府的政策扶持是激发农村企业家创新活力的关键因素。通过一系列政策措施，如税收减免、资金扶持等，政府能够有效降低创业者的创新门槛，提升其创新活动的回报率。此外，政府着手构建公共平台与基础设施，为企业家营造有利的创新生态环境，进一步促进了自主合作式的创新发展模式。

（2）政策约束在引导创新规范中起到关键作用。政府通过实施相关政策约束，能够为农村企业家设定创新行为的准则，助力他们在规避风险的同时推进创新。具体而言，政府可采取法律条文、行业标准等形式，为企业家的创新实践确立框架，确保其创新成果得到保障，防止知识产权冲突的发生。此外，借助监管和审查机制，政府能监督企业家的创新活动，防止创新举措被误用或违反法律规定。

（3）政策引领是创新路径的指向标。通过政府的导向作用，农村企业家能够获得创新的方向指引，促使他们的创新实践更加贴合社会的实际需求。具体而言，政府可运用产业策略与技术政策等手段，引导企业创新活动，以此驱动农村产业结构向更优层级演变升级。此外，借助公共服务的供给与企业社会责任的强调，政府能有效引导企业家的创新努力，确保社会需求得到充分满足，进而提升社会的整体福利水平。

（4）政策环境对企业家的创新意识具有显著影响。具体而言，政府营造的政策氛围能够激发农村地区企业家的创新意识，并推动其开展创新实践。通过设立创新激励机制、举办创新评优活动，政府能有效调动企业家的创新积极性，提升其创新意识的层次。此外，政府还可借助教育培训项目和正面宣传引导，增强企业家在创新方面的综合素质，进一步催化其创新行为的发生。

6.2.2.2 科技专家层面

在科技专家层面，政策环境被视作影响沂蒙老区农村科技专家开展自主合作创新的关键要素之一。其作用机制可归纳为四个核心方面：

（1）政府的政策扶持是创新资源供给的关键渠道，尤其在激发农村科技专家的自主合作创新方面发挥着重要作用。通过拨付科研资金、促成技术转移等手段，政府直接为科技专家提供了丰富的创新资源，为其创新实践活动奠定了坚实基础。此外，政府致力于科研基地与实验室等基础设施的建设，进一步营造了有利于科技专家探索和创造的优良环境及条件，有力推动了创新生态的优化与发展。

（2）政策调控为科技创新保驾护航。政府通过实施相应的政策调控措施，为农村科技工作者构建了稳定的支持体系与创新环境，引导其创新活动步入正轨，有效规避创新过程中可能遭遇的风险。具体而言，政府采取诸如知识产权与技术秘密的法律保护手段，确保科研人员的创新成果得到充分保障，防止侵权事件的发生，维护其合法权益。同时，借助监管与审查机制，政府对科技专家的创新实践进行合理监督，旨在预防创新活动的不当利用及违法行为，促进科技生态的健康发展。

（3）政府的政策导向在为农村科技工作者指明创新路径方面发挥着关键作用，引导其创新行为与社会需求相契合。通过制定科技规划、明确技术发展战略等方式，政府能够有效引导科技人才的创新活动，促进农业科技的进步及产业的蓬勃发展。此外，借助公共服务项目实施与强化社会责任等手段，政府亦能引导科研人员的创新方向，更好地服务社会需求，增进公众福利。

（4）政策环境对科技专家的创新思维有着显著影响。具体而言，政府所构建的政策环境能够激发农村科技专家的创新意识，并推动其投身于创新实践之中。为了达到这一目的，政府可采取多种策略，比如设立科技奖项、举办科技评选活动，以此来点燃科技专家的创新激情，提升其创新意识的层次。此外，通过组织教育培训项目、实施宣传引导措施，政府亦能有效增进科技专家的创新能力，为他们的创新活动提供强有力的支撑。

6.2.2.3 返乡创业者层面

针对返乡创业者群体而言，政策环境是不可或缺的影响要素，它深刻地作用于沂蒙老区农村地区返乡人员所开展的自主式协同创新过程。这一作用机制可细化为四个核心层面：

（1）政府的扶持政策为农村返乡创业者输送了重要的创业资源，激发了他们的自主合作创新能力。通过拨款援助、创办孵化基地等手段，政府有效赋能创业者，助力其创业项目的推进。此外，政府致力于构建创业园区、共享服务平台等基础设施，为创业者营造有利的创业生态环境和必备条件。

（2）政策调控为返乡农村创业者构建了创业安全网。通过实施一系列政策指导，政府不仅促进了创业行为的规范化，还有效降低了创业过程中可能遭遇的风险。具体而言，政府借助企业注册制度与知识产权保护机制，为创业者保驾护航，确保其创新成果免受侵犯，从而规避潜在的法律争端。此外，借助监管与监察措施，政府能密切监督创业活动的开展，既防范了不当行为的发生，也维护了法律的尊严与边界，为创业营造了一个健康有序的环境。

（3）政府的导向作用在于指引创业路径。通过国家政策的导向力量，能够为回归乡村的创业者确立创业的方向，引领他们的创业实践以适应社会需求。具体而言，政府可运用产业策略、技术创新政策等手段，引导创业活动走向，促进农村产业构成的改善与升级。同时，借助公共服务的提供与企业社会责任的强调，政府能有效引导创业行动，确保社会需求得到满足，增进社会福利水平。

（4）政策环境对创业者的创新意识具有显著影响。具体而言，政府营造的政策氛围能够激发农村返乡村民的创新思维，从而推动其创业实践。通过设立创业激励机制、举办创业竞赛等形式，政府能有效调动创业者的积极性，增强其创新意识。此外，借助教育培训项目和正面宣传引导，政府可以提升创业人群的创新能力，加速其在创业领域的实践活动。

6.2.3 市场需求对沂蒙老区农村产业融合主体自主式协同创新的作用机制

6.2.3.1 企业家层面

在探讨沂蒙老区农村企业家自主式协同创新的影响要素时，市场需求占据了不可忽视的地位，其作用机理可归纳为四个方面：

（1）市场需求扮演着创新驱动力的角色。它为农村企业家注入了创新的能量，促使其投身于自主协同创新的实践之中。面对市场需求的变动，企业家必须通过创新手段来迎合这些新兴需求，以此维系其市场竞争地位。而当市场需求显得疲软或饱和时，企业家则需借助创新开辟崭新的市场领域，拓宽销售路径以实现业务的拓展。

(2) 市场需求对创新导向的作用显著。具体而言,它引导着农村企业家的创新路径,对其创新行为产生了深远影响。当市场需求信号明确时,企业家能够有的放矢,依据这些需求实施定向创新策略,从而增强创新活动的有效性。反之,面对多元化的需求市场,企业家则需采纳多元创新策略,以期覆盖并满足更广泛的市场需求。

(3) 市场需求状况对创新成效具有显著影响。具体而言,市场需求动态直接关联着农村企业家创新活动的收益,扮演着创新产品价值评估的关键角色。在市场需求旺盛的情况下,创新产品的市场估值较高,使得企业家能够获得较为丰厚的经济效益。相反,若市场需求疲软,则创新产品的价值缩水,可能导致企业家的经济回报低于预期水平。

(4) 市场需求状况对创新风险的形成起着关键作用。具体而言,市场需求动态直接关联到农村企业家在创新活动中所面临的不确定性水平,从而调节其创新风险的高低。当市场需求呈现出不稳定态势时,随之而来的则是创新活动风险的攀升,迫使企业家不得不承受更大的风险负担。相反,市场需求若保持稳定状态,则能有效降低创新活动的风险门槛,为企业家提供了更加有利的条件以驾驭和管理创新过程中的各类风险。

6.2.3.2　科技专家层面

在科技专家层面,市场需求成为推动沂蒙老区农村科技专家实施自发性协同创新的关键外部驱动力之一,其作用机制可细分为四个核心维度:

(1) 市场需求扮演着创新驱动力的角色。它为农村科技专家赋予了创新的原动力,激励他们实行自我引导型的协同创新活动。面对市场需求的变动,科技专家必须依托创新以适配新兴的市场需求,从而确保其竞争优势的持续性。而在市场需求显得疲软或不足的情况下,科技专家则需借助创新手段探索新市场领域,拓宽技术应用的边界。

（2）市场需求对创新导向的作用至关重要。它不仅引领着农村科技专家的创新路径，还为其创新实践提供了导向。当市场需求信号明确时，科技专家能够聚焦这些需求，实施目标明确的创新策略，以此提升创新的有效性。另外，面对多元化的市场需求，科技专家必须拓宽创新的广度，开展多维度的创新活动，以期全面覆盖并满足市场的多样性需求。

（3）市场需求状况对创新成效产生重要影响。具体而言，市场需求能够作用于农业技术专家的创新成效，成为评判创新成果价值的关键因素。当市场需求旺盛时，相应的创新成果价值提升，科技专家因此能够获得较为丰厚的经济效益。反之，若市场需求疲软，创新成果的价值随之下降，可能导致科技专家所获经济回馈不足。

（4）市场需求状况对创新风险的承担产生重要影响。具体而言，市场需求的变化趋势直接关联到农村科技专业人员所面临的创新风险级别，从而左右着创新实践的不确定性。当市场需求呈现出不稳定态势时，随之而来的创新活动风险加剧，要求科技专家必须承受更高的风险阈值。相反，市场需求若保持稳定状态，则创新活动的风险性得以降低，为科技专家提供了更为有利的条件以有效管理和控制创新过程中的风险要素。

6.2.3.3 返乡创业者层面

关于返乡创业者的层面，在沂蒙老区农村，市场需求被视为推动返乡创业者实施自主合作创新的关键外在动力之一，其作用机制可细化为四个方面：

（1）市场需求赋予了创业活动以强劲的推力。它为那些回归乡村的创业者提供了启动创业项目的重要激励，驱使他们在自我导向与协作创新的路径上前行。面对市场需求的变动，创业者必须借由创新手段来迎合这些新兴需求，以此维系并增强其市场竞争地位。而在市场需求显得匮乏之际，创业者则需借助创新策略来发掘新领域，拓宽销售通路，从而打破既有局限。

（2）市场需求态势对创新导向具有重要影响。具体而言，它能够指引农村归乡创业群体的创新路径，塑造其创新实践的方向。当市场需求信号明确且集中时，创业者能以此为基准，开展有针对性的创新活动，从而增强创新的实效性。反之，面对多元且分散的市场需求时，创业者则需采纳多元创新策略，以期全面覆盖并满足市场上各式各样的需求。

（3）市场需求状况对创新成效产生重要影响。具体而言，市场需求动态作用于农村归乡创业群体的创新成效，成为评判其创新产品价值的关键因素。当市场需求旺盛时，创新产品的价值随之增高，创业者因此能够获得较为丰厚的经济效益。反之，若市场需求疲软，则创新产物的价值降低，可能导致创业者难以实现充分的经济回馈。

（4）市场需求状况对创新风险的承担具有重要影响。具体而言，其影响力渗透至农村返乡创业者的创新活动之中，作用于创新风险的高低。当市场需求呈现出不确定性状态时，随之而来的便是创新活动风险水平的提升，迫使创业者不得不面对并承担更高的风险挑战。反之，若市场需求环境趋于稳定，创新活动面临的不确定性则相应减少，为创业者提供了更为有利的条件以有效管理和控制创新过程中的风险要素。

6.2.4 技术能力对沂蒙老区农村产业融合主体自主式协同创新的作用机制

6.2.4.1 企业家层面

在探讨沂蒙老区农村企业家的自主式协同创新活动中，技术能力被视作一个至关重要的影响要素。其发挥作用的内在机理可细分为四个核心层面：

（1）技术实力构筑了创新的基石。它赋能农村企业家，为他们自主合作创新奠定了稳固的基础。技术实力的增强使企业家能更深入地掌握创新相关的技术知识与技能，从而提升创新过程的效率与成效。进一步地，当企业家具备高度的技术创新能力时，他们能更有效地推进技术创新进程，整合多方资源，开发出竞争力更强的产品与服务，展现出技术能力对创新支撑的关键作用。

（2）技术能力对创新方向具有决定性作用。具体而言，它引领着农村企业家的创新路径，并对其创新实践产生导向影响。企业家若掌握特定技术领域的能力，将能更精准地开展定向创新工作，从而提升创新成效。反之，具备广泛技术能力的企业家则能更灵活地实施多元化创新策略，以满足多样化的市场需求。

（3）技术实力对创新成效具有重要影响。具体而言，技术实力在农村企业家的创新活动中起到关键作用，直接关联到创新成果的市场价值。当企业家掌握深厚的技术实力时，他们能够更有效地创造出品质优良、价值高的产品与服务，从而实现较高的经济效益。相反，技术实力薄弱的企业家可能难以开发出具有市场竞争力的产品，进而限制了其创新活动的收益潜力。

（4）技术实力对创新风险的影响力不容忽视，它直接作用于农村企业家面对的创新挑战，左右着创新实践的不确定性。在技术实力雄厚的情况下，企业家能够更有效地驾驭创新进程中的技术不确定性因素，从而抑制创新活动的整体风险水平。相反，若企业家的技术实力薄弱，则可能难以实施有效管控，致使技术创新过程中的风险增加，进一步推高了创新活动的潜在风险等级。

6.2.4.2 农村科技专家层面

在探讨沂蒙老区农村科技专家的自主协同创新模式时，技术能力被视作一个关键的影响要素。其发挥作用的内在机制可细分为四个方面：

（1）技术实力构筑了创新的基石。它赋能于农村科技专家，为他们的自主协作式创新提供了稳固的基础。科技专家技术能力的提升，使他们能更有效地掌握推动创新所需的知识与技能组合，从而增强了创新过程的效率与效果。此外，高水平的技术创新能力使专家们在技术革新活动中更加游刃有余，能够研发出竞争力更强的技术成果。

（2）技术能力对创新方向具有决定性作用。它引导着农村科技专家的创新路径，对其创新实践活动产生深远影响。当科技专家掌握特定技术领域的能力时，能够实现更为精准的定向创新，从而提升创新的成效。反之，具备广泛技术能力的科技专家，则能更灵活地进行跨领域创新，有效应对多样化的市场需求。

（3）技术实力对创新成效具有重要影响。具体而言，技术实力直接关联到农村科技专家所能实现的创新效益，并且是衡量创新成果市场价值的关键因素。科技专家若拥有强大的技术实力，他们更能够创造出品质卓越、价值高的技术产品，从而在经济上获得丰厚的回馈。相反，技术实力较弱的专家可能难以开发出具有市场竞争力的技术成果，进而限制了其创新活动的效益产出。

（4）技术实力对创新风险的影响力不容忽视。它在农村科技专家的创新活动中起到关键作用，直接关联到创新过程中可能遭遇的风险水平。具体而言，科技专家若拥有坚实的技术实力，他们便能更有效地驾驭创新途中的技术不确定性，从而抑制创新活动的整体风险性。相反，技术实力较为薄弱的专家，则可能难以妥善管理这些技术风险，进而增加了创新活动所面临的险峻形势。

6.2.4.3 返乡创业者层面

针对返乡创业者群体而言，在沂蒙老区农村地区，技术能力被视为推动他们进行自主合作创新的关键要素之一。这一过程背后的内在机理可细化为四个核心方面。

（1）技术实力构筑了创业的基石。它为返回农村的创业者提供了启动事业的基础条件，促进了他们自主且协作式的创新活动。创业者若具备坚实的技术实力，不仅能更有效地掌握创业过程中的专业知识与技能，还能够提升创业活动的效率与成效。进一步地，当创业者展现出卓越的技术创新能力时，他们能更顺利地推进技术创新，从而开发出具有更强市场竞争力的产品与服务。

（2）技术能力对创新方向的导向作用显著。具体而言，技术能力赋能农村归乡创业者的创新路径选择，为其创新实践提供了指引。具备特定技术领域专长的创业者，能更精准地开展定向创新活动，从而提升创新效果的效率。相反，拥有跨领域技术能力的创业者，则在多元化创新方面展现出优势，能够灵活应对多样化的市场需求，满足不同客户的需要。

（3）技术实力对创新成效具有重要影响。具体而言，技术实力在农村归乡创业者群体中起到关键作用，直接关联到其创新成果的经济价值与社会效益。具备雄厚技术实力的创业者能够更有效地开发出品质卓越、价值高的产品与服务，从而实现较高的经济效益。相反，技术能力较弱的创业者可能会遇到难以突破的障碍，难以创造出具有市场竞争力的产出，进而限制了其创新活动所能带来的收益。

（4）技术实力对创新风险的影响力不容小觑，它在农村归乡创业者的情境下，扮演着决定创新过程中潜在风险水平的关键角色。具体而言，创业者如果具备强有力的技术实力，便能更有效地驾驭创新途中的技术难题，从而抑制创新活动所面临的总体风险水平。相反，技术实力较为薄弱的创业者可能会发现自己难以妥善管理创新过程中的技术不确定性，这一短板间接增加了其创新活动的风险敞口。

6.2.5 合作关系对沂蒙老区农村产业融合主体自主式协同创新的作用机制

6.2.5.1 企业家层面

在探讨沂蒙老区农村企业家自主式协同创新的影响因素时，合作关系被视为一个核心要素，其作用机理可归纳为四个方面：

（1）通过与企业实体、科研组织及政府机构构建合作网络，农村企业家能有效拓宽其创新资源的获取渠道，涵盖技术、资金及人力资源等关键领域，进而增强创新活动的效率与成效。此类合作模式还为农村企业家提供了丰富的市场动态与技术发展趋势信息，为他们的创新实践提供了有力的支撑。

（2）协同关系有助于缓解创新过程中的不确定性。农村企业家通过与不同实体如其他企业、科研组织及政府部门构建合作网络，能够分担创新途中的风险，削减创新举措的整体风险水平。携手其他企业，农村企业家能共同开展新产品的开发工作，分摊研发开支及市场进入的风险。此外，获得政府的合作支持，农村企业家不仅可赢得政策扶持，还能得到资金补助，进一步降低了创新活动的风险门槛。

（3）协同关系推动创新思维的碰撞。农村企业家通过与不同界别的实体，涵盖其他企业、科研机构及政府部门等构建协同网络，能够开展创新思想的交流，实现互促共进的局面。在与其他企业的合作框架下，农村企业家得以汲取对方的成功经验与创新策略，从而提升自身创新力。与此同时，与科研机构建立起的合作桥梁，使农村企业家能够获取前沿科技成就与研究成果，为他们的创新实践提供坚实的支撑。

（4）协同关系促进创新效能提升。农村企业家通过与不同企业实体、科研组织及政府部门构建协作网络，能携手实现创新效能的飞跃。与业界伙伴联手，农村企业家能够共同探索新产品的研发，拓宽市场疆域，增强销售收入。而与政府的协作，则为农村企业家开辟了获取政策扶持与资金补助的渠道，进一步助推创新效能的增长。

6.2.5.2 农村科技专家层面

在农村科技专家的视角下，合作关系被视为推动沂蒙老区自主式协同创新进程的关键要素之一，其作用机理可细分为四个核心层面：

（1）通过与企业、研究组织及政府部门构建合作网络，农村科技专家得以拓宽其创新资源的获取渠道，涵盖技术、资金与人才等多个方面，从而增强创新活动的效能与产出。此外，此类合作机制为农村科技专家提供了丰富的市场动态与技术发展趋势信息，为他们的创新实践提供了有力的支持。

（2）协同关系有助于缓解创新过程中的不确定性。农村科技专家通过与企业界、科研组织及政府部门构建协作网络，能够分担创新途中的风险，从而减轻创新举措的整体风险水平。与企业携手合作，农村科技专家能够联合开展新技术的研发，共担研发资本与市场不确定性。此外，获得政府的政策扶持与财政补助，也是经由合作途径降低创新项目风险的一个重要方面。

（3）协同关系推动创新思维的碰撞。农村科技专家通过与企业界、科研机构及政府部门构建的合作伙伴关系，能够开展创新性的交流互动，实现知识共享与协同发展。与企业合作的过程中，专家群体得以借鉴对方的成功案例与创新策略，从而提升自身在创新实践方面的能力。此外，与科研机构建立起的合作桥梁，为农村科技专家提供了接触前沿科技成果与学术研究的机会，为他们的创新工作注入了强大的技术支持与理论依据。

（4）协同关系促进创新效果的提升。农村科技专家通过与企业、科研单位及政府部门构建合作网络，能携手实现更显著的创新成果。与企业携手合作，不仅能够联合开发新颖技术，还能拓宽市场领域，增强销售收入。而与政府的合作，则为农村科技专家开辟了获取政策扶持与资金补助的渠道，进一步增强了创新活动的成效。

6.2.5.3 返乡创业者层面

针对返乡创业者在沂蒙老区农村的自主协同创新活动，合作关系被视作一个核心影响要素，其作用机理可细化为四个主要方面：

（1）通过与企业实体、科研组织及政府机构构建合作网络，农村返乡创业者得以拓宽其获取创新资源（涵盖技术、资金及人才）的渠道，进而增强创新活动的效能与成果。此类合作机制还为创业者提供了丰富的市场动态与技术发展趋势信息，为他们的创新实践提供有力支撑。

（2）通过构建合作伙伴网络，农村返乡创业者能有效缓解创新过程中遭遇的风险。这种网络涵盖其他企业、科研机构及政府部门等多方面，使创业者得以分担创新途中的不确定性，减轻创新项目所承载的整体风险。携手其他企业共同进行产品开发，不仅能够分摊研发经费，还意味着市场风险的共担。此外，与政府建立起的合作桥梁，为返乡创业者开辟了获取政策扶持与资金补助的通道，进一步削弱了创新活动中固有的风险屏障。

（3）通过构建合作伙伴网络，促进了创新思维的互动交流。农村返乡创业者能够经由与各类企业实体、科研组织及政府机构的协作，实现知识共享与协同发展。具体而言，与不同企业的合作使返乡创业者得以借鉴其成熟的运营策略与创新路径，从而提升自身的创新力。此外，与科研机构建立起的联系，则为他们提供了接轨最新科技动态与研究成果的渠道，为创新实践提供了坚实的支撑。

（4）协同关系促进创新成效提升。农村返乡创业者通过与企业、科研单位及政府部门构建合作网络，能携手实现更显著的创新成果。与企业携手，他们能够联袂开发新商品，拓宽市场领域，增强销售收入。得到政府的支持，则意味着政策导向的助力与资金补助的获取，进一步推动创新效能的升级。

6.2.6 文化环境对沂蒙老区农村产业融合主体的自主式协同创新的作用机制

6.2.6.1 企业家层面

在企业家层面，文化环境被视为影响沂蒙老区农村企业家实施自主合作创新的关键要素之一，其作用机理涵盖了四个方面：

（1）文化氛围对创新意识的塑造作用显著。具体而言，它能引导农村企业家的创新思维趋向，影响他们采纳自主协作创新模式的意愿。在一种推崇并扶持创新的文化氛围中，农村企业家更易于自发地投身创新实践，同时积极寻求与外界（例如，其他商业实体、科研组织及政府部门等）构建合作网络，携手推进创新项目。

（2）文化氛围对创新意识的塑造作用显著。具体而言，文化氛围能够引导农村企业家在创新行为上的倾向性，或是积极性的接纳，或是消极性的回避。在一种强调传统延续与风险规避的文化氛围下，农村企业家很可能对创新举措持有保留乃至排斥的态度，不愿涉足具有不确定性的创新实践。反之，若文化环境倾向于激励创新并为之提供支持，农村企业家则更倾向于以开放姿态面对创新，勇于迈出尝试新事物的步伐。

（3）文化氛围对创新潜能有着深刻的影响。具体而言，它作用于农村企业家的创新动力，塑造他们能否掌握自主合作创新的关键能力。在推崇教育与培养的文化氛围下，农村企业家享有更优越的学习和发展机会，得以提升自身技术水平及创新思维。相反，若处于教育资源稀缺的文化背景中，这些企业家可能因技术知识和创新能力的匮乏，而难以实施有效的创新实践。

（4）文化氛围对创新成效产生深远的影响。具体而言，这种氛围直接关联到农村企业家的创新成果，左右其创新举措能否达到预设的效益水平。在一种强调市场导向与竞争精神的文化氛围中，农村企业家能更有效地洞悉市场需求及竞争态势，进而在产品与服务的创新上展现出更强的竞争力，提升整体创新成效。反之，在一个缺乏市场意识与竞争观念的文化环境下，农村企业家可能难以创造出具有市场竞争力的产品或服务，从而制约了其创新活动所能实现的效益。

6.2.6.2 科技专家层面

在科技专家层面，文化环境被视作影响沂蒙老区农村科技专家实施自主合作创新的关键要素之一，其作用机理可细分为四个核心维度：

（1）文化情境对创新意识的塑造作用显著。具体而言，文化情境因素能够作用于农村科技专业人员的创新意识层面，进而影响其是否倾向于实施自主合作式的创新行为。当所处的文化环境积极推崇并支持创新时，农村科技专业人员更可能展现出主动创新的行为倾向，并积极探索与企业界、科研组织及政府等部门建立合作伙伴关系，以协同方式进行创新实践。

（2）文化背景对创新意识的塑造作用显著。具体而言，文化氛围能够引导农村科技专家在创新行为上的倾向，或是积极性的接纳，或是消极性的回避。在一种强调稳定与规避风险的文化场景下，农村科技专家很可能对创新实践持有保留意见，不愿涉足充满不确定性的创新领域。相反，若文化环境倾向于激励创新并为之提供支持，农村科技专家则更倾向于以开放的心态拥抱创新，勇于面对创新过程中的各种挑战。

（3）文化氛围对创新潜能有着深远的影响。具体而言，它能塑造农村科技专家在自主合作创新方面的能动性与技能水平。在那些推崇教育与培养的文化场景中，农村科技专家享有的教育资源和培训机会更为丰富，这为提升他们的技术水平和创新思维提供了肥沃土壤。相反，若文化背景不利于教育与培训的发展，农村科技专家可能因获取此类资源的渠道受限，而难以积累必要的技术资本和创新力，从而在实质性的创新活动中表现乏力。

（4）文化背景对创新成效的塑造作用显著。具体而言，文化氛围直接关联到农村科技专家的创新成果，左右其创新举措能否达到预设的成效。比如，在一个强调市场导向和竞争激烈的文化场景下，农村科技专家能更精准地把握市场脉搏及竞争对手动态，从而研发出更具市场竞争力的技术与产品，提升整体创新效率。反之，若处于一个市场意识淡薄且竞争观念匮乏的文化环境中，农村科技专家很可能难以创造出具有市场竞争力的科技成果，致使其创新成效受到削弱。

6.2.6.3 返乡创业者层面

在探讨返乡创业者与沂蒙老区农村的自主式协同创新活动中，文化环境被确认为一个不可或缺的影响要素，其作用机理可细分为四个核心层面：

（1）文化氛围对创业观念的塑造具有深远影响。具体而言，它能够作用于农村返乡村民的创业心理，控制他们采纳自主合作创新模式的意愿。在一种积极推崇创业并给予其充分支持的文化氛围下，这些返乡村民更倾向于自发地投身创业实践，同时积极探索与企业实体、科研组织及政府机构等多方建立合作纽带，携手推进创新活动。

（2）文化情境对创业心态施加影响。具体而言，它能够作用于农村归乡创业人群的创业心态形成过程，左右其对待创业行为的正面或负面倾向。在一种倾向于保守与规避风险的文化氛围下，农村归乡创业者很可能对创业表现出较低的热情，不愿涉足充满不确定性的创业实践。相反，若文化环境倾向于激励创业并为之提供支持，这类创业者则更可能展现出积极的创业心态，勇于接受创业挑战。

（3）文化背景对创业潜能的塑造作用显著。具体而言，它对重返乡村的创业者之创业能力施加影响，关乎这些个体是否具备自发协作创新的必备素质。在推崇教育与培训的文化氛围中，乡村回归的创业者们能享受到更优质的教育资源与培训机遇，从而增强自身的技术实力与创业技能。相反，若置身于教育资源稀缺、培训机会匮乏的文化环境，劳动者的能力建设空间则相对狭小。

（4）文化背景对创业成效的影响不容小觑。具体而言，它在调节农村归乡创业者所获取的创业成效方面发挥着关键作用，直接关联到这些创业者是否能实现其预设的成果。在一种强调市场导向与竞争氛围的文化场景下，农村归乡创业者能更有效地洞悉市场需求及竞争态势，进而研发出更具市场竞争力的产品与服务，促使其创业成效显著提升。反之，在一个市场意识与竞争观念相对匮乏的文化环境下，这些创业者可能会遇到障碍，难以创造出具有足够竞争力的产品与服务，从而可能导致创业成效的减损。

6.3 提升沂蒙老区产业融合主体自主式协同创新能力的路径研究

依据沂蒙老区乡村的实际探索案例，提升该地区产业融合主体能力的路径有五项核心策略，分别是：构建创新合作模式、推动技术革新、加强人才培育、调整优化政策氛围，以及强化品牌塑造。

6.3.1 探索构建创新合作模式以增强沂蒙老区产业融合主体的自发协同创新能力

6.3.1.1 建立创新型合作机制提升沂蒙老区企业家的自主式协同能力

构建协作交流的平台。这一平台无论是线上或线下形式，旨在强化企业领导者、行业学者及政府单位间的对话与合作桥梁。它服务于传递市场动态、政策措施、技术创新等资讯，并促进资源共享及成功案例的借鉴。除却作为信息与资源的枢纽，该平台还承载着组织多元活动的功能，涵盖研讨会、展览会、竞赛等多种形式，旨在拓宽企业领导者合作与互动的渠道。

倡导政府与企业携手合作。政府和社会资本企业合作（PPP）模式能够为企业家引入他们可能缺乏的资源与专业技能，同时激发创新动能与促进经济增长。根据实际情况，双方可通过多种合作形式践行这一模式，例如，共建项目、联手研发创新产品、合作培养行业人才等。此外，应建立健全政府与企业合作项目数据库，以便为更多企业家开辟合作机遇。

实施教育培养和指导计划，旨在增强企业家的技能储备与知识广度，进而提升其创业与管理水平。针对沂蒙老区企业家的独特需求，定制化设计教育培养与指导方案，融合线上与线下多元化教学模式，涵盖讲座、工作坊、网络课程等形式。此外，建议创立企业家专属的教育培训中心，以此为平台展开系统性、全方位的教育与辅导。

构建创新中枢。该中枢旨在为创业者打造一个集项目孵化、协作交流与资源获取于一体的实体平台。除却标配的工作区域，还配备有实验室、创意工作室等高级设施，为创业者创设优良的创新与生产环境。此外，创新中枢频繁举办如创新大赛、创意展览会等活动，为创业者搭建展示及推广其创新成果的舞台。

促进产业聚群发展。产业聚群有助于增强行业内企业间的协同效应及知识交流，进而实现规模经济，减少成本，激发创新活力与促进增长。鉴于沂蒙老区的独特属性与优势，可针对性地挑选具备发展潜力的领域加以培养，例如，农业、旅游业、文化创意等领域。此外，构建产业联盟也是关键举措，旨在为产业聚群提供政策导向、资源配置及市场拓展等多维度支撑。

借助科技手段，促进企业领导者间的协作与沟通，并且分配资源及专业知识。例如，运用网络协同平台，使企业领导者能与导师、业界专家建立联系，同时开放获取培训资料和教育资源。此外，通过利用大数据、人工智能等先进技术，向企业领导者提供更加精细且个性化的服务。实行这些创新的合作策略，旨在提升沂蒙老区企业领导者的综合能力，激发创新活力，促进经济增长及社会经济的发展。与此同时，应建立健全的监督与评估体系，持续优化合作模式，以期达到更优的效果。

6.3.1.2 建立创新型合作机制提升沂蒙老区科技专家的自主式协同能力

构建农业科研创新联合体。提议创立一个由地方政府、高等教育机构、科研单位及企业携手共建的农业科研创新联合体。该联合体旨在通过协同研究与创新路径，强化农业科技专家与业界的协作联系，加速推动农业领域的技术创新发展。

设立农村科技研发基地。考虑在沂蒙老区创设一个专注于农业科技创新的研发基地，该基地交由科技专业人员来负责运营与管理。此基地旨在提供一系列服务，涵盖科技创新孵化平台、实验研究设施及专业技能培训，旨在促进和支持农业科技专家的科研创新工作。

构建农业科研创新激励体系。提议设立一套旨在激励农业科研创新的表彰体系，以表彰在该领域取得显著成就的专家学者及团队。此激励体系可涵盖多维度奖励措施，如财政补助、荣誉头衔等多元化形式。

构建农业科研创新教育体系。建议创立一套农业科研创新教育体系，运用专题培训及学术交流等手段，增强农村科技人才的创新力。该体系应涵盖线下实训、线上教程等多元化教学模式。

构建农业科研创新资源交流平台。提议创立一个农业科研创新资源的交流平台，运用互联网及相关技术，促成农业科技专家、企业、高等院校及研究组织之间的资源共享，加速推动农业科技创新的发展进程。

构建农业科研融资体系。提议创立一种农业科研融资体系，该体系融合政府投资与民间资本等多渠道资源，旨在扶持农业科技专家的创新实践，加速农业科技创新的进程。通过此类创新合作模式的建构，能够显著增强沂蒙老区农业科技人才的创新效能，助推农业科技的进步与革新。

6.3.1.3 构建创新合作模式以增强沂蒙老区返乡创业者自发协作的能力

构建乡村创业培育平台。此类平台能为返乡创业者提供创业教育、项目培育、资金扶持等多项服务，助力其在乡村环境中的创业实践。除却基础的教育与支持功能，培育平台还可通过与企业实体、高等教育机构、科研单位等建立合作联盟，为返乡创业者拓宽资源渠道与提升机遇空间。例如，邀请业界专家实施专业化教学，或携手高校共同实施创业项目，为返乡创业者开辟实习及就业的实践通道。

组建创业顾问团体。该团体致力于提供专业的创业咨询与辅导服务，助力解决农村返乡村民在创业过程中遭遇的各项难题。服务不仅涵盖个性化的一对一指导，还包括定期举办创业研讨会与论坛活动，为返乡创业者搭建经验交流与知识学习的平台。此外，创业顾问团体将寻求与其他创业扶持机构的合作网络建设，旨在拓宽资源渠道，为农村创业者提供更多实质性的援助与支持。

构建返乡创业的财政扶持体系。该体系应融合国家财政投入与民间资本等多元化渠道，旨在缓解农村归乡创业者在启动资金方面的负担。除直接财政补助之外，可设立创业贷款担保机制，为这部分创业者向金融机构申请贷款提供担保，从而降低其融资门槛。同时，探索建立专项创业投资基金融资渠道，采用股权投资形式，对农村返乡创业活动予以资金扶持及长远发展支持。

构建乡村创业平台。该平台配备有办公区域、会议场所等基础设施，旨在为返回乡村的创业者打造一个便利的创业生态环境。在此基础上，可增设创新实验室、制造工作坊等专业设施于平台之内，以满足创业者在创新实践及生产制造方面的需求。同时，定期举办诸如创业竞赛、项目展示会等多种形式的创业活动，为乡村返创人员提供展示和推广其创意项目的宝贵机会。

构建乡村创业网络服务平台，该平台依托互联网及先进技术，促成返乡创业者、企业实体与投资机构间的桥梁搭建与合作互动，加速创业实践进程。平台不仅承载着基本的沟通协作功能，还应增设创业项目资源库、投资项目数据库等专业化信息集合，为乡村返乡村民创业者拓宽资源渠道与机会空间。此外，通过策划实施线上活动系列，例如，在线创业教育课程、云端创业交流论坛等，进一步丰富返乡创业者的知识学习路径与交流互动场景。

构建返乡创业激励体系。该体系旨在表彰和鼓励在创业领域取得成效的农村返乡村民及团队,不仅涵盖资金补助、荣誉头衔等经典激励方式,还应纳入创业竞赛、创业典范宣传等多元化活动,为返乡创业者提供更多展现自我与获得认可的平台。此外,建议设立创业指标、创业绩效评估等科学评价机制,以此为返乡创业者提供更为精准、客观的评价指导服务。

6.3.1.4 建立创新型合作机制提升沂蒙农村体力劳动者的能力

构建劳动技能教育机构。此类机构应采纳多元化培训模式,涵盖理论讲授、实践操作、在线远程教育等形式,并依据各行业实际运作需求,设计涵盖农业、建筑业、制造业等领域的技能培训课程。建议教育机构与企业构建合作机制,量身定制培训项目,以满足企业的特定技能人才需求。此外,创立专项劳动技能提升基金,为教育项目及参与者提供财政援助,以增强技能培训的普及度与技术含量。

组建劳动者联盟。该联盟旨在为乡村体力劳动者提供一系列服务,涵盖劳动保护措施、劳动合同的订立及劳动争议调解等方面,以确保其合法权利得到充分维护。此外,联盟应积极开展劳动技能提升培训、安全生产教育等项目,旨在增强劳动者的专业能力和安全生产意识。通过与企业的合作模式,劳动者联盟还能扮演劳动力供需对接的角色,为公司机构解决劳动力不足的难题,同时促进劳动者就业机会的增加。

设立劳务派遣组织,旨在为农村体力劳动者开辟就业渠道,协助其匹配适宜的工作岗位。此类组织依据市场动态,向企业供给定制化人力资源解决方案,同时为农村务工人员落实劳动保护及社会保障等权益。此外,劳务派遣组织应与教育培训机构构建合作机制,为农村劳动力群体提供全方位的职业技能培训与就业服务。

设立专业技能鉴定组织。此类组织旨在为农村体力劳动者提供技能鉴定服务,助力其获取相应职业资质证明。依据行业准则及国家规定,该组织可实施技能测评与认证流程,为农村体力劳动者开拓更广阔的职业发展空间。

此外，建立与企业的合作伙伴关系，为企业实施技能鉴定服务，协助企业发掘所需的专业技能人才，也是其重要职能之一。

构建农村劳动力数字化平台，旨在为体力劳动者提供广泛的在线服务，涵盖就业资讯、技能培训资料及政策导向等。该平台同步面向企业，实现在线人才招募与培训功能，促进劳动力资源的高效配置与优化匹配。通过与教育培训机构及技能鉴定机构建立协作关系，该平台拓宽了农村体力劳动者接受进一步教育和资质认证的渠道，从而提升了其职业竞争力。

倡导企业承担起提升劳动力素质的责任，特别是针对农村体力劳动者，通过培训助力其增强劳动技能与专业能力。企业可依据自身发展需求，创设培训班或实习平台等教育形式，为农村体力劳动者构建一套完整的培训体系与实践渠道。此外，企业应积极探索与教育机构的合作路径，携手定制培训课程与实践项目，旨在为农村体力劳动者开辟更高质量的学习与发展契机。

6.3.2 促进技术创新以增强沂蒙老区产业融合主体的自主协同效能

6.3.2.1 推动技术创新提高沂蒙老区企业家的自主式协同创新能力

设立科技创新专项基金。基金的构建可采纳多元化途径，涵盖政府财政投入、民间资本引入及企业内部筹资等，以确保基金的长期运作及稳定性。根据企业的具体状况及市场导向，设定多元化的资金扶持模式，例如，研发项目补助、技术转移激励及创新型团队扶持等，从而为企业量身打造科技创新扶持方案。

构建创新技术支持体系。体系建构过程中，建议融入云计算、大数据及人工智能等前沿科技，旨在为企事业单位输送智慧化技术支持及资源分享平台。此平台拟提供在线咨询服务、技术互动交流及权威专家答疑等多元化服务模块，全面赋能企业技术创新。进一步，借助数据分析与深度挖掘技术，平台将为企业量身定制个性化创新策略与实施路径，推动技术革新升级。

构建技术创新孵化平台。针对企业发展的各个阶段与特定需求，该平台可提供多元化孵化服务，涵盖初创孵化、技术转化、市场导入等范畴。通过设计个性化的孵化策略与成长路径，为入驻企业提供系统化的技术创新扶持。此外，平台利用投融资机制与资本运营策略，为在孵企业注入资金活力，助力其商业愿景的实现。

构建技术创新协作体系。当构建此类协作体系时，可采纳诸如协同研发、技术授权及转让等多种策略，旨在为企事业单位开创一个多元化技术合作的环境。此外，建议搭建技术交流与合作平台，用以传递技术合作资讯与机遇，加速不同企业间的技术交流进程，共促技术成长与革新。

构建技术创新激励体系。在设计该体系时，可采纳多种形式，例如，财务补贴、名誉表彰、股权激励等策略，旨在为企业营造丰富多样的激励环境。此外，建议设立技术创新评审机制，透过严谨的评审与评估流程，确保企业能在一个公开透明的平台上接受对其技术创新成果的评判与奖励。

创立专业技术教育机构。在构建此类机构的过程中，可采纳线下授课、线上教学及实践操作等多种培育模式，旨在为企业打造出全方位的技术进修渠道。此外，建议搭建数字化技术学习平台，以便向企业输送远程教育资源，助力其技术实力与竞争力的双重跃升。

6.3.2.2 推动技术创新提高沂蒙老区科技专家的自主式协同创新能力

设立科技创新专项基金，旨在为科研工作者提供财政后盾，激励他们在技术革新领域精耕细作。此基金不仅应用于新产品的开发、新技术与新工艺的研究，亦可导向于引进国外先进技术装备，促进技术跨越升级。

构建科技创新服务平台。可通过设立科技创新服务平台，向科研专家群体供给技术援助及资源分享。此平台旨在汇总多样化的技术资源，涵盖专利文献、科技成果、技术规范等，以便为科研专家提供专业技术咨询与支持服务。同时，它还促进了专家之间的技术交流与合作机遇，推动了技术革新领域的协同发展。

构建科技创新孵化平台。可通过创立科技创新孵化平台，旨在为科技专业人士赋能，提供创业培育及专业技术支持服务。此平台涵盖办公空间、实验设施、先进设备及专业顾问团队等资源，全方位促进技术革新活动。同时，平台致力于输送市场动态、投融资机遇及政策措施等关键信息，助力科技人才实现创新技术向商业成功的转化。

构建科技创新协作体系。建议构建一套科技创新协作体系，以促进科技专家与高等教育机构、研究所以及科研单位等开展深度合作。通过此类合作，科技专家能够获得前沿技术支持及专业人才的助力，进而增强技术革新能力。此外，科技合作亦有利于科技专家拓宽市场领域，加速实现商业化成功。

构建科技创新激励体系。可通过设立科技激励机制，激发科技人才投身于技术革新活动。该激励体系可涵盖科技成果奖、专利奖励及创新奖项等多个维度，旨在为科技工作者提供创意激发与前进动力，促进其持续开展创新实践与追求卓越。

设立科技创新教育机构。考虑创立专门的科技创新教育平台，旨在为科技专业人才提供深入的技术教育及能力提升渠道。该机构应依据科技领域专家的实际需求，精心设计涵盖诸如新兴产品研发、前沿技术应用、创新工艺制造等多元化技术培训课程，旨在助力科技专家强化其专业技术水平与行业竞争力。

借助这些举措的执行，能够显著增强沂蒙老区科技专家的创新技能，促进科技革新进程，促成科研成果向实际应用及商业化转化。此外，建立一个健全的监督与评估体系，持续改进并完善上述措施，是实现更优成效的必要途径。

6.3.2.3 推动技术创新提高沂蒙老区返乡创业者的自主式协同创新能力

构建创新创业孵化平台。探讨创立一个旨在服务于返乡创业者的创新创业孵化体系，该体系致力于提供全面的创业孵化环境与专业技术扶持。平台将涵盖办公区域、实验设施、必要器材及专业人才等资源，旨在为返乡创业者打造一个促进技术革新的一站式服务平台。此外，平台还将分享市场动态、投融资机遇及政策导向信息，助力返乡创业者在技术创新与市场化道路上取得双重胜利。

构建技术创新服务平台。设立一个旨在服务返乡创业者的技术创新平台，以便提供专业技术和资源的共享渠道。此平台整合了多种技术资源，涵盖了专利文献、技术研究成果、行业技术标准等，旨在为返乡创业者答疑解惑、输送技术支持。此外，平台还促进了技术交流与合作的契机，助力返乡创业者在技术创新领域携手共进，实现共赢发展。

构建技术支持合作体系。建议创立一个技术支持合作体系，以促进返乡创业人员与高等院校、研究机构及科技组织之间的协作。这种合作模式能够使返乡创业者获得前沿技术资源及专业人士的援助，增强其技术创新力。同时，技术合作有助于拓宽市场渠道，推动商业上的蓬勃发展。

设立专业技术教育机构。考虑创立专业技术教育机构，旨在为返乡创业者提供技术教育与技能增进平台。该机构应依据返乡创业者的实际需求，规划多元的技术教育课程，涵盖诸如创新产品开发、前沿技术运用、新型工艺制造等领域，旨在助力返乡创业者增强其技术实力与市场竞争力。

构建技术创新激励体系。可通过设立技术创新激励体系，激发返乡创业者的创新热情和技术研发投入。该体系可涵盖技术成果表彰、专利奖励、创新项目鼓励等多种形式，旨在为返乡创业者注入灵感源泉与前进动力，促进其持续探索与进取精神的发扬。

设立创新创业专项基金，旨在为返乡创业者提供财政支持，激励他们在技术革新领域加大投入。该基金不仅应用于探索新产品、新技术及新工艺的研发，亦可导向于先进技术与设备的引入。采取上述策略，将促进沂蒙老区回归创业者的创新能力跃升，推进返乡创业活动的蓬勃开展，加速创业成果转化及市场化进程。此外，建议构建一个健全的监督与评估体系，持续性地优化和调整这些举措，以期达到更优的实践效果。

6.3.2.4 推动技术创新提高沂蒙老区农村体力劳动者能力

吸纳高端技术和设备过程中，可采纳多元化的实施途径，例如，政府公开采购、企业资本注入及农民合作社合作等策略，以保障技术和设备的可获取度及长期运作效能。此外，通过举办技术教育讲座与提供持续的技术援助服务，协助一线作业人员熟练掌握新兴技术与设备的操作保养技巧，进而提升整体生产效能。

创立专业技术教育机构时，应考量体力劳动者群体的具体需求与特性，设置多元化技能培训课程，涵盖领域如农业生产技巧、机械设备操作、劳动安全教育等。此外，采纳线上与线下融合的教学模式，不仅能提升教育培训的效能与品质，还能够贴合体力劳动者多样化的个性学习诉求。

构建技术创新体系。体系的构建可采取多种形式，如搭建线上平台、筹办技术交流研讨会、发起技术挑战赛等手段，旨在为一线工作者提供技术援助与资源分享。此外，通过技术咨询、专项技术支持等个性化服务途径，能够助力该群体实现技术创新的个性化发展，推动技术的集体进步与共享繁荣。

构建技术创新合作体系时，可采纳多种形式促进实践技能人才与高等教育机构、研究所以及科研组织之间的协作，例如，组建协作联盟、搭建合作交流平台及召开技术协同会议等。此外，通过技术转移、授权经营等手段，助力一线工作者获取前沿技术支持及专业人士指导，从而增强其综合实力。

构建职业技能鉴定体系。在构建此体系时，应依据体力劳动者的技术特长及市场实际需求，设立多样化的职业技能鉴定类别，例如，农业生产技能鉴定、机械设备操作认证、安全生产资质认证等。此外，可通过搭建职业技能鉴定信息库，为体力劳动者在求职与职业发展规划上提供导向和支持。

构建激励体系。在设计激励体系时，可依据体力劳动者所取得的创新成果及其贡献度，设置多元化奖励类别，例如，技艺比拼奖、创意鼓励奖、杰出员工奖等。同时，需配套建立健全的评审及反馈机制，以保障激励措施的客观性与合理性，从而激发体力劳动者持续创新、积极向上的动力。

6.3.3 加强人才培养以促进沂蒙老区产业融合主体的自主协同能力提升

6.3.3.1 强化人才培养提升沂蒙老区企业家的自主式协同能力

设立农村企业家教育平台。考虑构建一个专门为农村企业家服务的教育平台，旨在提供全面而系统的培训及学习资源。该平台应依据企业家的真实需求设计多元化培训课程，涵盖企业运营管理、市场策略制定、财务管控等多个维度，旨在助力企业家提升其管理水平与运营技巧。

吸纳外界专业智囊。考虑引入外来专家力量，为农村企业管理者量身定制培训方案与指导服务。这些专家能够依据个人实际情况，提供定制化的咨询服务与指导策略，助力管理者应对实际挑战，提升其管理水平和技术实力。

设立实习平台。考虑构建实习平台，旨在为农村企业家开辟实战操作与实践机遇。透过此平台，企业家能亲历生产运营一线，经由实务操作与体验，增进其技能水平与综合能力。

构建农村企业家联合会。考虑创立一个农村企业家联合会，旨在为该群体搭建一个沟通与协作的桥梁。此类联合会可通过举办多种活动形式，如企业家交流会、高峰论坛等，促进成员间的思想碰撞与合作机遇，从而激发互助精神及推动集体进步。

构建激励体系。考虑设立一套激励体系，旨在激发农村企业家的进取心与创新能力。该体系可涵盖多种奖项，如"企业家创新奖""企业家成就奖"等，旨在为企业家注入灵感源泉与前进动力，促使其不懈奋斗，持续进步。

构建乡村企业家培育平台。提议创立一个专注于乡村企业家的培育平台，旨在为他们提供从创业孵化至成长扶持的全过程辅助。该平台将涵盖办公环境供给、资金链对接、技术咨询与指导等多项服务，形成一个系统化的创业扶持体系，助力企业家们圆梦创业旅程。

6.3.3.2　强化人才培养提升沂蒙老区科技专家的自主式协同能力

设立科技人才培养机构。考虑创立专门面向农村科技专家的教育培训机构，旨在提供一套全面的培训及学习方案。该机构应依据科技专家的切实需要，设计多元化培训课程，涵盖诸如最新技术研习、创新产品研发、专利申请指导等领域，助力科技专家提升其技术水平与创新思维。

吸纳外界专业人才。通过引入外部专家，向乡村科技工作者提供专业化的培训与指导服务。依据科技工作者的具体需求，专家们能够给予个性化咨询服务及指导，助力他们克服实践难题，增强技术实力与创新思维。

构建实验站点。加大力度构建实验站点，旨在为农村科技专家创设实战操作与实践的机会平台。此类站点使科技专业人员能融入实际生产与研发环节，经由亲身体验与操作实践，有效提升其技能水平与业务能力。

组建科技创新团体。可通过创建科技创新团体的形式，为农村科技专业人才搭建团队协作及创新的舞台。此类团体可通过举办多样化的活动，如创新研讨会、创意竞赛等，为科技专家搭建沟通合作的桥梁，增进专家间的相互扶持与共同提升。

构建激励体系。可通过设立激励体系，激发农村科技专家的进取心与创新能力。该体系可涵盖科技革新奖、专利奖励等多重奖项，旨在为科技专家提供创意思维的激发与前进的动力，促使其持续不懈地追求进步与突破。

创立科技创新培育平台。探讨构建服务于农村科技专业人才的创新培育基地，旨在为这些专家提供一个集创业孵化与扶持于一体的环境。该平台应涵盖办公场所的配备、资金链的接入、技术资源的共享等多种服务项目，全方位助力科技专家实现其创新项目的商业化进程，助推创业愿景的达成。

6.3.3.3 强化人才培养提升沂蒙老区返乡创业者的自主式协同能力

设立乡村创业者教育平台。考虑创立一个专注于乡村返乡创业者的教育机构，旨在提供一套全面的培训及学习方案。该平台应依据创业者的具体需求，设计多元化培训课程，涵盖创业策略指导、市场分析技巧、财务管理知识等领域，旨在提升创业者创办企业和运营管理的综合能力。

吸纳外界专业人才。考虑引入外来专家资源，为重返乡村的创业者实施专业化教育与引导。这些专家能够依据创业者的具体需求，给予定制化的建议与辅导，助力创业者应对实际挑战，提升其创业技能及管理水平。

设立实践活动基地。考虑到返乡创业者的实际需求，可通过设立实践活动基地，为其创设参与真实生产运营的条件。此类基地的作用在于使创业者亲历实践操作过程，经由这一过程增强其专业技能与综合能力。

构建返乡创业者社群。探讨创立一个旨在服务农村返璞归真创业群体的交流与合作平台，如返乡创业者社群。此社群可通过筹办多样化的活动形式，如创业研讨会、创业者交流峰会等，为社群成员搭建沟通桥梁与合作契机，从而催化成员间的相互扶持与协同发展。

构建激励体系。考虑设立一套激励体系，旨在激发农村返乡创业者的进取精神与创新能力。该体系可涵盖诸如创业表彰、创新奖励等多元化奖项，旨在为创业者注入灵感源泉与前进动力，促使其持之以恒地追求进步与发展。

创立乡村创业培育平台。考虑设立面向农村返乡创业者的创业培育平台，旨在提供一个集办公环境、财务资助、专业技能辅导等多元化服务于一体的综合性援助体系，助力创业者圆梦启航。

6.3.3.4　强化人才培养提升沂蒙老区农村体力劳动者能力

设立专业技能培育中心。考虑创立专业技能培育中心，旨在为农村体力劳动者群体提供一套全面而系统的教育与培训平台。根据劳动者的切实需要，该中心可设计多元化的培训课程体系，涵盖诸如现代农业技术、机械设备操作、工作场所安全教育等多个维度，旨在提升劳动者的职业技能与综合能力。

聘请外来专业人士。可通过邀请外来专业人士，为农村体力劳动者实施专业化的教育与指导。这些专家能够依据劳动者的具体需求，提供定制化的咨询服务与指导，助力劳动者克服实际难题，提升其技能水平与综合素质。

设立实训基地。考虑到增强农村体力劳动者实践经验的重要性，可通过创立实训基地的方式，为他们搭建参与真实生产活动和动手实践的平台。此类基地的作用在于引导劳动者亲身介入生产过程，经由亲身体验与实践操作，不仅能增进其技能水平，亦能提升综合能力。

构建农村劳动力联合会。探讨创立一个旨在服务农村体力劳动者的联合会，为其搭建沟通与协作的桥梁。此类联合会可通过举办多样化的活动，如技艺比拼、技能分享研讨会等，为成员创造交流及合作的契机，从而增进劳动者之间的互帮互助与协同发展。

构建激励体系。考虑设立一套激励体系，旨在激发农村体力劳动者的进取心及技能提升。该体系可涵盖技能比武奖励、杰出劳工奖等多重奖项，旨在为劳动者注入灵感与动力源，促使其持续不懈、追求进步。

设立职业引导组织。考虑创立职业引导机构，旨在为农村体力劳动者群体提供全面的职业引导与辅导服务。此类机构的作用关键在于协助劳动者深化对就业市场动态及现有就业政策的理解，通过开展职业咨询与技能培训，助力劳动者成功就业并促进其职业生涯的长远发展。

6.3.4 增强沂蒙老区产业融合主体自主协同能力的政策环境优化

6.3.4.1 优化政策环境提升沂蒙老区企业家的自主式协同能力

精简企业注册流程对于激励更多个体投身创业至关重要。为此，建议采纳诸如"五证合办""一网通行"等举措，旨在使企业注册过程更为简便、快捷。此类政策的优势在于能大幅度减少创业者在行政手续上所耗费的时间与精力，使之更专注于企业的成长与发展。

精简行政审查流程对企业运营至关重要。当前，企业活动面临诸多行政审查环节，这些程序复杂且耗时，不可避免地增加了企业的运营成本，进而影响其市场竞争力。因此，优化措施势在必行，旨在通过实施诸如"负面清单制度""单一窗口服务"等策略，营造一个更为便捷且高效的营商环境。此类政策有助于企业领导者聚焦于核心业务发展，减轻行政审批负担，从而控制成本并降低潜在风险。

实施政策激励措施，旨在缓解农村企业家遭遇的资源稀缺与政策扶持不足等挑战。具体策略涵盖税收减免、融资便利化及土地使用权优惠政策，旨在促进农村企业家更顺畅地获取必要的资源与支持。税收减免旨在减轻企业家的税负压力，提升盈利空间；融资便利化措施有助于企业家更便捷地获得贷款与投资机会，加速企业成长步伐；土地使用权的优惠政策则便于企业家扩展业务规模，获取宝贵的土地资源。上述措施共同作用，旨在赋能农村企业家，增强其市场竞争力。

构建创新支持体系。面对农村企业家遭遇的技术贫乏与创新力短板，亟须搭建创新平台以促进其成长与发展。这包括设立创新中心、创新实践基地及创新孵化园区等多元化平台，旨在为农村企业家导入创新资源与强化扶持力度。创新中心致力于提供科技服务与咨询辅导，协助企业家克服技术障碍；

创新实践基地配置实验室及工作坊等实体设施，为企业家的创意实验活动奠定基础；而创新孵化园区则配备孵化器及办公区域，为初创企业提供优质成长环境。

提升政策传播效力。鉴于政策信息公开度不高及宣传力度不足等因素，众多农村创业者难以获取有关政策优惠与扶持措施的信息。为了促进农村创业者的成长，必须加大政策传播的力度。建议运用多元化的媒介平台，涵盖互联网、电视媒介、报纸刊物等，向农村创业者普及政策资讯，助力他们更充分地利用政策资源。此外，组织专项政策培训研讨会和经验交流活动，将有助于加深创业者对政策优惠及扶持政策的理解与应用。

构建政策监管体系。鉴于现行体系中存在监督乏力与执法松弛等问题，致使众多政策未能得到有效贯彻，引发政策资源的无效消耗。为了升级政策实施的生态环境，亟须构建一套完善的政策监管体系。这一体系应当涵盖设立专门的政策监管机构，负责监控政策执行进程，以保障政策资源配置能精准赋能农村企业家的成长路径。同时，建议建立健全政策效果评价机制，通过科学评估政策执行成效，提升政策执行的效能，确保政策扶持资源能够更加高效地服务于农村企业家的发展需求。

6.3.4.2 优化政策环境提升沂蒙老区科技专家的自主式协同能力

强化科技创新资金支持。当前，资金限制问题严峻，尤其体现在农村科技专家的创新活动中，因投资不足而受到制约。为了激活并维持这些专家的创新能力，亟须提升科技投入的水平。实现这一目标的路径多样，涵盖政府财政直接投入、引导社会资本投入农村科技领域，以及构建全面的资助体系来支撑农村科技专家的科研实践。此外，建立健全科技激励机制，以正面鼓励的方式促进农村科技专家投身创新工作，进一步提升其创新能力，也是至关重要的措施之一。

构建科技创新载体。鉴于当前平台及机遇的缺失，众多农村科技专家面临科技交流与合作的障碍，其创新潜力受到制约。因此，亟须创建一系列科技创新平台，旨在赋能农村科技专家的创新能力。具体而言，可通过设立科技创新中心、科研实践基地及创新孵化园区等形式的平台，为农村科技专家搭建起沟通合作的桥梁，全方位促进其创新实践的发展。

提升知识产权保障力度。过往，因知识产权保护乏力，众多农村科技工作者的创新努力未能获得充分的认可与保护，从而制约了其创新能力的发展。为了激发并支持农村科技工作者的创新潜力，强化知识产权保障体系成为当务之急。这包括构建一套完善的知识产权保护机制，用以捍卫农村科技工作者的创新成果，激励他们投身于创新实践。此外，建议设立知识产权交易市场，以便农村科技工作者能更高效地转化其创新成果，获取更为丰厚的回报与认可。

推动科技成果的实际应用与转化。当前，面临转化渠道稀缺及机会不足的问题，众多致力于农村科技研究的专家难以将其创新成果具体化为产品与服务，这一现状无疑制约了其创新潜能的发挥。为有效赋能农村科技工作者的创新能力，构建科技成果向现实生产力转化的桥梁显得尤为重要。可通过建立健全成果转化机制，助力农村科技专家将自己的科研成果转化为实用性强的产品与服务，为他们的创新实践提供有力支撑。此外，设立专门的科技成果转化基金亦是关键举措之一，旨在为农村科技工作者的科研活动注入资金血液，加速科技成果的市场化进程及商业化应用。

构建科技创新人才培育体系。鉴于当前农村科技专家面临培训与教育资源匮乏的问题，其创新潜能受到制约。因此，亟须创立一套旨在提升农村科技专家能力的培养机制。具体措施可包括设立专业培训机构及教育项目，为农村科技专家拓宽学习和发展渠道，以强化其在创新领域的实践能力。此外，建议实施高端科技人才引入策略，吸引更多顶尖科技人才投身农村科技创新事业，形成人才梯队，共同促进农村科技专家的创新活动发展。

构建政策监管体系。鉴于现行体系中存在监督缺失及执法不力等问题，诸多政策执行受阻，致使政策资源配置未能充分发挥效用，造成资源浪费。

因此，优化政策环境的关键在于构建一套完善的政策监管体系。具体措施可包括设立专门的政策监管机构，负责监控政策执行进程，以确保政策资源能有效赋能于农村科技专家的创新实践活动。此外，建立政策效果评估机制同样至关重要，该机制旨在检验政策执行成效，从而不断提升政策执行的效能与质量。

借助这些举措的执行，能够有效地优化政策生态系统，为沂蒙老区的农村科技专家创新活动创造出更优质的环境及资源支撑体系。此外，建议构建一个系统化的监督与评估机制，以此来持续性地精进并完善上述措施，旨在达成更加显著的成效。

6.3.4.3　优化政策环境提升沂蒙老区返乡创业者的自主式协同能力

构建返乡创业辅导体系。鉴于缺少必要的引导与扶持，大量重返乡村的创业者难以获取充分的指导与支持，这对其创业能力构成了限制。因此，为了加强返乡创业群体的创业能力培育，迫切需要构建一套创业辅导机制。具体而言，可通过设立创业辅导中心，为这些创业者提供系统性的创业辅导与支持服务，助力他们更有效地启动和运营创业项目。同时，创办创业培训学校也是至关重要的补充措施，旨在通过专业的培训和教育课程，进一步赋能返乡创业者，全面提升其创业实践能力。

实施政策激励措施。鉴于目前农村返乡创业者面临的政策扶持与优惠缺失问题，导致其在获取必要资源与支持上受到局限，从而制约了创业活力。因此，为了提振农村返乡人员的创业潜力，应当推行一系列政策激励举措，涵盖税收减免、融资便利化、土地使用权优惠等领域，旨在全方位赋能农村返乡创业活动。此类政策干预有助于创业者更有效地聚拢资源、享受政策红利，进而增强其创业实践的能力。

为解决农村返乡创业者面临的资金短缺及投资不足等难题，提升其创业活力，建立专项创业基金显得尤为重要。该基金旨在通过多元化渠道，涵盖政府财政拨款与社会资金募集等方式，为农村返乡创业活动提供坚实的资金后盾。此举将有效助力返乡创业者克服资金障碍，增强其创业项目的可行性和成功率，进而促进乡村经济的振兴与发展。

构建创新创业平台。鉴于当前农村地区返乡创业者面临的创业空间与平台匮乏问题，这直接制约了他们的创业活动开展与能力施展。因此，为有效赋能农村返乡创业群体，亟须创立专门的创新创业空间。通过搭建此类空间与平台，旨在为返乡创业者拓宽实际操作的物理环境与资源对接渠道，全方位助力他们的创业实践。

构建返乡创业网络。鉴于农村回归创业者面临的网络与资源匮乏问题，这显著制约了其创业潜力的发挥。为有效赋能这批创业者，建立一个健全的创业网络显得尤为重要。应着手创立专门的网络平台，旨在为农村返乡创业者拓宽数字与实体资源渠道，全方位强化他们的创业实践能力。

构建政策监管体系。鉴于现行体系中存在监督乏力与执法松弛等问题，诸多政策未能得到有效贯彻，致使政策资源配置出现浪费现象。为了进一步完善政策环境，亟须构建一套全面的政策监管体系。具体而言，可设立专门的政策监管机构，负责监控政策执行进程，以确保政策资源能精准赋能于农村归乡创业群体的创新创业实践。此外，建议建立健全政策评估机制，系统评价政策执行成效，以此提升政策执行效能及质量。

6.3.4.4　优化政策环境提升沂蒙老区农村体力劳动者的劳动能力

强化劳动力保护措施势在必行。当前，众多乡村体力劳动者面临不公正对待及恶劣工作条件的困扰，这不仅制约了其劳动效能的发挥，也凸显了劳动保护缺失的问题。因此，加强劳动保护成为提升乡村体力劳动者福祉的关键。具体而言，可通过制定并执行劳动法律法规，构筑起维护乡村体力劳动者权益的坚固屏障，以确保持有公平薪酬及安全作业环境的权利。此外，建立健全劳动监察与执法机制，对侵犯劳动者权益的行为实施有效监管与干预，亦是保障乡村体力劳动者利益不可或缺的一环。

　　鉴于技能培养的缺失，大量乡村体力工作者面临技能与知识的匮乏，从而制约了其劳动效能的提升。为了强化乡村体力工作者的劳动力，实施技能提升课程显得尤为重要。可通过创立专门的技能培训中心，针对乡村体力工作者进行教育与训练，以强化其劳动实践能力。此类培训举措旨在深化参与者对技能及知识的掌握程度，进而促进其劳动能力的增强。

　　提升就业容量成为解决农村劳动力就业难问题的关键。目前，大量农村体力劳动者面临就业机会稀缺的困境，这直接制约了他们的工作稳定性和收入来源，进而阻碍了其劳动潜能的充分发挥。为了有效赋能农村体力劳动者，亟须拓宽就业渠道。具体策略上，可通过加强基础设施建设、促进农业及涉农产业升级等多种途径，为农村体力劳动者创造更多就业机会，以实际行动支撑其劳动实践。

　　实施社会保障措施是至关重要的，因为当前农村体力劳动者面临的社会保障缺失，严重阻碍了他们获取必要的医疗保障、养老金等福利，进而制约了其劳动效能的发挥。为了提振这一群体的劳动能力，应当着手构建全面的社会保障体系。具体而言，推行有针对性的社会保障政策，旨在为农村体力劳动者普及医疗保健服务、建立养老金制度等，以此作为增强其劳动参与度和生产能力的有效支撑。

　　构建劳动力市场体系。鉴于目前农村体力劳动者面临的劳动力市场缺失问题，导致他们难以获取充分的就业信息及机会，从而制约了其劳动潜能的发挥。为有效赋能农村体力劳动者，亟须建立健全的劳动力市场体系。通过设立专门的劳动力市场平台，旨在为农村体力劳动者开辟更多的就业信息渠道与工作机遇。

　　构建政策监管体系。鉴于现行体系中存在监督乏力及执法松弛等问题，诸多政策未能得到有效贯彻，致使政策资源配置出现浪费现象。为了进一步完善政策执行环境，亟须构建一套政策监管体系。具体而言，可设立专门的政策监管机构，负责监控政策执行进程，以确保政策资源能精准高效地服务于农村体力劳动者的工作实践。同时，建立政策效果评估机制，系统评价政策执行成效，以此提升政策执行的效能与质量。

6.3.5 增强沂蒙老区产业融合主体品牌建设的探讨

依据品牌管理的根本理论，可从六个方面来强化品牌建设，从而增进沂蒙老区产业融合主体的自我协同创新能力：构建品牌策略、提升品牌识别度、塑造品牌识别度、维护品牌权益、持续创新及改进，以及组建品牌管理团队。

（1）构建品牌战略，是加强品牌建设的基础举措。涉及农村企业家、科技专业人员、返乡创业群体等多方主体，需明晰自身的品牌定位、瞄准的市场板块及核心竞争力，从而细化出一套品牌战略方案。此方案应涵盖品牌命名、标识设计、宣传标语、品牌叙事等多个维度，且须与企业所提供的产品、服务及企业文化保持内在统一。在策划阶段，务必进行市场调研及竞争对手分析，洞悉目标市场的实际需求与竞争态势，同时深度融合企业自身的优势特质，精准定位竞争优势与市场位置。唯有透彻理清品牌战略蓝图，方能更高效地推进品牌建设进程。

（2）提升品牌识别度，是加强品牌建设的核心环节。农村企业家、科技专业人员、返乡创业群体等主体可采纳多种策略以增进品牌识别度，例如，参与展览会展示、投放广告、积极融入各类活动，以及利用社交媒体平台进行宣传推广。此外，通过提供卓越的产品与服务来赢得良好口碑，亦是提升品牌认知度的有效途径。在此过程中，关键在于精选符合自身特性的宣传渠道与方法，并保持推广活动的持续性与维护工作。同时，应密切关注市场反馈及消费者评价，持续优化并调整品牌推广策略，以实现最佳效果。

（3）塑造品牌识别度，是巩固品牌构建的关键环节。涉及农村企业家、科技专业人员、返乡创业者等主体。需采纳多元策略来构建品牌识别，诸如设计富有特色的品牌标识、编织品牌故事、培育品牌文化等；亦需借助产品外包装、店铺装潢、职工制服等形式，将品牌识别具体化，促使消费者能更深层地记忆并接纳该品牌。在这一过程中，确保品牌识别的连贯性与统一性，及其与企业文化及核心价值的契合，至关重要；同时，应持续精炼并升级品牌识别，以适应当下市场动态及竞争挑战。

（4）维护品牌权益，是巩固品牌建设不可或缺的一环。涉及农村企业家、科技专业人员、返乡创业者等多方主体，他们应当通过注册商标来确保自身的品牌权益得到保障，同时，持续监督市场动态，以防范其他企业的商标侵权行为。一旦察觉到侵权情况，迅速诉诸法律途径，捍卫自身品牌权益。在此过程中，关注商标注册的具体流程及标准要求，以及商标有效期与续展步骤显得尤为重要；此外，还需重视市场与竞争者的动向监测，确保能即刻采取合适的法律行动，维护品牌权益的完整性。

（5）持续创新及改进，是强化品牌力建设的恒久议题。涉及农村企业家、科技专家、返乡创业者等多方主体，他们必须不断地对产品及服务进行创新与改良，以期贴合消费者的多元化需求。此外，优化品牌策略与塑造鲜明的品牌形象亦是应对市场动态及竞争挑战的关键。在此过程中，留意市场趋势的变迁、消费者偏好的转移，以及自身企业的核心竞争力与特色显得尤为重要。同时，强化员工队伍的创新能力培养与创新意识提升，是确保企业能够持续健康发展的必经之路。

（6）组建品牌管理团队，是增强品牌建设不可或缺的一环。涉及农村企业家、科技专家、返乡创业者等多方主体，需成立专门负责品牌管理的团队，该团队需承担规划及实施品牌策略、监管品牌形象、观察市场动态、推进品牌宣传及保养等重任。同时，团队成员关于品牌管理的技能与知识需不断通过培训进行提升，旨在提升品牌建设的成效与层次。构建此专责小组时，需重视组员的专业素养与实战经验，以及团队内部的架构设置与职责分配。此外，应持续优化团队工作流程与管理模式，以此增进工作效率并提升品牌建设的总体效能。

基于自主式协同创新的沂蒙老区
农村产业融合平台研究

本章首要任务是概述沂蒙老区农村产业融合的主要平台类别，具体涵盖产业园区、农产品电子商贸平台、农业科技研发平台及综合性服务平台等领域。随后，从三个维度——特性优势与缺陷、影响要素、发展路径，系统剖析了沂蒙老区农村产业园区、农产品电商交易体系、农业科技创新体系和综合服务框架的建构与发展逻辑。

特别地，在考察沂蒙老区农村产业融合平台的实际状况环节（参见本书附录中第九部分至第十二部分），鉴于该平台的特点、优势及影响要素表现得较为突出，我们未采纳统计学分析或计量经济学分析等量化手段进行深入探讨，而是聚焦于对其现状进行全面而系统的总结，并据此提炼出关键的发展策略路径。

7.1　沂蒙老区农村产业融合平台的主要类型

产业融合平台概念涉及一种机制，它旨在汇集多样化的行业资源，推动跨行业间的协同增效，以达成供应链的优化革新及发展创新。此平台形态多元，既可实体存在（如产业园区），也可为虚拟形态（如农产品电子商务平台、农业科技研发交流平台或综合性农村综合服务枢纽平台等）。

（1）产业园区的概念涉及在某一特定地理区域内，通过政府或企业的资金投入来创建一个企业集群。这个集群汇集了相同或相关行业的企业，旨在形成一个规模化、产业链条完整、科技创新活跃且生态友好的产业聚集区域。

沂蒙老区当前存在着若干农业产业园设施，其确切数目可能会依据时间跨度与数据来源的变化而有所波动。依据最新的临沂市政统计数据，直至2023年为止，该区域已成功筹建了12座大规模的农业农村产业园，涵盖了如沂蒙老区农业科技园、沂蒙老区生态农业示范园区、沂蒙老区综合性农业产业园区及沂蒙老区观光农业园区等，这些园区广泛涉足食品加工制造、深层次农产品加工处理以及动植物繁育等多个业务范畴。此外，还有众多私营企业实体与农民合作社在沂蒙老区自发兴办了一批规模较小的农业产业园项目。

产业园区的核心特征概括为以下几点：第一，产业集成性。园区内部集结了同质或关联行业的企业群体，构建了一条龙式的产业链条，有力推动了产业间的协同与互补发展。第二，集群效益优势。共享园区提供的基础设施与公共服务体系使入园企业能够有效降低成本、提升运营效率，展现了规模经济的优势。第三，创新驱动机制。通过园区平台促进技术互动与联合研发项目，企业得以携手共进，在技术革新领域取得突破，增强了产业的整体竞争实力。第四，绿色发展理念。在园区规划与建设的全过程中，秉持生态优先的原则，力求最小化对自然环境的影响，探寻产业发展与生态保护的和谐共生之道。

（2）农产品电子商务平台，特指一种专注于农产品销售的电子商业环境。通过运用互联网、移动互联网等当代信息技术工具，该平台直接桥接生产者与消费者，促成了农产品的线上交易过程。

沂蒙老区存在着多种农产品电子商务平台，其中表现较为突出的有以下几家：第一，沂蒙老区农村电子商务平台，此平台由沂蒙老区政府主持构建，主要服务对象为本地农户，提供在线农产品交易、农业科技咨询服务等。其优势在于政府信用加持，信誉度高，但受限于服务地域范围，平台流量或非顶尖水平。第二，山东省好农场平台，由省农业主管部门创立，覆盖全省农村区域，自然也包括沂蒙老区在内。该平台的优势在于规模宏大，商品种类繁多，然而，因服务于全省范围，对于满足特定地区农产品的个性化需求可能存在局限。第三，当当网设立的沂蒙老区农村旗舰店，专注于为本地农户提供本地区特色农产品的线上销售渠道。该平台得益于品牌广泛的市场影响力，不过，同样因为服务范围集中，可能导致平台访问量不高。第四，"淘宝村"项目，即淘宝网在沂蒙老区实施的农村电子商务计划，旨在为本地农户提供农产品在线交易及农业科技咨询服务等多元服务。

农产品电子商务平台的核心特征体现在以下方面：第一，直接销售机制。此平台上展示的农产品多直接源自农户或农业生产第一线，有效规避了中间商介入的成本累加。第二，销售范围广域化。利用互联网平台的优势，农产品销售打破了地域限制，实现了全国乃至更广阔市场的覆盖。第三，信息公开透明化。平台常规性地详尽披露了农产品的来源地、生长培育过程及品质标准等信息，显著增强了消费者的购买信心。第四，购物流程便捷高效。消费者能够在家即完成农产品选购，而物流配送则由平台统一负责，极大提升了购物的便捷性和满意度。

（3）农业科技创新体系，旨在推进农业科技创新，通过构建一个综合平台，实现科研资源在农业领域的汇聚，加速科技成果向实际生产力的转化，驱动农业向数字化与智能化转型。此举旨在提升农业生产效能，促进农业科技的进步及现代农业形态的实现。

沂蒙老区的农业科技创新体系涵盖了多个核心平台，包括：第一，山东农业大学沂蒙研究机构，该机构集中研究农业科学创新及技术改进，为区域农业发展提供科学指导与技术服务，涉及作物遗传改良、土壤与水资源保护及综合性害虫管理等多个层面；第二，沂蒙生态农业高科技园区，此园区着重于生态农业的推进与普及工作，融合现代科技手段与传统农耕智慧，核心业务包括有机农作物培植、畜禽饲养管理以及农产品的深加工与市场推广；第三，沂蒙地区农业高新技术产业的领头企业，专注于农业高新技术的研发、成果转化与应用实践，特别是在种子科学、现代农业机械装备及智能化农业系统方面，旨在推动农业生产能力和效率的双重提升；第四，沂蒙现代农业示范区，此示范区展示了前沿的现代农业技术和实践案例，为农户学习新型农业技术及应用提供了实地观摩的平台，其重点领域有精准农业操作、保护性农业措施及高效节水灌溉技术；第五，沂蒙农业大数据管理中心，该中心侧重于农业数据的采集、解析与实战应用，利用物联网（IoT）、人工智能（AI）及云计算等先进技术手段，以增强农业生产的智能化水平和环境可持续性。

农业科技创新体系的核心特征体现在以下方面：第一，技术赋能。该平台汇聚了广泛的农业科技研究资源，为农业生产活动注入技术动力，加速农业科技创新进程。第二，成果应用转化。通过提供专门的成果转化服务机制，该平台助力科研成果向市场化迈进，驱动农业产业的结构升级。第三，数字智能化推广。利用大数据分析、人工智能等先进技术，平台促进农业领域的数字化与智能化转型，提升生产效能，实践精确化农业管理。第四，协同开放创新。倡导开放合作的文化，平台通过跨领域合作、知识共享等策略，加速农业科技创新的循环迭代发展。

（4）综合性农村服务枢纽平台。这一枢纽特指一种集合性平台，旨在为乡村地区提供全方位的服务支持。通过融合政府机构、民间组织及企业界的多方资源与努力，该平台致力于向农村居民输送便捷服务，从而推动农村社区的经济社会发展与繁荣。

沂蒙老区的综合性农村服务体系涵盖了五个核心方面：第一，设立于地方层面的农村综合服务中心，旨在为农户提供多元化的服务，包含农技指导、农业生产资料供给、农产品市场对接、社会福利保障、医疗卫生顾问及法律知识咨询服务等。第二，农村电子商务平台的构建，该平台依托互联网技术，开辟了农产品线上销售的新路径，同时为城市消费者搭建了直达农村产品的桥梁。第三，农村金融支持体系的建立健全，具体涵盖农村信用社、村镇银行及农业发展银行等机构，为农村地区提供贷款、储蓄、保险和支付等一系列金融服务，有力支撑了农业增产与农村经济的发展。第四，农村社区自发型服务平台的兴起，这是由村民自发组织形成的社区服务平台，专注于提升乡村居民生活质量，提供家政、养老、幼教等生活服务，增强了社会福祉感和满意度。第五，农业科技推广与应用平台的建立，这一平台由农业科研单位、高等教育机构及企业合作构建，旨在将农业科技成果转化并应用于农业生产实践，推动农业现代化进程。

综合性服务枢纽的核心特征体现在以下方面：第一，多元化服务供给。该平台涵盖了医疗健康、教育培养、职业发展与创业指导、财政援助及日常生活便捷服务等多个领域，旨在满足农村居民多样化的需要。第二，便捷化的服务获取途径。通过线上操作，居民能够在家中轻易获得各项服务，大大增强了服务的可及性和便利度。第三，资源整合机制的创新。平台有效汇聚了政府机构、社会团体及企业界等多方面的资源与力量，促进了服务资源的高效整合与优化配置，提升了服务的效能与水平。第四，智能化服务模式的推广。利用大数据分析、人工智能技术等现代科技工具，平台正推进服务的智能化进程，以实现个性化的服务定制，增强用户的体验感受。

7.2 沂蒙老区农村产业园区研究

7.2.1 沂蒙老区农村产业园区的优势、不足

沂蒙革命老区农村产业园区的优越性主要体现在以下三个方面：第一，资源禀赋优势。沂蒙老区坐拥丰富的农林水资源，包括水土保持与生态农业资源等，为产业园区的培育和发展奠定了坚实的自然基础。第二，政策扶持优势。地方政府制定实施了一系列优惠性政策措施，例如，税收减免、资金补助等，为产业园区的兴起创造了有利的政策环境。第三，市场接近优势。鉴于沂蒙老区地理位置邻近济南、青岛等大中型都市，沂蒙老区享有巨大的市场潜力，为产业园区产品的营销开辟了宽广的市场渠道。

沂蒙老区农村产业园区存在的问题体现在以下几个层面：第一，基础设施建设滞后。受限于沂蒙地区的地理条件及基础设施局限，园区在交通网络、信息通信、能源供应等方面的基础建设可能存在短板。第二，创新技术能力薄弱。部分产业园区亟须加大技术创新力度与研发投入，以增强产品的市场竞争力。第三，环保挑战显著。随着产业园区在农村地区的建设和扩张，其对周边自然环境的影响不容忽视，强化环保意识与可持续发展策略，防止生态环境受损，成为当务之急。

7.2.2 沂蒙老区农村产业园区高质量发展的影响因素分析

（1）在推动高质量发展的进程中，政府的政策扶持扮演着至关重要的角

色。通过规划相应政策体系、注入财政资源及完善基础设施构建，政府大力驱动了农村产业园区向更高水平的发展迈进。以沂蒙老区为例，一系列旨在激励农村产业园区成长的政策已相继颁布。其中包含了一系列激励措施，例如，鼓励企业向园区内投资与创办新企业，以及实施税收减免、加速土地使用权流转等优惠策略，均为吸引投资、激发园区活力的有力手段。此外，政府亦致力于搭建交通、通信及能源等基础设施框架，为农村产业园区的稳健发展奠定了坚实的物质基础。

（2）科技革新是推动高质量发展的关键动力。农村产业园区可借由融入前沿技术、实施技术教育及推进研发创新等路径，提升产业链的技术层次，从而达成高质量发展目标。以沂蒙老区为例，部分企业已通过科技革新实践了高质量发展路径。具体而言，某些农业企业通过引入现代化的种植与养殖技术，不仅提升了农产品的品质，还增加了产量。此外，还有企业通过产品创新研发，推出了一系列具备市场竞争力的商品，涵盖了生物能源、新型材料等领域。

（3）产业构造的优化升级是达成高质量发展不可或缺的一环。农村产业园区借由重组产业架构、推动产业层级提升及延长产业链等手段，能够增强产业链的整体竞争力，从而实现高质量的发展目标。以沂蒙老区为例，部分农村产业园区已成功通过产业构造的优化实践了高质量的发展路径。具体而言，一些产业园区通过培育特色农业、深化农产品加工及开拓农业旅游等领域，促成了产业构成的改善与升级。此外，还有产业园区通过扩展产业链条，例如，涉足农业物流服务、发展农村电子商务等策略，有效提升了产业链的市场竞争力。

（4）资源的高效集成与优化构成了高质量发展的坚固基石。在农村产业园区的范畴内，通过构建协同创新体系，加强企业、科研机构及高等院校间的协作，可以促成资源的优化配置与共享机制，进而提升产业链的整体效能，推动高质量发展的实现。以沂蒙老区为例，若干农村产业园区已成功借助资源集成路径达成了高质量发展目标。具体而言，这些产业园区通过与科研机构及高校构建合作伙伴关系，携手开展新产品的开发与技术革新。此外，部分产业园区通过设立协同创新机制，促进了企业间的资源共享与合作联动，有效提升了产业链的运作效率。

（5）文化建构被视为推动高质量发展的坚固基石。农村产业园区可通过设立文化设施、弘扬地域文化和培养专业人才等策略，提升文化内涵，为产业链的持续健康发展注入动力。以沂蒙老区为例，部分产业园区已成功借助文化建构的路径实现了质的飞跃。具体而言，一些产业园区通过搭建博物馆、展览馆等文化展示平台，有效地展现了本地文化的独特韵味及深邃的历史积淀。此外，还有产业园区通过倡导传统节庆及手工艺术等文化传承活动，显著增强了区域的文化吸引力。在此过程中，人才培养作为高质量发展的核心要素，不容忽视。农村产业园区应重视通过教育培训等手段，培养一批兼具技术才能与管理智慧的人才队伍，为产业链的长远发展奠定坚实的人力资源基础。

除此之外，沂蒙老区农村产业园区的高品质发展还会受到若干额外因素的制约。这些因素涵盖了市场的需求动态、环境保护的责任担当以及企业应当肩负的社会责任等方面，均是规划与执行过程中不可忽视的关键考量点。

7.2.3 沂蒙老区农村产业园区高质量发展的路径选择

目前，沂蒙老区的农村产业园区正面临着基础设施建设滞后、技术革新动力不足及环境保护挑战严峻等难题，这些因素共同制约了园区向更高水平发展的步伐。为了促进沂蒙老区农村产业园区的可持续发展与质量提升，应采纳如下策略：

（1）强化政府扶持力度，深化园区与政府的协同作用。作为宏观调控的关键实体，政府在引领沂蒙老区农村产业园区向高质量发展迈进中扮演着不可小觑的角色。首要之举是加大对基础设施建设的投资力度，加速交通网络、能源供应及水利设施等基础建设步伐，从而提升农村产业园的基础硬件设施水平。接着，政府应通过政策措施和财政激励等手段，激励企业加大技术研发投入，增进其技术创新实力。此外，构建全面的环境保护体系，强化环保监管力度，推动产业向绿色低碳转型亦是政府的重要职责。在此基础上，农村产业园应与政府构建合作伙伴关系，积极参与政府主导的农业科技革新项目及政策拟定过程，以期获得更多的财政资助与政策利好。同时，遵守政府设定的规范及标准，是确保产业园区运作高效顺畅的必要条件。

（2）推动高级技术的引入，以强化产业园区内在的协同创新体系。沂蒙老区的农村产业园区可借由吸纳先进科技的路径，升级产业链的技术层次，迈向高品质的发展轨道。具体措施涉及与高等院校、科研机构等建立合作伙伴关系，引入尖端技术，增强企业的自主研发能力；亦可通过参与国内外展览会、学术研讨会等活动，紧跟技术前沿动向，促进技术的互动与合作。在此过程中，重视技术的适用性和操作便捷性至关重要，以防盲目引进带来的风险。此外，构建农村产业园区内部的协同创新网络，激励企业间的协作与沟通，共同探求创新与增长的契机，此举将有效提升园区的总体创新能力及竞争优势。

（3）实施环保创新策略。面对环境保护的严峻挑战，沂蒙老区农村产业园区应当采取环保创新举措，推动产业向绿色低碳方向转型。具体措施涉及两个方面：一是开发与运用最新环保科技，例如，循环经济模式、清洁生产流程等，以提升企业环保效能，确保生产过程的绿色化；二是构建环保基础设施体系，包括废水净化装置、废弃物管理系统等，强化生态环境管理，促进绿色可持续发展。在此过程中，必须兼顾成本控制与经济效益分析，防止出现缺乏经济考量的过度环保行为。

（4）优化园区与企业的协作机制，加强园区内产业链的整合效应。建议产业园区积极探索与其他企业的合作伙伴关系，携手开创业务新模式及发掘市场新机遇。通过这种协同，产业园区不仅能拓宽其业务领域，还能有效提升市场竞争力。以沂蒙老区农村产业园为例，可通过强化产业链间的合作联系，促成资源的优化共享与集体创新。实施策略上，可倡议构建产业链合作联盟，作为促进企业间互动与共赢的平台。同时，巩固与产业链上下游企业的长期战略联盟，以实现资源的高效配置与产业链整体竞争力的飞跃。在此过程中，务必重视合作的平等原则与互惠互利的本质，规避单向依赖风险，确保可持续的合作生态。

（5）专业人才的培育及农村产业园区与高等院校、科研机构的合作伙伴关系深化。首先，关于专业人才的系统培养，沂蒙老区的农村产业园区应当致力于扩容其专业人才库，旨在提升企业的管理水平和技术应用能力。实现此目标的途径包括：与高等院校、专业培训中心构建合作机制，联合举办专题培训班以孵化更多具有专业技能的人才；同时，积极吸纳外来专业人士，引入高级技术知识与管理智慧，以此增强企业的综合竞争力。在此过程中，务必确保人才培养计划的导向性与实用性，规避无效培训的现象。其次，农村产业园区应拓宽与高等教育机构及科研单位的合作领域，共同投身于农业科技的创新项目，旨在升级产业园区的技术革新力。此类合作不仅能为园区带来科研机构的专业技术支持与人力资源，也为学术界提供了实践探索的基地与市场反馈的机会，形成互利共赢的局面。

（6）提升农村产业园区的市场推广效能。为了扩大其市场辐射力，产业园区应当致力于强化市场推广能力。这包括运用多元化渠道宣传及策划线上线下相结合的活动，以增强公众对产业园区的认可度及信赖感。此外，构建全面的市场调研机制对于产业园区而言同样至关重要，旨在深入洞察市场需求趋势与竞争态势，从而实现产品与服务的精准定位。

（7）持续提升农村产业园区的基础建设与生态环境。为了营造更优良的生产和生活环境，产业园区应当不断地完善其基础设施建设和环境优化工作。通过部署智能及数字化基础设施，产业园区可望实现生产效能与管理水平的双重提升。此外，重视环境保护及可持续性发展，构建绿色低耗的生产环境，同样是农村产业园区不可或缺的发展方向。

7.3　沂蒙老区农村农产品电商平台高质量发展研究

7.3.1　沂蒙老区农村农产品电商平台的优势、不足

沂蒙老区农产品电子商务平台的优势分析如下：第一，销售渠道的拓宽。该平台使沂蒙老区农产品能够触及更宽广的市场领域，有效扩大销售路径。第二，产品价值的提升。通过精细展示农产品的独特属性与优势，电商平台有助于增强沂蒙老区产品的市场认知度与附加值。第三，农民收入的增长。该平台为沂蒙老区农民提供了更为直接且高效的销售渠道，助力其实现农产品销售增长，进而增加个人及家庭收入。

关于沂蒙老区农产品电商平台存在的问题探讨如下：第一，竞争态势激烈，该地区农产品电商平台面临全国性同类平台的强劲挑战，亟须提升自身竞争优势。第二，产品品质参差，鉴于农产品固有的变异性，即便是同类型产品，由不同农户生产可能展现出差异化的质量表现，强调了加强质量监管的必要性。第三，物流配送短板，受地理位置偏远及基础设施局限，物流服务成为潜在瓶颈，要求持续优化物流配送系统以克服现存障碍。

7.3.2　沂蒙老区农村农产品电商平台高质量发展的影响因素分析

（1）在推动农村电商平台的高品质前行中，政府的政策扶持扮演着关键角色。通过规划相应政策框架、注入财政资源及加强基础设施构建，政府能

有效促进此类平台的提升与发展。以沂蒙老区为例，地方政府已颁布多项政策措施，其核心在于激励农村电商的壮大，涵盖了搭建农村电商公共服务中心、推动电商技能培训普及等诸多方面。

（2）技术革新对于推动农村电商平台上乘发展至关重要。为了促进此类平台的持续优化与演进，应当不断地开展技术革新活动及系统升级。这包括采纳前沿技术、推动自主研发等策略，旨在提升平台的技术实力，优化用户体验，从而增强其市场竞争力。以沂蒙老区为例，若干农村电商平台已通过技术革新路径达成了高质量发展的目标，具体实践包括运用人工智能、大数据分析等高科技工具来实现营销的高精度定位与客户服务的智能化。

（3）为了促进农村电商平台的高品质发展，持续优化产业构造、延伸产业链条、增强平台竞争力成为必然趋势。这包括通过培育特色农业、深化农产品加工等领域的发展，来推动产业构造的优化转型。例如，在沂蒙老区，一些农村电商平台通过这一策略成功地提升了自身的发展质量，平台通过挖掘地域特色农产品资源、开拓农业旅游项目等途径，有效增强了平台的市场竞争力。

（4）推进农村电商平台的高品质发展，关键在于实现资源的高效集成与共享。这要求平台与供应商、物流服务商、支付系统等多方构建协作关系，以此提升资源使用的协同效应与平台的整体效能。以沂蒙老区为例，部分农村电商平台通过实施资源的集成策略，例如，携手本地农户共同培育特色农产品，展现了资源有效共享促进高质量发展的实践案例。

（5）提升农村电商平台的综合竞争力离不开其品牌影响力的增强与用户认知的深化。通过精心打造平台品牌、积极传播平台价值观念等举措，农村电商不仅能够提升自身品牌的行业地位，也能有效增进用户的认识与信赖。例如，在沂蒙老区，若干农村电商平台已成功借助品牌建设的路径实现了卓越发展，平台通过强化品牌标识和提升公众认可度，显著增强了平台的知名度和吸引力。

（6）农村电商平台的持续进步有赖于其服务品质的不断精进，旨在为用户提供更优越的体验。为此，平台可通过构建健全的客户服务机制、引入个性化定制服务策略等手段，来增强服务品质。例如，在沂蒙老区，部分农村电商已通过上述途径成功提升了服务品质，促成了高质量的发展态势，具体体现在平台建立了完备的客户服务体系，有效提高了用户体验。

7.3.3　沂蒙老区农村农产品电商平台高质量发展的路径选择

目前，沂蒙老区的农产品电商平台正面临多重挑战，包括平台间的激烈竞争、商品质量参差不齐及物流配送体系的不完善等，这些因素共同制约了平台的高品质发展进程。为了促进沂蒙老区农产品电商平台的可持续性提升与高端化发展，建议采纳如下策略：

（1）优化平台内部的协作创新体系。构建一个促进企业间合作与沟通的平台内部协作创新体系，旨在携手探索创新路径与发展机遇。该体系的建立不仅能够强化平台的整体创新能力，还对其提升竞争力具有积极作用。

（2）加强技术创新与服务模式创新。对于平台而言，技术创新是提升竞争力的核心要素。持续探索并应用新技术，对于增进平台的使用体验及竞争优势至关重要。平台应致力于技术与服务的持续优化，确保为用户提供更优质的体验。这包括引入先进科技手段与设施，对功能模块及操作流程进行精简与升级，从而提升平台运行效能与用户体验满意度。此外，构建一个健全的用户反馈系统，确保快速响应用户需求与问题，是提升用户满意度及培养用户忠诚度的有效途径。

（3）提升用户黏滞性。用户黏滞性对于平台维持用户长期互动及忠诚度而言至关重要。平台应采纳多元策略强化用户黏滞性，例如，构建完备的积分系统、贵宾会员制度等，旨在增进用户活跃度及忠诚度。此外，持续精进用户体验亦是不可或缺的一环，可通过个性化内容推送、精确市场推广等手段，升级用户的消费旅程及满意度。平台应搭建与农户间直接沟通的桥梁，使农户能更深切地融入平台的运维与管控中。借由与农户的紧密合作，平台能更精准地洞悉市场趋势及农户生产实况，从而提升其市场及商品定位的精确度。

（4）增强平台与物流企业的协同效应，精进物流配送服务。作为确保消费者购物体验的重要一环，平台须致力于物流配送体系的优化，旨在提升配送效能与精确度。这一优化进程中，平台可探索与物流企业构建合作伙伴关系、联手打造物流配送网络等途径，以期实现配送效率与精确度的双重提升。此外，构建一个健全的订单管理系统，对于确保订单的顺畅追踪与高效管理至关重要，从而巩固用户的购物体验质量。

（5）强化质量管理体系。质量控制构成了平台维护消费者购物体验的基石。平台应构建一套严密的质量管理体系，涵盖供应商的严谨审核与评估、商品的质检与监控等多个层面。在此基础上，平台还需建立健全的售后服务体系，确保消费者的权益得到充分保护，从而增强用户对平台的信任度及黏性。此外，平台应持续探索创新的质量管理方法与技术，旨在提升管控效率与精确度。

（6）增强平台规模效应。平台的规模大小是衡量其市场竞争力的关键指标之一。为了提升自身竞争力，平台应当致力于扩大其规模边界。这一扩张过程中，平台可采纳多元化策略吸引资本与合作方，通过多路径招商引入更多供应商及投资个体，进而实现规模与影响力的双重增长。同时，平台必须持续优化其运营管理架构，旨在提升运作效能与盈利潜力。

（7）强化品牌建构。品牌建构是提升平台认知度与影响力的核心策略。平台应采取多元化渠道宣传及综合线上下活动形式，加深用户对平台的认识与信赖。此外，建立健全的品牌架构体系，囊括平台视觉识别体系、品牌文化底蕴等，以塑造平台的整体形象与增强市场竞争力。在此过程中，平台需重视与竞争者之间的差异化定位策略，旨在凸显平台的独特性与特色优势。

7.4　沂蒙老区农业科技创新平台高质量发展研究

7.4.1　沂蒙老区农业科技创新平台的优势、不足

沂蒙老区的农业科技创新体系展现出若干显著优势。首先，农业资源的充沛性。作为中国核心农业生产区域之一，沂蒙老区坐拥丰富的农业资源，为农业科技研发平台铺设了广阔的实践舞台与创新天地。其次，研究能力的雄厚。沂蒙老区汇聚多家专注于农学科研的机构及高等院校，为农业科技创新平台注入强有力的研究动能与技术支持。最后，政策扶持的积极态度。地方政府对农业科技创新展现出的高度关注与支持，为这些平台的茁壮成长与未来发展构建了坚实的基石。

沂蒙老区农业科技创新平台存在的若干问题可归纳如下：首先，尽管已取得一定成就，但沂蒙老区农业科技创新平台的整体技术创新力尚待加强，部分依赖外部引进技术或借鉴国内其他区域成果，自主研发力量较为薄弱。其次，受地理位置、基础建设及市场需求等多因素制约，市场拓展活动面临挑战。最后，相较于一些发达区域，沂蒙老区的农业科技创新平台在高端技术人才与管理人才的配置上显得相对匮乏。

7.4.2　沂蒙老区农业科技创新平台高质量发展的主要影响因素

（1）政府扶持力度。在推动农业科技创新平台高品质发展的进程中，政府的政策扶持扮演着至关重要的角色。通过制定有益政策、注入财政资源及加强基础设施构建，政府能有效促进这些创新平台的进阶发展。以沂蒙老区

为例，当地政府已颁布多项政策措施，其核心在于激励农业科技创新的繁荣，举措涵盖了搭建农业科技创新公共服务平台、广泛开展农业科技教育培训等。

（2）科技革新。促进农业科技创新平台的高品质发展，关键在于持续推动科技革新与迭代升级。通过采纳前沿技术、深化自主研发等路径，这些平台能有效提升其技术水平，优化用户体验，进而增强市场竞争力。以沂蒙老区为例，若干农业科技创新平台已通过科技革新实践了高质量发展路径，它们运用人工智能、大数据等先进技术，成功践行了智慧农业与精准农业模式。

（3）产业构造的优化升级对于农业科技创新平台的高品质发展至关重要。这涉及产业结构的持续精进与扩展，以及产业链的延伸，旨在增强平台的整体竞争力。通过涉足特色农业、农产品深加工等领域，这些平台能够促进产业构造的优化转型。例如，在沂蒙老区，若干农业科技创新平台已成功借助产业构造的优化策略实现了高端化发展，具体措施包括推广地域特色农产品、开发农业旅游项目等，这些举措显著提升了平台的竞争优势。

（4）资源的集成与共享优化。推动农业科技创新平台的高品质发展，关键在于实现资源的高效集成与广泛共享。平台应积极构建与科研机构、高等教育机构及企业等多方的合作网络，以此促进资源的最优配置与协同利用，提升整体运作效能。以沂蒙老区为例，部分农业科技创新平台通过资源整合路径成功迈进了高质量发展阶段，它们通过与本地农户建立合作机制，携手开发具有地域特色的农产品，展现了资源集成与共享策略的有效实践。

（5）团体构建。促进农业科技创新平台的高品质发展，关键在于组建杰出的团体架构，涵盖研发部门、运营部门等多个方面。为了实现这一目标，平台应致力于吸纳顶尖人才、强化现有成员的能力培养，以此来锻造卓越的团队，增强平台的创新能力及市场竞争力。以沂蒙老区为例，部分农业科技创新平台已通过有效的团体构建策略，实现了自身的高品质发展，平台借助引入高素质人才的途径，成功提升了自身的创新能力和综合竞争力。

（6）市场导向下的创新需求。促进农业科技创新平台的卓越发展，关键在于紧密贴合市场需求，确保所提供的产品与服务能够精准满足用户诉求。平台可借助市场调研及用户需求分析等手段，洞悉市场需求动态，从而研发出与之相契合的创新解决方案。以沂蒙老区为例，若干农业科技创新平台正是通过紧抓市场需求的脉搏，实现了自身的高质量跃升。平台经由细致的市场调研活动，定制开发出适应本地农业特色的智能化设备，有效增强了平台的市场竞争力。

7.4.3　沂蒙老区农业科技创新平台高质量发展的路径选择

沂蒙老区的农业科技创新体系在其演进历程中遭遇了技术创新力薄弱、市场拓展瓶颈及人才队伍建设欠缺等挑战，这些难题制约了沂蒙老区农业科技创新平台的高质量发展进程。为了激发该平台的高质量成长潜能，可探索如下策略：

（1）提升平台的技术服务水准。为了给予用户更优质的体验，平台应持续对其技术架构与服务体系进行升级。这包括采纳先进技术及设备，精炼功能模块，简化操作流程，旨在增强平台运行效能与用户体验的优化。此外，构建一个健全的用户反馈系统亦至关重要，确保能够迅速响应用户需求，有效解决用户面临的问题，从而增进用户满意度与培养用户忠诚度。

（2）构建平台内在的协同创新体系。平台应着手构建一套内部协同创新体系，以促进企业间的协作与沟通，携手发掘创新和发展契机。通过这一机制的设立，平台能够强化整体创新能力，提升竞争力水平。

（3）深化与高等教育机构及科研组织的协作关系。平台应寻求与本土或国家级别的著名高等教育机构及科研组织建立合作伙伴关系，携手推进农业科学与技术创新项目，以此增强平台自身的技术创新实力。通过此类合作，平台能获取来自教育界和科研领域的专业技术支持及高素质人才资源，同时为合作的教育机构与科研组织提供实验实践的平台和市场验证机会。在确立合作关系的过程中，平台需重视选取与其业务领域高度相关的合作伙伴，以确保合作的实效性与长期稳定。此外，构建一套健全的合作机制及管理体系对于保障合作项目的顺畅执行及研究成果的有效转化同样至关重要。

（4）深化政府协同作用。为了获取更有力的政府支持与协作，平台应致力于强化与政府部门的联动。通过积极参与政府发起的农业科技革新计划及政策拟定过程，平台能够争取到资金补助及优惠政策的扶持。在此合作框架内，平台必须严格遵守政府设定的规范及标准，确保所有运作符合法律法规要求。此外，构建系统化的政府合作机制及管理架构对于促进合作项目的流畅执行及研究成果的有效转化同样至关重要。

（5）招揽并培育高端人才。为了提升平台的科技创新能力与管理水平，至关重要的是要招揽并培育更多高素质的人才。平台可采纳多种策略吸引人才，例如，提供具有市场竞争力的薪酬福利体系、构建清晰的职业晋升路径等。在这一吸引过程中，平台需重视人才的专业素养与技能匹配度，确保人才的使用价值和效能。此外，建立一套系统化的培训机制，对于提升人才技能及整体能力同样不可或缺。培训实践中，可灵活采取内部讲授、外聘专家指导等形式，旨在增强培训的实际效果与回报率。

（6）提升市场推广效能。为了拓宽市场影响力边界，平台应当致力于强化其市场推广能力。实现此目标的途径包括多元化渠道宣传及策划综合线上下营销活动，旨在增进公众对平台的认知与信赖。在执行推广策略时，核心在于明确产品与服务的市场定位，彰显平台的独特性与竞争优势，从而吸引更多用户群体。此外，构建系统化的市场调研机制对于平台而言至关重要，旨在深入洞察市场需求趋势与竞争态势，精准锚定产品服务方向。调研过程中，可通过部署问卷调查、个别访谈等手段，广泛收集市场数据，以强化调研结果的精确度与可信度。

（7）开展业务模式的创新探索。为了拓宽平台的业务范围，持续探索新颖的业务模式显得尤为重要。这包括与外部企业的协作，共同发掘新的业务增长点及市场机遇。在挑选合作伙伴时，平台应当着重考虑与自身业务相辅相成的企业，以确保合作的互惠性和长期稳定性。此外，平台需致力于产品与服务的创新优化，紧贴用户需求与期待。这一过程可通过采纳用户调研反馈、运用数据分析手段来精进，从而提升创新举措的精确度与时效性。

7.5　沂蒙老区农村综合服务平台高质量发展研究

7.5.1　沂蒙老区农村综合服务平台的优势、不足

沂蒙老区农村综合服务平台的优越性，核心表现在三个层面。第一，多元化需求的有效应对。平台为沂蒙老区的农民群体提供了涵盖农业生产、日常生活服务及金融辅助等多个维度的服务选项，精准对接农民的多样化需求。第二，农村生产与生活水平的显著提升。通过平台的构建与拓展，农民能够获得先进的农业科技指导、更加高效的生活服务资源及更广泛的资金扶持渠道，共同促进农村生产力的进步与生活品质的提高。第三，助推农业与农村现代化进程。沂蒙老区农村综合服务平台的构建，深度融合现代信息技术应用，不仅增强了农业生产的效能，也提升了农村社会管理的现代化水平，加速了农业现代化与农村社会转型的步伐。

沂蒙老区农村综合服务平台存在的缺陷主要体现在三个方面。第一，平台建构的不充分性。该地区农村综合服务平台构建进程中暴露出若干弊端，例如，建构不够健全、服务范畴狭窄、服务品质未达预期，亟待强化建构与改良措施。第二，农民参与的局限性。受制于农民自身知识结构、技术水平及认识层面的制约，其在农村综合服务平台中的参与度偏低，需加大对农民的教育与培训力度，以提升其参与主动性。第三，市场竞争乏力。沂蒙老区

的此类平台在市场比拼中处于下风，迫切需求探索并实施有效的市场推广策略，增强平台的市场竞争力及行业影响力。

7.5.2 沂蒙老区农村综合服务平台高质量发展的主要影响因素

（1）政府扶持力度。在推动农村综合服务平台的高品质发展中，政府的政策扶持起到核心作用。通过确立相应政策框架、注入财政资源及加强基础设施建设等措施，政府能有效促进这类平台的快速发展。以沂蒙老区为例，当地政府部门已颁布一连串政策措施，旨在扶持农村综合服务平台的建设，涵盖了构建综合性公共服务体系及扩大服务培训项目等领域。

（2）技术革新对于推动农村综合服务平台的高品质发展至关重要。这要求平台持续进行技术革新与升级换代，通过融合前沿科技、开展自主研发等路径，提升其技术水平，优化用户体验，从而增强平台的整体竞争力。以沂蒙老区为例，部分农村综合服务平台已通过技术革新实践了高质量的发展路径，平台运用人工智能、大数据等高科技工具，不仅实现了智能客户服务体系，还推进了个性化推荐等精准服务功能。

（3）提升服务内容质量。为了促进农村综合服务平台的卓越发展，持续改进服务内容以贴合用户需求至关重要。平台应采取市场调研和用户反馈等手段，深入了解用户期望，据此不断调整和完善服务项目，从而增强用户的满意度与忠诚度。以沂蒙老区为例，若干农村综合服务平台通过这一策略已取得显著成效，平台依据当地农民的具体需求，研发推出了农业技术支持、农产品物流解决方案等定制化服务，有效推动了平台的高质量发展进程。

（4）资源的集成与共享优化。推进农村综合服务平台的高品质发展，关键在于实现资源的高效集成与共享机制。平台应积极构建与政府机构、企业实体及非政府组织的协作网络，以此促进资源的最优配置与协同利用，提升服务效能。以沂蒙老区为例，部分农村综合服务平台通过成功的资源集成策略，已步入高质量发展阶段。这些平台通过与地方政府的紧密合作，共建综合性服务平台，有效促进了资源的集约化管理和共享应用，彰显了资源整合对于提升平台效能的重要性。

（5）品牌塑造策略。农村综合服务平台的卓越发展离不开强有力的品牌建设，旨在提升其知名度与影响力。通过构建独特的平台品牌形象、传播平台价值观与文化，农村综合服务平台能有效增强其市场认知度及吸引更多的用户与投资。以沂蒙老区为例，一些农村综合服务平台成功践行了这一策略，借助品牌塑造不仅提升了自身的知名度与影响力，还吸纳了更广泛的用户基础和投资资源，促进了高质量的发展路径。

（6）可持续性发展是农村综合服务平台高品质发展的关键要素，旨在确保平台能够长期稳定地运行。实现这一目标的途径之一是构建绿色、低碳及环境友好型的平台架构。以沂蒙老区为例，一些农村综合服务平台已成功通过采纳绿色低碳的农业生态体系模式，促进了自身的可持续性发展，从而迈向了高质量发展的道路。

7.5.3 沂蒙老区农村综合服务平台高质量发展的路径选择

面对沂蒙老区农村综合服务平台存在的构建不足、农民参与有限及市场竞争力薄弱等挑战，可探索以下策略以推动该平台的高质量发展：

（1）优化平台构架，促成平台内部协同创新环境的形成。平台需关注技术架构、功能模块及操作流程等方面的健全发展，通过融合前沿技术和设施，精炼功能模块与操作流程，不仅能够增强平台的运作效能，还能提升用户体验。平台发展进程中，须紧密联系用户需求与反馈，确保其实用价值与操作便捷性。此外，平台应积极构建内部协同创新体系，涵盖团队建构、激励制度设立及创新文化培养等多方面，以此激发平台的创新潜力与竞争优势。通过这一机制，平台能有效鼓舞团队成员的创新精神与创造力，全面提升服务平台效能与市场辐射力。

（2）提升农民的融入程度，构建平台与农民间的互动桥梁。为了增强农民的活跃度并扩大平台的应用范围及影响力，平台应采取多元化策略，例如，举办社群活动、开展农业知识培训等，旨在加深农民对平台功能与服务的了解，增强其认知度与信任感。同时，建立一个健全的用户反馈系统至关重要，确保能够迅速响应农民的需求与疑问，从而提升其满意度与参与意愿。此外，平台应创建一个双向沟通渠道，囊括农民的意见反馈、投诉及提议等，以增进平台对农民实际需求的洞察力及快速响应能力。实现这一目标的途径多样，涵盖在线咨询服务、电话服务热线乃至线下社群聚会等形式。

（3）增强市场覆盖与影响力。为了提升平台的市场竞争力，必须拓宽其市场影响力边界。实现此目标的途径包括多元化推广策略的实施及线上下活动的组织，旨在提升平台的认知度与行业地位。在推广进程中，核心在于精确定位产品服务属性，凸显平台的独特性与优势，从而吸引更多用户群及合作伙伴的关注。此外，构建全面的市场调研机制对于洞察市场需求、把握竞争态势至关重要，有助于平台精准定位，为产品与服务的持续优化提供坚实依据。

（4）构建系统性的合作机制与合作体系的完善化，此过程涵盖以下四个方面：第一，平台应致力于合作机制的健全发展，旨在与其他组织及企业形成战略联盟，携手促进平台的拓展。通过与政府部门、金融机构、农业业界实体等建立协作关系，共同探索新兴业务模式与市场机遇。平台在寻求合作时，需确保合作对象与自身业务领域的关联性，以维护合作的时效性与持久性，并建立起一套完备的合作管理框架，以保障合作项目的顺畅执行及成果的有效转化。第二，强化与专业机构间的协同作用，例如，农业科学研究院、农业高等院校、农业技能培训中心等，旨在提升平台的专业服务效能。通过技术交流、教育培训、资源共享等形式，与专业机构构建长期稳定的合作模式。第三，构建与政府的互动合作桥梁，以期获得政策指导与资源扶持。平台可通过与政府部门的紧密合作，积极参与农村发展战略的规划与决策过程，争取财政补助与政策倾斜。第四，拓宽与农业产业链各环节企业的合作范畴，包括农业生产、加工、销售等领域的企业，旨在扩展现有服务范畴并增强市场影响力。通过与这些企业的深度合作，共同发掘新的商业模式与市场潜力，达成互利共赢的局面。

（5）持续推动创新及优化进程，系统性增强平台技术与服务水平。为了贴合用户需求与期望，平台应当不断地对其产品与服务进行创新与优化。实现此目标的途径包括开展用户调研、深入数据分析，以此来精准捕捉用户需求及偏好，指引创新与优化的方向。在此进程中，务必确保产品与服务的质量及稳定性，这是提升用户满意度及忠诚度的关键。此外，平台应致力于技术的迭代升级与服务模式的革新，旨在不断契合农民的具体需求与期望，通过这些努力，不仅提升了平台的操作体验与服务效能，也加深了农民对于平台的信任感与依赖度。

| 第 8 章 |

沂蒙老区农村全产业链融合研究

本章首先梳理了沂蒙老区农村产业链融合发展的基本情况，主要是每个县市区的主要产业链、老区农村产业链的基本特征和主要优势以及存在的主要问题。其次，采用程序式扎根理论编码方法对沂蒙老区农村全产业链融合的内在机制进行多案例研究，以揭示老区农村产业链融合的基本逻辑。最后，讨论了沂蒙老区农村产业链融合路径。

8.1 沂蒙老区农村全产业链融合发展的基本情况

8.1.1 产业链的内涵和构成

产业链是一个复杂的系统，它由多个产业部

门和环节组成，这些部门和环节之间存在着技术经济联系和时空布局关系，共同构成了一个链条式的关联形态。产业链可以从多个维度来考察，包括价值链、企业链、供需链和空间链等。

（1）价值链（value chain）。价值链是指企业在生产过程中所创造的价值体系，它包括企业的各个环节所创造的价值和企业与上下游企业之间的价值交换。价值链的分析可以帮助企业识别其核心竞争力和优势，从而提高其整体竞争力。

（2）企业链（enterprise chain）。企业链是指企业在产业链中所处的位置和角色，包括企业与上下游企业之间的合作关系和竞争关系。企业链的分析可以帮助企业识别其在产业链中的定位和策略，从而实现其发展目标。

（3）供需链（supply chain）。供需链是指企业在满足市场需求的过程中所涉及的各个环节，包括原材料采购、生产、仓储、运输、销售等。供需链的优化可以帮助企业降低成本、提高效率、缩短订单周期，从而提高其竞争力。

（4）空间链（spatial chain）。空间链是指企业在空间布局上的选择和部署，包括企业的生产基地、仓储中心、销售网点等的选择和布局。空间链的优化可以帮助企业实现资源的有效配置和利用，提高其整体效益。

产业链涵盖产品生产或服务提供的全过程，包括动力提供、原材料生产、技术研发、中间品制造、终端产品制造乃至流通和消费等环节。产业链是产业组织、生产过程和价值实现的统一，它反映了产业发展的规律和趋势。因此，企业在参与产业链时，需要全面考虑产业链的各个环节和维度，进行全面、系统的分析和研究，以实现其在产业链中的可持续发展。

8.1.2 沂蒙老区产业链的类型、特征、困境、优势

沂蒙老区的产业链是由技术经济联系和时空布局关系的多个产业部门和

环节组成的一个链条式的关联结构，是该地区产业发展到一定阶段的产物。它涵盖了沂蒙老区某种或某些具体产品生产或服务的全过程，一般包括动力提供、原材料生产、技术研发、中间品制造、终端产品制造、流通、消费等环节。

经过多年的发展，沂蒙老区 18 个县市区各自形成了一些产业链。几经波折，沂蒙老区各县市区比较出名的产业链有 20 多条，主要产业链如表 8 - 1 所示。

表 8 - 1   **沂蒙老区的农业产业链的基本情况**

县市区	产业链名称	主要结构	演进过程	影响力
兰山区	畜牧业产业链	畜禽养殖、屠宰、深加工、配送、销售一体化，生猪、肉鸡、肉鸭屠宰加工产业集群	20 世纪 90 年代末，近 10 年取得较快发展	全国知名
罗庄区	蛋品全产业链	山东佳知善农业科技有限公司为龙头企业，建设蛋品精细加工基地、蛋品精深加工基地、蛋鸡数智养殖示范基地和工程科技研发中心，配套建设直播基地、物流仓库和教授公寓	快速发展	行业知名
	黄山镇工艺柳编	2019 年，黄山柳编成功入选市级非物质文化遗产代表性项目。打造柳编主题展示体验区，推出"田间学柳艺"等系列研学体验活动，进一步发展研学、会展、跨界合作等新业态	2010 年前后	全国知名
河东区	太平街道稻米产业链	水稻种植、托管、烘干、收储一条龙，增加稻田观光游，串起休闲农业	2020 年前后	区域知名
沂南县	苏村镇黄瓜产业链	育种育苗、高效种植、市场销售、蔬菜加工的农业全产业链发展	2020 年前后	区域知名
	沂南县烧鸡产业链	临沂超和食品有限公司为链主企业，集育苗养殖、兽药饲料、屠宰加工、产品研发、市场销售于一体的肉鸡全产业链	初步形成	区域知名
郯城县	归昌乡稻米产业链	拓展到生产、加工、旅游、节会等	初步形成	区域知名

续表

县市区	产业链名称	主要结构	演进过程	影响力
沂水县	玉米淀粉精深加工产业链、功能休闲保健食品产业链	沂水县食品产业形成了从原材料供应到精深加工，再到产品研发、检验检测的完善产业链条，获得了"中国食品城""全国食品工业强县""全国食品安全示范县""全国淀粉深加工产业集聚区"等荣誉称号。沂水县依托沂水特色优势资源，推动产业融合，向多种功能、多元价值要效益	高质量发展	全国知名
兰陵县	预制菜产业链	上游食材供应链、中游菜品生产链、下游全场景消费链，山东沂蒙成大食品有限公司发起	初步形成	区域知名
	蔬菜产业链	蔬菜种苗、种植、采摘、加工、运输、营销	20世纪90年代，近几年快速发展	全国知名
费县	核桃产业链	实现核桃种植、研发、深加工、销售、休闲旅游、林下经济融合发展	近几年快速发展	全国知名
平邑县	金银花产业链	创新"良种研究选育—育苗推广种植—干花购销流通—药品食品研发生产"的金银花全产业链模式。绕金银花的医药、食品、保健品研发与产品供应，开展中药材提取加工、中成药生产、食品饮料开发	2010年前后形成，近几年快速发展	全国知名
莒南县	茶溪川茶产业链	已建设万亩生态茶园、农业科技孵化器、茶叶加工物流园、金龙湖茶旅文化园、净埠子花田林海	近几年快速发展	区域知名
	金胜花生产业链	金胜粮油集团为龙头企业，花生种植、加工、研发、物流、营销一体化	2010年前后形成，近几年快速发展	全国知名
蒙阴县	蜜桃产业链	一二三产业融合，发展果品深加工，促进"农商文旅"融合发展	近几年快速发展	全国知名
临沭县	大兴镇蓝莓产业链	品种引进、种植、营销、深加工、冷链物流、交易市场等，实现产前、产中、产后一条龙服务	近几年快速发展	区域知名
	肉禽产业链	集雏鸡孵化、基地养殖、饲料生产、屠宰加工、技术培训、有机肥生产环节于一体的肉禽产业链	近几年快速发展	区域知名

续表

县市区	产业链名称	主要结构	演进过程	影响力
泗水县	甘薯产业链	泗水利丰食品有限公司为国家级农产品龙头企业，形成"种苗繁育—绿色种植—保鲜储存—精深加工—品牌营销—乡村旅游"于一体的全产业链	近几年快速发展	全国知名
新泰市	肉鸭全产业链	在"肉鸭之都"新泰，已经形成了集养殖、加工、销售、研于一体的肉鸭全产业链条。畜禽产业形成了"饲料—种禽—养殖—屠宰加工—熟食加工—羽绒副产品加工—生物制药"的完整产业链条	近几年快速发展	全国知名
临朐县	蒋峪镇朗德鹅产业链	逐步建立健全"朗德鹅孵化—养殖—填饲—屠宰及鹅肥肝—鹅副产品加工—销售出口"为一体的全链条产业体系。创新组建朗德鹅产业联盟	近几年快速发展	区域知名
莒县	农副产品精深加工产业链	围绕主导产业开发全产业链，建立了集生产、加工、贮藏、物流、销售于一体的完整产业链的生产经营群体，释放产业集聚效应	近几年快速发展	区域知名
五莲县	大樱桃产业链	与荷兰 Verbeek、美国 Schmidt 等公司合作，组建大丰园农业、九五农业等现代农业公司，形成以培育实验室为核心，集苗木研发、培育、种植、销售、观光于一体的产业链，不断推进"樱桃产业 + 文化 + 旅游 + 商品"农商文旅融合发展	近几年快速发展	区域知名
沂源县	果品产业链	"园区化"发展，推行农业产业园区建设，创新构建"国有公司 + 党支部 + 合作社 + 农户"利益联结机制，成立国有农业发展集团，引导金融资金和社会资本支持农产品深加工、仓储、冷链物流等领域农业龙头企业的发展，打造集创业孵化、品牌培育、直播带货、线上交易、仓储物流等功能于一体的电商产业带，培育尊海食品、飞龙食品等果品深加工企业 15 家	近几年快速发展	区域知名

资料来源：笔者对调研资料的分析整理。

8.1.3 沂蒙老区农村产业链的基本特征

综合上述，结合本书课题组对沂蒙老区各县市区涉农产业链的调研，其主要特征如下：

（1）以本地特色优势农产品为主。沂蒙老区是一个典型的农业区，其农业产品种类丰富，包括粮食、油料、蔬菜、水果等。其畜牧业在近年来发展迅速，主要产品包括羊肉、牛肉、羊毛、牛皮等，羊肉是当地最为著名的畜牧产品之一，质量好、味道鲜美，是当地居民和旅游者的爱吃之物。表8-1中几乎所有的涉农产业链，都是立足各县市区的特色优势农产品发展起来的。五莲县的樱桃、泗水县的甘薯、平邑县的金银花、蒙阴县的蜜桃、临朐县的鹅、新泰市的肉鸭、莒南县的花生和茶等，都是享有盛名的传统农产品，经过多年的生产经营，形成了良好的区位优势或比较优势。

（2）农业科技创新不断。沂蒙老区的农业科技创新不断，在畜牧业、农业种植、生态农业等领域都取得了重要进展。例如，在畜牧业方面，沂蒙老区实施了羊只选育工程，通过科学的选育手段，提高了羊只的品种和产品质量；在农业种植方面，沂蒙老区推广了大豆播种质量改善技术，提高了大豆的产量和质量；在生态农业方面，沂蒙老区推广了生态农业模式创新，例如，牧草农业与野生植物农业的结合，提高了生态农业的生产效益和可持续性。这些农业科技创新为农业产业链的发展提供了强大的技术支持。

（3）农业文化旅游发展迅速。沂蒙老区拥有丰富的农业文化和革命文化资源，是中国农业文化旅游的重要目的地之一。沂蒙老区的农业文化旅游主要包括农业景观旅游、农业体验旅游、革命文化旅游等。其中，农业景观旅游是当地农业文化旅游的重要组成部分，旅游者可以欣赏当地丰富多彩的农业景观，如黄花田、绿色大豆田、果树园等；农业体验旅游则可以让旅游者参与到当地农业生产中去，如参加收获、种植等活动，体验当地农业文化的魅力；革命文化旅游则可以让旅游者了解当地革命历史和文化，如参观革命旧址、革命纪念馆等。这些农业文化旅游为当地农业产业链的发展提供了新的增长点。

（4）农村合作社发展迅速。沂蒙老区的农村合作社在近年来发展迅速，成为当地农村产业链的重要组织形式。农村合作社通过集体经营、共同发展，提高了当地农村产业链的生产效益和竞争力，为当地农村经济的发展提供了重要支持。

（5）注重发展生态农业。沂蒙老区拥有丰富的自然资源和优良的生态环境，是我国生态农业的重要基地之一。沂蒙老区的生态农业主要包括有机农业、牧草农业、野生植物农业、生态鱼塘农业、生态园艺农业等。其中，有机农业是当地生态农业的重要组成部分，生产的有机蔬菜、有机水果等产品不仅质量好、味道鲜美，还具有健康、环保的特点，受到消费者的广泛欢迎。生态农业产品的产量和销售量都在不断增长，为当地农业产业链的发展提供了新的机遇。

8.1.4　沂蒙老区农村产业链的主要优势

（1）产业链初具规模。沂蒙老区农村产业链的完整程度是其优势之一。从种植、养殖、加工到销售等环节，各个环节之间相互配合、相互促进，形成了一个相对完整的产业链。这使得当地农村产业链具有较强的竞争力和可持续发展能力，同时也为当地农民提供了更多的就业机会和收入来源。

（2）优质的农产品资源。沂蒙老区拥有丰富的农业资源，其中有机农产品和特色农产品是当地农村产业链的重要支柱产业。这些产品具有独特的优势和竞争力，如有机蔬菜、有机水果、特色畜牧产品等，在国内外都有较好的市场需求和价格。这为当地农村产业链的发展提供了重要的市场机会和增长点。

（3）发达的农业基础设施。沂蒙老区农村产业链具有比较完善的农业基础设施，包括水利设施、农业机械、冷链物流等。这些基础设施为当地农村产业链的发展提供了重要的技术和物质保障，提高了生产效率和产品质量，同时也减少了生产成本和风险。

（4）活跃的农村合作社。沂蒙老区农村产业链中的农村合作社发展比较活跃，是当地农村产业链的重要组织形式和市场主体。农村合作社通过集体经营、共同发展，提高了当地农村产业链的生产效益和竞争力，为当地农村经济的发展提供了重要支持。农村合作社还通过品牌建设、市场拓展等方式，为当地农产品创造了更好的市场机会和价值。

（5）丰富的农业文化资源。沂蒙老区拥有丰富的农业文化资源，包括传统农业文化、革命文化等。这些文化资源为当地农村产业链的发展提供了新的市场机会和增长点，如农业旅游、农业文化展示等。同时，这些文化资源还为当地农村产业链增添了更多的文化内涵和社会价值。

（6）政府的支持和引导。沂蒙老区政府对农村产业链的发展提供了重要的支持和引导，包括政策支持、资金支持、技术支持等。这些支持和引导为当地农村产业链的发展提供了重要的政策保障和市场机会，促进了当地农村产业链的健康发展。

8.1.5 沂蒙老区农村产业链的主要困境

整体观察，沂蒙老区涉农产业链的主要困境有六个方面，具体如下：

（1）产业链不够完整。虽然沂蒙老区的农村产业链已经形成了一个相对完整的产业链，但在某些环节还存在不足。例如，加工链条较短，大部分农产品仅经过简单的加工就直接进入市场销售，缺乏深度加工和增值加工，导致产品的加工程度不高。此外，在农业产品的流通和销售环节中，也存在一些问题，如缺乏统一的市场信息平台、销售渠道单一、市场扩张困难等，限制了产业链的发展和提高。

（2）产品品种结构单一。沂蒙老区的农村产业链主要以粮食、油料、蔬菜、水果等农产品为主，产品品种结构较为单一，缺乏竞争力的产品和高价值产品。这种单一的产品结构使当地农村产业链难以实现扩张和升级，也使当地农民的收入增长空间有限。此外，由于缺乏高价值产品，当地农村产业链也难以实现产业链的升级和转型。

（3）市场销售渠道不够完善。沂蒙老区的农村产业链在市场销售渠道方面还存在不足。例如，缺乏统一的市场信息平台，导致农民难以了解市场信息，也难以实现农产品的统一销售。此外，销售渠道单一，主要依赖于传统的农贸市场和中间商进行销售，缺乏直销渠道和电商平台等新型销售渠道，限制了产品的销售和扩张。

（4）技术创新能力不足。虽然沂蒙老区的农村产业链在技术创新方面取得了一定的进展，但整体上还存在技术创新能力不足、技术水平较低等问题。例如，在农业生产过程中，缺乏高效的农业机械和设备，也缺乏高质量的种子和育种技术，限制了农业生产的效率和产量。在农产品加工环节中，缺乏先进的加工技术和设备，导致产品的加工程度不高。

（5）人力资源不足。沂蒙老区的农村产业链在人力资源方面存在不足。例如，缺乏高质量的农业技术人员和管理人员，限制了农业生产和管理的效率和水平。此外，由于当地人口流失严重，也缺乏农业劳动力，限制了农业生产的扩张和发展。

（6）政策支持不足。虽然沂蒙老区政府在农村产业链的发展方面取得了一定的成果，但整体上还存在政策支持不足的问题。例如，缺乏对农村产业链的专项支持和引导政策，缺乏对农村产业链的科技创新和技术升级的支持。此外，在农村基础设施建设方面也存在不足，如缺乏农村道路、水利设施和电力设施等基础设施的建设和改善。

8.2 沂蒙老区农村全产业链融合的内在机制研究

8.2.1 文献综述

通过梳理文献，可以发现农村全产业链融合的相关研究主要集中在内涵与模式、功能作用、融合机制、数字化转型等方面。

（1）内涵与模式方面。魏晓蓓和王淼（2018）认为农产品全产业链模式的关键是农产品体系的纵向一体化，"智慧农业"和"农村电商"成为农业全产业链升级的动力，"智慧农业＋主导企业""农村电商＋农户聚集化"是两种有效的农业产业化升级的全产业链模式。张慧利等（2018）针对农业技术源头活力不强、协同联动机制运行不畅、基层农技推广体系功能弱化、全产业链发展能力不足等问题，提出了"三站链合"驱动现代农业全产业链发展的思路。

（2）功能作用方面。田剑英（2018）认为依托于农业全产业链，农业生产规模扩大利于降低经营风险，为经营主体融资提供更多可能，应重视加工储藏、品牌、市场建设等，进而寻求资本市场支持。韩喜艳等（2019）发现全产业链流通模式的利润高，可以提高农产品流通效率，提高农产品流通主体利益和消费者福利，节约农产品流通交易费用。何美章和尤美虹（2022）发现农业供应链通过组织联结、市场联结、信息联结、利益联结等多维联结机制协同促进和保障小农户进入农业全产业链循环，应以"供应链＋小农户"模式促进经济内循环发展。

（3）融合机制方面。韩喜艳等（2020）发现小农户更愿意通过加入农民专业合作社参与农村全产业链，利益联结机制、生产技术和市场信息服务、补贴政策会提高小农户的参与效用，小农户兼业程度越低、年纯收入越低、收入在村中所处水平越低，越偏好参与农村全产业链经营。任杲和宋迎昌（2023）基于农村全产业链"短、散、弱、小"等特征，从拓展产业链、明晰主体职能、推动"三产融合"、促进"四链同构"视角出发，认为农村全产业链优化应分地区分产业梯次推进，引导资源要素自由流动，推动地方产业错位发展。卢中华（2023）构建了乡村产业融合发展的"点-链-群"模型。

（4）数字化转型方面。刘传磊等（2023）认为农村全产业链数字化发展要以数字化改革推进政府部门协同，以社会化服务推动产业链流程再造和经营主体关系重构，实现资源和信息高效流动。农村全产业链数字化需要基于农村老龄化、土地分散化和数据碎片化的现实，进行数字技术应用、数字赋能、业务协同、制度重塑。杜永红（2023）认为农业生产规模化、农业标准化、农产品品牌化、农村产业融合水平依然较低，不利于农村全产业链数字化转型。

（5）其他方面。明庆忠等（2023）提出旅游全产业链是传统旅游产业"链主"与不断涌现的新"链主"以更强的融贯性和扩展性进行"链接"形成的多"链条"复合式"链网"结构，"旅游体验需求-市场创新能力-产业融合程度"三维动力决定了旅游全产业链的演进，其基本路径是夯实"链主"、优化"链接"、锻造"链条"。陆明和杨德明（2024）发现全产业链布局主要通过拓展企业拥有的资源范围和优化资源整合能力来促进企业创新产出，行业龙头企业起着重要的牵引作用。代理成本较低、融资约束较小的企业在实施全产业链布局时，其创新产出效果更为显著。

综上所述，上述文献对深化沂蒙老区农村产业链融合奠定了坚实的基础，尤其是对沂蒙老区涉农产业链的六个困境的解决具有很好的借鉴作用。但是产业链不够完整、产品品种结构单一、销售渠道不够完善、技术创新能力不足、人力资源不足、政策支持不足等问题，是制约农村产业链高质量发展的桎梏，已有成果没有给出系统的解决方案。本书以自生理论和协同理论为基础，选取四条典型的产业链为研究对象，试图回答以下问题：沂蒙老区涉农产业链形成发展的内在机制是怎样的？沂蒙老区涉农产业链的动态演化是怎样实现的？

8.2.2 研究方法设计

本书采用多案例研究方法。首先，案例研究通过对典型案例或现象特定结果的背景、事件和行动的详细研究，可以揭示事情是如何以及为什么发生的。本部分的目的在于研究沂蒙老区农村产业链融合发展的内在机制，属于探讨"为什么"的问题，这与案例分析方法的功能相契合。其次，纵向多案例分析可以提供丰富和详细的数据、增加了普适性、更加充分地比较、改善因果逻辑推断、增强了理论发展深度和广度，这对本书的研究目的非常重要。

8.2.2.1 案例选择

为了更好地分析沂蒙老区农村产业链融合的内在机理，本书选择了临沂市沂水县农副产品加工产业链、莒南县花生产业链、平邑县金银花产业链、泰安市新泰市肉鸭全产业链共四条产业链作为研究对象，这源于三个方面的原因：第一，典型性。典型性是案例分析方法的基本要求，它要求所选案例能够充分体现所研究样本的特点和形成发展的变化过程。上述四条产业链具有完整的演进过程，是沂蒙老区涉农产业链的代表，在国内具有较高的知名度和影响力，其形成、发展、转型的历史也是其他产业链正在或将要走的路。第二，多样性。首先，上述四条产业链案例不仅基本上覆盖了沂蒙老区农村产业链融合的产业范围，有加工业、种植业、养殖业等，展现了产业层面的多样性；其次，所选案例所处的地理位置也具有多样性，沂水县、莒南县、新泰市、平邑县分别处于沂蒙老区的东北部、东部、西北部、西部。这两个方面的多样性，可以为沂蒙老区产业链融合的发展过程提供更加丰富的数据，增加研究结论的正确性和普适性。第三，资料的可得性和真实性。本书所选取的四条产业链有三条是本书课题组成员的家乡，另外的新泰市肉鸭全产业链在几年前本书课题组曾经调研过，与当地企业、农户、基层政府建立了非常和谐的关系。知根知底的家乡产业链和建立良好关系的产业链，能够从根本上保证调研资料的充分性、真实性。此外，上述四条产业链涉及的企业、政府、机构还有许多公开信息、档案资料可以使用。四条案例产业链的基本情况如表8-2所示。

表8-2　　　　　　　　　　　案例产业链的基本情况

主要维度	产业链			
	沂水玉米淀粉精深加工产业链	莒南花生产业链	平邑金银花产业链	新泰肉鸭产业链
所处行业	农产品加工业	花生种植业、加工业	金银花种植业	肉鸭养殖业
主要产品	功能性食品、休闲食品、调味食品	油脂类、花生制品类、保健品类、食品类等产品	金银花；金银花的医药、食品、保健品	肉鸭农牧、食品、成衣制品、生物科技、智能装备等
领导主体	山东隆科特酶制剂公司、沂水大地玉米开发有限公司等玉米产业化龙头企业	国家级农业产业化重点龙头企业——金胜粮油、兴泉油脂	山东晟银药业、山东九间棚药业、山东中平药业等	山东众客食品有限公司，新泰市楼德镇天信农牧发展有限公司、山东泰森食品有限公司
发展阶段	·初期： 1985~1999年 ·深化融合期： 2000~2014年 ·转型期： 2015年至今	·初期： 1994~2007年 ·深化融合期： 2008~2017年 ·转型期： 2018年至今	·初期： 2000~2010年 ·深化融合期： 2011~2019年 ·转型期： 2020年至今	·初期： 1996~2010年 ·深化融合期： 2013~2019年 ·转型期： 2020年至今
行业地位	国家功能性生物糖特色生产基地、全国淀粉深加工产业集聚区	花生成品油加工量占全国的1/6，加工、出口和贸易量全国县级单位名列第一。2022年，莒南县花生产业链产值达180亿元	平邑县是"中国金银花之乡"；2021年，平邑县优质金银花基地品牌价值达322亿元	2024年，"肉鸭之都"新泰市产值突破百亿元

主要维度	产业链			
	沂水玉米淀粉精深加工产业链	莒南花生产业链	平邑金银花产业链	新泰肉鸭产业链
政企作用	政府主导 企业合作 成链成群	政府引导 企业主导 自主研发	政府搭台 企业唱戏 合作共赢	企业主导 政府助推

注：初期主要指为了生存发展，奠定基础的时期；深化融合期主要是指国内市场的扩张时期；转型期主要是指近几年由于数字技术、人工智能、绿色技术的发展，以及中国式现代化的时代要求引起的。

资料来源：笔者对调研资料的分析整理。

8.2.2.2 数据收集

本书研究案例数据主要来自三个部分，即访谈资料、调查问卷、公开资料，其具体情况如表8-3所示。

表8-3　　　　　沂蒙老区四条产业链融合案例分析的数据收集情况

数据类型	来源	产业链				主要内容
		沂水农副产品加工产业链	莒南花生产业链	平邑金银花产业链	新泰肉鸭产业链	
一手数据	半结构化访谈	访谈3人次（7小时，3.5万字）	访谈4人次（6小时，3.6万字）	访谈3人次（6小时，4.2万字）	访谈4人次（8小时，4.5万字）	集群形成发展历程
二手数据	调查问卷	发100份，收回有效问卷86份	发100份，收回有效问卷90份	发100份，收回有效问卷85份	发100份，收回有效问卷80份	每阶段集群发展困境、措施等
	公开资料	纪录片15分钟（转译0.2万字）；领导讲话8份；网络报道9份；政府文件10份	纪录片10分钟（转译0.25万字）；领导讲话12份；网络报道7份；政府文件10份	纪录片12分钟（转译0.2万字）；领导讲话10份；网络报道8份；政府文件10份	纪录片16分钟（转译0.3万字）；领导讲话6份；网络报道10份；政府文件10份	围绕集群企业、政府、研发机构、农户等相关主体收集资料

资料来源：笔者对调研情况的整理。

按照多案例分析方法数据收集的基本要求，结合沂蒙老区农村产业链融合发展的实际情况，四条产业链案例的数据收集的具体情况如下：

（1）访谈资料。课题组根据访谈研究需要，确定访谈的主要内容，明确访谈人员，选择访谈的对象，制订访谈计划，沟通协商访谈时间地点和访谈内容。在访谈过程中，课题组按照访谈的基本要求，主要是访谈对象根据访谈提纲和发问者的疑问进行陈述、分析、释疑，做好记录、录音，访谈对象有时也提问以判断自己的回答或理解是否合适。由于不存在信任问题，本书课题组获得了大量第一手资料。

（2）调查问卷。本书课题组设计了沂水县农副产品加工产业链、莒南县花生产业链、平邑县金银花产业链、新泰市肉鸭产业链形成发展情况的调查问卷，面向企业中下层管理人员、重要岗位职工、政府工作人员、研发机构人员等进行问卷调研，收集所需的数据。实践证明，简要的问卷调查，可以获得大量的产业链融合信息，与访谈数据相辅相成，共同支撑本书研究。

（3）公开资料。主要包括网站相关信息、宣传资料、研究文献、研究报告、档案资料、会议记录、视频、短片、影音资料等，只要是与研究产业链形成发展相关联，课题组就尽可能地收集，以丰富研究资料、形成所谓的"三角验证"，增进研究的信度和效度。

8.2.2.3 文献数据分析

总体上，采用焦亚等（Gioia et al.，2013）的数据信息理论建构方法对所获得的复杂的结构化数据进行分析，以发现沂蒙老区农村产业链融合的新理论。焦亚等（2013）的数据信息理论建构方法包括数据减少、数据展示、理论开发共三个步骤，适用于分析复杂的结构化数据，能够识别可能不那么明显的模式和关系，并基于实证数据开发理论，强调迭代和反馈的重要性。这与我们的研究目的和数据情况是契合的。

在具体的编码过程中，本书采用程序化扎根理论的方法对沂蒙老区农村产业链融合的数据进行编码，该方法包括开放编码、主轴编码、选择编码三个步骤，也就是常说的三级编码。在编码之前，课题组要对本书研究的目的、对象、框架、资料、方法进行充分的理解，通过阅读、讲解、交流等方式充分掌握收集的资料，并根据自己的专业和特长进行优化组合，确定编码内容的具体分工。具体的编码过程如下：

（1）开放编码。根据具体编码内容的分工，对沂蒙老区农村产业链融合的资料数据进行开放编码。根据原始数据资料，采用逐行、逐句、逐段的方式进行编码。例如，访谈者说"产品销路不好，积压严重，仓库里一大堆""人家的货好，一比较咱家的就不行，低价也卖不动"，课题组就形成"产品滞销"开放编码。就这样不断推进，形成大量的开放编码。其间，很多开放编码经过多人多次的讨论才确定下来。最终形成如图8-1所示的一级编码。

（2）主轴编码。"产品滞销；竞争激烈；价格下降；认证标准提高"归纳为二级主题"产品创新需求"，将"技术瓶颈；自主创新艰难；交流学习；模仿创新；合作创新"归结为二级主题"科技创新需求"，将"自主攻关；重视研发；招聘技术骨干；关注对手"编码为主题"企业研发"。经过多次反复调试，共形成了十四个理论范畴。

（3）选择编码。在开放编码和主轴编码的过程中，我们发现所谓的农村全产业链融合，其实质就是改变、创新、发展，而创新与发展的基本方式为自主性创新、合作创新；沂蒙老区四条典型农村产业链中上述两种基本方式又是紧密融合在一起的，形成了与本地发展情况相适应的自主式协同创新。如此，本书以创新、自主式协同创新为核心类属，比较归纳各个理论范畴，将之组织形成一个前后关联的理论结构。这个理论结构主要由创新需求、自主式协同创新、产业链融合能力三个维度或核心类属构成。

遵循焦亚等（2013）的数据信息理论建构方法，本书在数据减少、数据展示、理论开发的每个步骤，都不断迭代和持续反馈资料、编码，力争将资料、数据想说的话客观准确地表达出来，形成一个立足实际的新的沂蒙老区农村产业链融合的理论发现。沂蒙老区农村产业链融合初期编码具体情况，如表8-4所示。

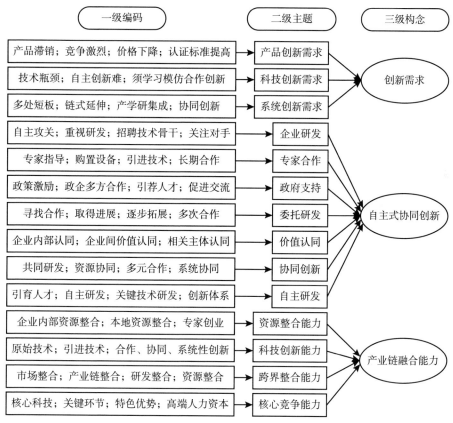

图8-1 沂蒙老区农村产业链融合内在机制的编码结果

表8-4 沂蒙老区农村产业链融合初期编码示例

三级构念	二级主题	一级编码	案例证据
融合需要	经济发展	产品滞销	加工的东西很难卖出，堆在仓库里，发不起工资（YSC）
		技术落后	我们的榨油技术是老一辈传下来的，一直在用（JNC）

三级概念	二级主题	一级编码	案例证据
融合需要	经济发展	生活贫困	大部分家庭吃饭都成问题（PYC）；产品无销路，工资低（YSC）
		环境污染	臭气熏天，闻不得，村里也没办法（XTC）
自主式协同创新	企业研发	自主攻关	老厂长亲自带着大伙"没黑没白"地干，愣是把老榨油方法做了改进，油香了很多（JNC）；县领导到处寻找好的金银花品种，在家后的地里进行栽培（PYC）
		重视研发	老厂长说"一招鲜，吃遍天"，贷款买了当时最先进的设备（YSC）；技术和营销人员是最吃香的（JNC）
		招聘人员	老厂长专门派人到国有企业、外省大厂去找人、挖人，今年下来有两位退休的老技术员和10多名年轻人来了我们厂里，做了不少事（YSC）
		关注对手	大家积极打听消息，领导选最好的企业作为榜样，向它学习（YSC）
	专家合作	专家指导	当初，遇到技术问题就托朋友找关系联系专家，来企业指导，专家很厉害。开始时，请了好多技术专家，也没有解决问题（XTC）
		购置设备	经过调研，老厂长力排众议决定采购当时最先进的设备，大幅度提升了企业的生产能力和经济效益，也培养了一批年轻的科技骨干（JNC）
		引进技术	记得当时有一个新的加工技术，技术人员愿意转让；可是，当初我们刚更换了设备，还用不上。老厂长召开会议讨论，大家觉得这项技术留在我们手中，比被其他企业买去要好很多，就引进了该技术。后来，真帮了企业大忙（YSC）。县领导从山东农科院、高校弄来了很多技术，帮大家改进了金银花的种植、管理、加工（PYC）
		长期合作	有很多专家给予企业大量帮助，我们成了朋友，遇到问题就去找他，后来聘任他担任企业的技术首席专家，还带出来一些年轻人（XTC）
	政府支持	政策激励	县里对纳税大户有政策优惠，在土地指标、税收减免、财政补贴等方面有支持（JNC）
		政企合作	基层的事离不开政府，土地改革、园区建设、技术改造、治理污染、品牌建设都是在政府和企业合作中实现的（YSC）
		基础建设	县领导和乡镇领导经常到我们村调研、指导工作，铺路架桥通电，做了很多好事情（PYC）
		信息交流	政府每年的工作报告、相关的重大政策调整、重要工程项目，经常召开座谈会，甚至专门请我们几个老头子咨询、事先通气（XTC）

续表

三级构念	二级主题	一级编码	案例证据
产业链融合能力	资源整合能力	企业内整合	企业内部调整是必需的，关键是用事实说话、鼓励竞争，区分大才、中才、小才，把有本事的干事创业人才放到合适的岗位上，让大家心情舒畅、努力工作。然后定目标、定奖惩、定考核，大家有了共同的标准和"指挥棒"就好办了（YSC）
		本地整合	企业办得有点成绩，大家都看得到，争相模仿。我们也想扩大规模，开拓市场，提高市场竞争力；在政府支持下，老厂改造提升、建设新厂区、开设代理处，稳步进行，不能急躁，要充分考虑自己的发展战略、人才、资本、市场、环境等要素。就是不能停下来！（JNC）
		能人创业	我们在自己努力向前走的同时，也在尽可能地团结、带领大伙一起向前走。首先，支持本企业的人才干事创业，企业提供一定帮助。其次，欢迎企业外的有志青年、人才一起创业，根据自己的条件选择适合的方式（PYC）
		产业链整合	老厂长眼光独到，20 多年前就把握住了农产品加工的几个关键的环节；不断优化、拓展、储备人才、技术、资源，持续完善利益关系，为后来的发展奠定了产业链条的雏形（JNC）
	科技创新能力	自主创新	企业积累了一定的自我研发能力（YSC）
		引进技术	根据行业发展需要，积极引进高新技术（YSC）
		合作创新	开展了不同层次、领域、规模、程度的组织、管理、科技、营销合作（XTC）
		协同创新	在初期，我们和几所高校的研究所的科技合作比较深入（XTC）

注：为了行文方便，沂水农副产品加工产业链、莒南花生产业链、平邑金银花产业链、新泰肉鸭产业链依次简称为 YSC、JNC、PYC、XTC。

资料来源：笔者根据程序化扎根理论的编码方法得到。

8.2.3 案例分析

沂蒙老区农村产业链融合既是该地区农村产业链不断形成与发展的过程，也是沂蒙老区农村企业、政府、社会组织等产业相关主体持续优化人力资本、物质资本、科技资本、公共资本、社会资本促进产业链拓展、延伸、强壮的过程，还是产业链主体竞争能力、核心能力不断塑造与提升的过程。在系统回顾相关文献和调研数据资料的基础上，根据产业链的主要问题、重要实践活动、核心主体、产业链融合能力等条件，将沂蒙老区农村产业链融合的发展情况分为三个阶段，即产业链融合的初期、快速发展时期、转型发展时期。

本书有两个概念需要澄清，即产业链演进与产业链融合的差异。产业链形成与发展是产业链融合的基础和前提，产业融合是产业链的一种状态，它是产业链形成发展的一种基本趋势；产业链融合相对立的概念是产业链分工、分解，就是产业链不融合的状态。从而，产业链的形成发展包括产业链融合、产业链不融合两种基本状态或过程。

8.2.3.1　产业链融合初期

在沂蒙老区产业链融合的初期，在产品创新需求、农业适度规模经营、共同富裕等因素的驱动下，该地区的农民企业家、技术骨干、基层政府、研发机构等相关主体，通过本地层面的自主式协同创新提升资源整合能力，驱动老区农村产业链不断融合（如图 8 - 2 所示）。

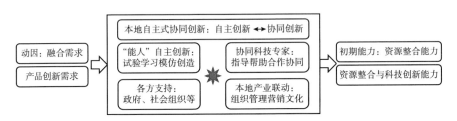

图 8 - 2　沂蒙老区农村产业链融合初级阶段的发展机制

（1）基层政府组织创新。乡镇政府或县级政府等基层政府面临着严峻的经济社会生态发展形势，例如，集体企业经营困难、乡村群众热切盼望富裕生活，而现有的组织管理经营者难以满足这些需求。另外，"时势造英雄"，一批本地企业家、科研骨干、返乡创业人员等"能人"经过市场经济的洗礼脱颖而出，展现出良好的经营管理能力和带领群众共同富裕的热情。因此，基层政府应打破现有的各种制约，通过组织创新，赋予其一定的职务、权力或资源，使其带领乡村企业、乡村集体经济、村庄社区的发展。

（2）"能人"及其团队带领群众发展特色优势产业。本地特色优势产业具有良好的基础条件，便于形成市场竞争力，能产生实在的生产、经营收益。此时，一般面临土地等经济资源的"碎片化"以及科技水平低下两个突出问题。资源问题在"能人"的推动下，通过合作社、集体经济、利益共享机制加以逐步解决。科技创新难题一般有两种方式：一是"能人"及其团队通过艰苦探索，实现产品生产加工技术的自主创新；二是"能人"及其团队通过与科研院所或科技专家合作，取得协同成果，实现了科技的突破。

（3）本地产业的联动效应。资源和科技的突破性变化，一般会使相关企业组织、管理、营销、文化发生一连串的变化，使该产业的生产、加工、营销、运输、研发、消费等产业环节获得较快发展。这就为本地特色优势产业发展奠定了坚实的基础，经过几年的努力形成沂蒙老区产业链融合的初级阶段。

8.2.3.2　沂蒙老区农村产业链融合的深化阶段

在沂蒙老区农村产业链融合的深化阶段，以科技创新需求为核心的产业链融合需求，以产业链龙头企业的科技创新系统为基础，在区域产业生态系统的支持下，特别是高端研发平台的助推下，不断推进协同创新的深化，在不同区域层面整合资源，延伸、拓展、壮大产业链，不断促进沂蒙老区农村产业链融合的深入发展，如图 8-3 所示。

图 8-3　沂蒙老区农村产业链融合深化阶段的主要机制

　　具体而言，沂蒙老区农村产业链融合的深化主要通过三个主要环节形成发展，具体如表 8-5 所示。

表 8-5　　　　　　　沂蒙老区农村产业链融合深化阶段编码示例

三级构念	二级主题	一级编码	案例证据
融合需要	科技创新需求	技术瓶颈	期初，觉得自家产品已经很好了，可是一比吓一跳，在营养、口感、包装上我们确实有差距（YSC）。企业主打产品花生油的 3 个指标比河南、东北的产品高，在农产品洽谈会上被比下来了（JNC）
		自主创新难	王副总带着研发团队摸清了问题，尝试了很多回，技术难题仍然没有彻底解决（YSC）。我们的研发团队还处于初级阶段，开发不了大项目（XTC）
		寻求支持	试了各种方法想搞合作、购买，人家不理我们，门都不让进（PYC）。老朋友、原有的合作关系搞不定新技术，但提供了很多有用的信息，政府也在帮忙（JNC）
自主式协同创新	自主研发	战略指引	我们把当时所有的技术需求列出来，形成一个单子；由田副总专门负责，按照需求、重要性、难易程度形成研发顺序，以自己的科研骨干为基础，制定实施方案，稳步推进（YSC）
		积极研发	老厂长多次强调、督促，陪研发团队到深夜（YSC）。在现有条件下，研发人员汇聚各方面得到的信息，不断尝试，有段时间没白没黑地试验，不断将新成果应用到生产中，取得了明显的成绩（JNC）。新引进的人才发挥了重要作用（XTC）
		逐步拓展	研发是有规律的，人才是第一位的，有组织、有计划、有体系地逐步推进是必需的，没有耐心不行，没有定力更不行，各司其职，充分配合，持续拓展，终有成就（JNC）
		多次合作	不努力，肯定不行；不得法，事倍功半。我们动员了很多资源和人力，在保守秘密的前提下，与科研机构多次合作，卓有成效（YSC）。合作是双方的，相互选择，共同发展（PYC）
	价值认同	价值认同	究竟我们能提供什么样的产品？每位员工给企业带来了什么？我们的工资待遇和同行相比怎么样？只要对企业发展有贡献，就应该获得报酬和激励，制度很重要（YSC）。企业凭什么超越对手（PYC）
		思想认同	开始时，大家对领导的讲话不是很赞同，觉得现在很好，为什么要变化？几年后，员工接受了价值观和标准，认为只有按照新的办法才能走得更好、更远、更快（YSC）。宣传好、示范好、总结好、坚持好的有效做法很重要（PYC）

续表

三级构念	二级主题	一级编码	案例证据
自主式 协同创新	价值认同	创新生态	后来，我们将企业价值观和比较成熟的做法，在集团所有企业、部门进行讨论深化，建设了一个干事创业的良好环境氛围。督查、评比，落实在具体工作中，效果很好，员工有了准绳，领导也轻松（XTC）
		动态优化	价值观、思想状况、环境氛围、标准制度都是变的，必须与企业、所处环境、发展需要结合起来才行（JNC）
	协同创新	互帮互助	联合相关企业、合作科研机构，根据各方发展需要，各取所长，相互帮助，共同攻关，实现技术问题的快速解决（YSC）
		名人效应	我们好不容易找到了××院士，确实水平高，实现了关键技术的突破，使企业高质量发展迈上了新的台阶；后来，还指导我们建设实验室、规划研究方向、引进高端人才（JNC）
		长期合作	选择基础性、战略性、困难大的科技难题与国家级科研机构合作，不求立竿见影，希望长期立于不败之地，通过战略性研发合作，应对产业科技发展的动态变化（PYC）
		系统协同	不仅我们重视研发，这里的其他企业，大的小的，都有自己的绝活。很多时候，大家聚聚聊聊，相互帮忙，整体力量就上去了，整个产业也就活了（XTC）
产业链 融合能力	跨区域 整合能力	市场整合	我们通过调整市场布局，充实传统优势市场，积极整合拓展跨区域市场，锚定国际市场，构建了相对完整的市场体系（YSC）
		产业链 整合	这些年来，一直围绕着生产、加工、销售、消费、物流、营销、仓储、原材料等环节，积极延伸、增强、优化产业链，现在的产业链整体上达到了全国领先水平（JNC）
		研发整合	构建了以企业科研骨干为基础、企业科技专家为核心、国内知名专家为重要成员的多元创新系统，在不同市场区域设立了3个研发中心，企业科技实力稳步提升（PYC）
		资源整合	随着产业链的不断发展，在人力资本、物质资本、科技资本、政府资本、金融资本等领域，企业和产业链中的主要企业做了系统的规划、积累、调整，对资源的整合、配置能力显著提升（XTC）
	企业系统 创新能力	自主创新	当企业有了国家科技奖、国家专利和国际先进的生产线，有了自己的科技创新团队和平台，自主创新的自由度就大了（YSC）

三级构念	二级主题	一级编码	案例证据
产业链融合能力	企业系统创新能力	链式协同	当初，老支书说："我们底子薄，发展晚，在自立自强的同时要向同行学习，充分合作，尤其是产业链层面的协同，合作是王道。"（PYC）
		系统创新	创新的系统性非常强，每一项管理、制度、知识、技术、产品、商业模式的创新都具有系统性，需求、主体、载体、客体、环境等要素自成体系，相互影响，无论是自主还是协同，都要深刻把握系统性（YSC）
		需求引致	所有的问题、创新、能力，都要围绕企业发展需要、市场需求、环境发展需要；一段时间各种需要很可能形成一个需求体系，一般要有轻重缓急，要量力而行，也要准备集中资源打"歼灭战"（PYC）

注：为了行文方便，沂水农副产品加工产业链、莒南花生产业链、平邑金银花产业链、新泰肉鸭产业链依次简称为 YSC、JNC、PYC、XTC。

资料来源：笔者根据程序化扎根理论的编码方法得到。

（1）以科技创新为核心的新产业链融合需求。经过初级阶段的发展后，沂蒙老区农村的产业链融合日新月异，科技、资源、市场、政策、社会服务不断集聚、深化，在几年间以"能人"为核心的产业链融合初具规模，农村经济发展的目标要求得到初步的解决，大家走在了小康的大道上。此时，整个产业链面临着跨区域，甚至全国市场的挑战，生产出物美价廉的富有区域竞争力的产品成为必然。已有的科学技术与高质量的产品存在内在的矛盾，迫切需要产业链层面的科技创新。

（2）以龙头企业科技创新系统为基础的产业链协同创新。经过几年的发展，沂蒙老区农村产业链形成一批具有市场活力的企业，龙头企业是其代表。面对跨区域或者国际国内市场的激烈竞争和可持续发展，以龙头企业为核心的产业链奋起攻关，努力通过企业内或者产业链层面的自我研发提升科技创新能力，努力通过优化调整所能掌控、影响的资源，以降本增效，提升产业链整体的市场竞争力。另外，根据访谈企业家的回忆，为尽快解决企业发展的科技短板，千方百计地打听相关研发信息，想方设法把相关技术、科研骨干、大专家请到企业来，搞合作、搞研发，可以说我们用真情实意打动了专家和朋友们，形成了价值观层面甚至理想层面的认同，同心协力谋发展，才有了后来的站稳脚跟、不断扩张。其间，县级政府和行业协会做了大量工作，有力地支持了企业、产业链的发展。

（3）科技创新体系与跨界资源整合能力的形成与发展。经过龙头企业为核心的产业链协同创新和跨区域资源整合，在一般意义上，沂蒙老区农村的产业链融合获得了突飞猛进的发展，企业、产业、农村、县域等层面或领域展现出蓬勃生机，跨区域市场的综合竞争力显著增强。从纵向和横向比较观察，在产业链融合深化阶段，龙头企业及其产业链跨区域资源整合能力，尤其是以龙头企业为核心的科技创新能力，及其平台体系，才是推动沂蒙老区农村经济社会生态持续高质量发展的根本。

8.2.3.3 沂蒙老区农村产业链融合的转型发展时期

在沂蒙老区农村产业链融合的转型阶段，以数字技术、人工智能、绿色技术为代表的新一代信息技术的革命，在世界范围内对产业高质量发展提出了新的要求，新一代高新技术重塑产业体系成为时代趋势，沂蒙老区农村的产业链也不例外。沂蒙老区农村的产业创新系统在政府、企业、研究机构、金融、服务、消费等相关主体的支持或参与下，通过协同式自主创新不断完善研发的平台体系，有序推动老区各县市区农村产业链的一体化、数字化、智能化、绿色化深入发展，使老区产业链融合迈上数字化、智能化、绿色化的新轨道，资源整合与能力塑造步入新的高级阶段。具体如图 8 - 4 所示。

具体而言，沂蒙老区农村产业链融合的转型发展主要通过 3 个主要机制实现，3 个机制的编码过程具体如表 8 - 6 所示。

图 8-4   沂蒙老区农村产业链融合转型期的主要机制

表 8-6   沂蒙老区农村产业链融合转型期编码示例

三级构念	二级主题	一级编码	案例证据
融合需要	三化需求	数字化需求	数字化、农业数字技术很厉害，可以降本增效，提高竞争力。我们正在学习，也在积极推进，专门成立数字化研究小组，搞点事情（YSC）
		智能化需求	前段时间到国外参观考察，人家的机器人非常高超，国内同行业做得不错，我们也有点东西，相比之下还很不够，得加大力度才行。企业高层下决心要搞加工的智能化，由一位副总负责抓这项业务（JNC）
		绿色化需求	对肉鸭企业，生态环保一直是我们的短板，绿色技术的新突破是新的契机，对我们提出了更高要求、新的挑战，企业迫切需要这方面的人才、技术、方案、政策（XTC）
		政府推动	从上到下，各级政府都在努力推动数字化、智能化和绿色化，出台了一系列政策给予扶持。县里专门召集我们几家企业老总座谈，鼓励我们带头搞数字经济，我们也觉得势在必行，在努力尝试（YSC）
协同式自主创新	协同创新	协作主体	经过多年合作和探索，企业已经形成了比较完整的协同创新体系，将合作方分为 3 种类型，即核心合作机构、关键合作企业、动态合作主体（PYC）
		合作方式	近几年，集团与外单位的合作方式发生了转折。我们由原来的求人合作发展到现在的找能人合作，我们有了很大的选择权，这是一个根本性变化。资本和人才以及管理，我们都有了一定的积累；同时，也只有自己才能更加了解自己，很多项目我们不需要合作；需要合作的项目，都选最强的、世界先进的（YSC）。共同研发、资源协同的相对少得多，"揭榜挂帅"项目多起来了（PYC）
		链式协同	我们很多时候是集合多家产业链企业一起与相关科研院所进行合作，充分酝酿，签署协议，利益明确，有序推进（XTC）

续表

三级构念	二级主题	一级编码	案例证据
协同式自主创新	协同创新	协作内容	近几年，数字化、智能化、绿色化领域的合作项目日渐增多，合作的层次、范围、深度、力度也在不断提高。大家都在这么干，谁在数字化、智能化、绿色化方面落下，就意味着被市场淘汰（PYC）
	自主创新	引人育才	为了适应数字化、智能化的需要，近几年企业引进了 19 名年轻的专家和技术人才，加上原有的人员，构成了一支实力较强的研发团队，在数字化方面取得了一定进步（YSC）
		自主研发	我们围绕着企业的科技优势领域，深入开展数字化、智能化和绿色化技术研发，试图强者更强，打造"一招鲜"技术；在我们实力相对较弱的领域，在力所能及的条件下，我们在尝试运用新技术刚发展的契机，通过自主研发和有效合作，探索"弯道超车"或"换道超车"（XTC）
		链式布局	现在各行业的日子都不好过，必须紧跟形势，不断优化资源，夯实生产、研发、销售、服务四大体系，紧紧把握产业链关键要素、重点环节、主要步骤，在产业链、产业集群层面取得主动权，运用地方、区域的力量抵抗各种不确定性（JNC）
		研发体系	科学家、专业技术骨干、优秀的管理人才是企业发展的战略资源，是资本实现价值的主要载体。我们适应新时代，就靠他们；我们的研发体系一直围绕他们有条不紊地建设，还不错，有几个年轻人很好（PYC）
产业链融合能力	核心资源整合能力	新资源	以前，有土地就可以建厂，有资金、有技术就可以生产，就会有市场和利润。现在，不成了，客户、市场认可，愿意购买，才能赚钱。不搞信息化、数字化、机器人、电子商务，整体上就打不过人家。所以，新技术是核心，要跟上时代；资金、管理、服务要跟上，有新本事的人才是新时代企业高质量发展的根本（YSC）
		产业链重塑	我们的基础在哪？就是企业所在的这片土地，这片土地上的企业，大家奋斗了这么多年，也争了这么多年；你靠我，我靠你，适应新形势，形成一个链条、一个集体，相互帮助，相互竞争，才能走得更远（XTC）
		典型示范	说到新时期我们这个行业的资源整合主要看三个方面。一看龙头企业，看它们如何配置资源实现数字化、智能化、绿色化。二看产业链的协调度，看中小企业在做什么。三看政府的政策在做什么。大家都会跟着"老大"走，向榜样学习（JNC）

续表

三级构念	二级主题	一级编码	案例证据
产业链融合能力	核心竞争力	核心科技	具有前沿科技的科技专家、管理服务人才、营销专家是转型期的核心资源，凝结了数字化、智能化、绿色化的科技成果是企业和产业链的核心竞争力的基本表现（JNC）
		支撑体系	核心资源、核心科技、品牌产品的形成与提升的载体是企业或产业链的高端平台体系和以激励创新创业为目的的制度体系（YSC）
		特色优势	很多道理就是那样，客观地讲，我们还是一个低端企业，与同行业的跨国公司比不得；但是，我们要生存就得有特色和核心竞争力，不能被人家取代，几十年我们就把榨油技术不断提升，别人搞不来（JNC）
		动态能力	老董事长一直讲，能力是随着市场、时代变化的，我们自己也在不断进步，竞争对手也在不断改进，各个环节也在不停变化，要适应，不要被淘汰，最根本的一条是向前看、努力向前走、和高水平的人一起向前走（YSC）

注：为了行文方便，沂水农副产品加工产业链、莒南花生产业链、平邑金银花产业链、新泰肉鸭产业链依次简称为YSC、JNC、PYC、XTC。

资料来源：笔者根据程序化扎根理论的编码方法得到。

（1）数字化、智能化、绿色化提出产业链融合转型发展的新需求。经过产业链融合深化阶段的发展后，沂蒙老区农村产业链进一步夯实了融合发展的人力资本、物质资本、科技资本、组织管理的基础，跨区域资源整合与龙头企业科技创新的能力显著提升。随着数字化、智能化、绿色化为核心的新一代信息技术革命的迅猛发展，企业及其产业链数字化、智能化、绿色化发展成为持续发展的必然选择，老区农村的传统产业如何适应新的需求，实现企业或产业的数智化、绿色化重构成为沂蒙老区农村产业链融合的现实问题。

（2）产业链的数字化、智能化和绿色化转型。其中涉及三个环节。第一，认识与模仿。数字化、智能化和绿色化的突破性创新和全面深化，对沂蒙老区农村产业链的相关主体，尤其是龙头企业而言，还需要学习、交流，不断总结其形成、发展的经验、教训、规律。并在典型企业的示范效应下，积极学习、交流、模仿、创新，不断选择适合本地条件的数字化、智能化和绿色化模式。第二，以数字化、智能化和绿色化为核心的协同创新、自主创新。新的科技革命产生的新质生产力具有强大的生命力，一旦与企业或产业结合就会产生强大的生产力和经济社会效益。由于数字化、智能化和绿色化技术体系庞大，涉及范围大，沂蒙老区农村企业和产业条件相对有限，因此探索适应的数字化、智能化和绿色化模式是一项艰苦的创新性工作，往往需要协同创新、自主创新共同发力，至于二者的具体结合方式需要根据具体条件而定。第三，沂蒙老区农村产业链的数字化、智能化和绿色化，需要区域层面的产业创新系统与生态系统共同高效推进才有可能。技术创新离不开科技创新系统，科技研发又是在其创新生态系统中进行的。由于数字化、智能化和绿色化的高端化、复杂性、长期性，科技创新平台体系以及产业链的一体化比以前更加迫切和关键。

（3）沂蒙老区农村产业链核心能力的塑造与提升。这包含两个方面。第一，转型发展阶段是产业链相关主体主动适应世界新一轮科技革命的实践与探索，高能级的人才、科技、资本、制度是其根本；经过数字化、智能化和绿色化的考验与洗礼，存活、发展起来的企业及其产业链就具有了数字化、智能化和绿色化某一或某些领域的核心竞争力。在这个意义上，沂蒙老区农村企业、产业的数字化、智能化和绿色化竞争力的水平，就影响甚至是决定了转型时期产业链融合的程度和水平。第二，沂蒙老区农村产业链的数字化、智能化和绿色化能力，或者转型时期核心能力的塑造与提升一般来源于协同式自主创新。其根本是自主创新，各地各行业各企业都面临着数字化、智能化和绿色化的使命，都在相互学习、借鉴、提高，所以沂蒙老区农村产业链的龙头企业更多还是依靠自己的科技创新能力实现这一历史性的转变。与此同时，各有所长、各有所需，充分发挥协同效应，开展各种形式的合作也是数字化、智能化和绿色化不可或缺的。所以，转型期沂蒙老区农村产业链的核心能力塑造的本质应是协同式自主创新。

8.2.4　沂蒙老区农村产业链融合的理论模型

综合上述案例分析的研究成果，可以发现沂蒙老区农村产业链融合起源于内在的融合需求，为了满足融合需求产业链相关主体在不同领域开展自主创新、协同创新，形成独具特色的自主式协同创新，逐渐形成了本地区、跨区域整合资源的能力，塑造了产品创新、科技创新、核心创新能力，推动着老区农村产业链融合水平由融合初期经融合深化阶段向融合转型阶段演进。从而，形成了沂蒙老区农村产业链融合的"三阶段－两创新－三能力"理论模型，"三阶段"是指沂蒙老区农村产业链融合至今已经经历了融合初期、融合深化、融合转型三个阶段，"两创新"是指自主式协同创新和协同式自主创新，"三能力"是指本地区资源整合能力、跨区域资源整合能力和科技创新能力。具体如图 8－5 所示。

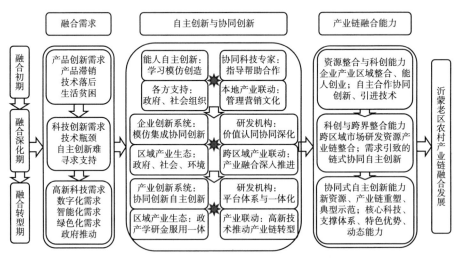

图 8－5　沂蒙老区农村产业链融合的主要机制

（1）从纵向维度分析，沂蒙老区四条典型的产业链经历了融合初期、融合深化、融合转型三个阶段。三个阶段融合发展的原因、动力、主体、资源、能力各不相同，具体表现在四个方面。原因方面，三个阶段面临的主要问题依次是产品创新需求、产业链各环节技术创新需求、产业链的数字化和智能化以及绿色化需求。动力方面，三个阶段驱动融合发展的主要动力是生产发展的内在需求、产业链国际国内市场竞争压力、新一代高新技术重塑产业结构的时代需要。主体方面，三个阶段的核心主体依次是政府和"能人"、龙头企业家和研发骨干以及营销专家、科技专家和企业家以及政府。资源方面，三个阶段都需要人力资本、物质资本、科技资本、政府资本、社会资本等；但是资源整合的层级不同，三个阶段整合的资源依次是本地资源、跨区域资源、国际国内的科技资源。能力方面，三个阶段的主要能力依次为本地区的资源整合能力、跨区域的资源整合能力以及跨界的科技创新能力。

（2）在产业链融合的初期，沂蒙老区产品创新需求引发了基层政府的组织制度创新，使一批"能人"走上经济社会管理岗位；"能人"及其团队努力自主创新，竭力寻求合作，逐步形成了本地资源的整合能力和一定的科技创新能力，很好地解决了产品创新的发展需求，从而推动了本地产业链的形成与融合发展。

（3）产业链融合的深化阶段，经过初步发展的沂蒙老区农村产业相关主体及其产业链，面对国际国内前所未有的激烈竞争，产业链各环节面对关键技术、核心技术等的瓶颈。在各级政府、社会组织、科研院所、服务机构等的支持和帮助下，沂蒙老区农村的龙头企业以其科技创新系统为基础，通过积极的价值认同和协同创新，在有限的时间内稳步解决了产业链的科技创新需求。其间，逐步形成了跨区域、跨行业的资源整合能力，以及自主式协同创新能力，充分保障了老区农村企业及其产业链的持续健康高质量发展，推动产业链融合有效深化。

（4）在产业链融合的转型阶段，沂蒙老区农村企业、产业链的主要矛盾是以数字化、智能化、绿色化为核心的新一代信息技术革命引发的产业重塑，与沂蒙老区农村产业链整体现代化水平相对较低的矛盾。在区域产业创新生态系统的有力支持下，沂蒙老区农村的龙头企业与时俱进，以协同创新为手段，以产业创新平台体系建设和产业链一体化提升为核心，大力推进自主创新，形成了协同式自主创新的新格局。从而，初步形成了协同自主创新能力，为沂蒙老区产业链融合奠定了新的科技、管理、制度、商业模式等方面的坚实基础。

（5）关于自主创新与协同创新。通过分析沂蒙老区四条产业链的融合发展历程，可以发现：每当老区产业发展到一定阶段，龙头企业、一般大中小微企业，还有产业链都会停顿下来；运用原有的思维、方式、方法、手段不能解决眼下的矛盾、问题，必须有人站出来，比如企业家、科技骨干、营销专家、政府领导，想出新的办法与大家一起克服困难，带着企业、产业链迈向更高的台阶。这个过程就是"新"替代"旧"的辩证的创新过程。令人印象深刻的是，沂蒙老区农村的创新过程具有鲜明特点，具体表现在三个方面。第一，面对发展困境或筹划未来时，沂蒙老区农村产业链融合的相关主体大都立足自身的资源和能力进行创新，而不是首先想到从外部想办法。从而，其创新具有鲜明的自主性，或者说其创新就是自主创新。第二，面对发展困境或筹划未来时，沂蒙老区农村产业链融合的相关主体大多能保持开放的心态，积极争取各方面的帮助、支持、关心，积极开展各个层面、各种条件的合作、协调、协同。从而使老区农村的产业链融合创新具有了协同性。第三，在产业融合的不同发展阶段，沂蒙老区农村产业链融合的相关主体的自主创新、协同创新又是因地制宜地结合在一起的，表现为融合初期的自主创新和协同创新并重，融合深化阶段的自主式协同创新，转型阶段的协同式自主创新。

（6）关于产业链融合的资源与能力。资源和能力是沂蒙老区农村产业链融合的必要条件，它们是相关主体开展产业活动的载体或结果。在这个意义上，沂蒙老区农村产业链融合主体、产业链资源、产业链融合能力、自主创新和协同创新以及融合问题是统一在一起的。从典型案例的分析观察，沂蒙老区农村产业链融合的资源和能力又是相互匹配的。在初期，政府和"能人"在本地区范围内进行资源整合，形成相应的资源整合能力，产生与之相对应的自主科技创新能力。在融合深化阶段，以龙头企业为主体的产业链相关主体，对不同区域或行业的资源进行整合，形成相应的跨区域资源整合能力，塑造与之相适应的产业链科技创新能力。在融合转型阶段，以产业链科技创新系统为主体，对国内外相关资源进行整合，不断拓展资源配置能力，积极强化新时期的科技核心竞争力。进而，还可以发现每一个产业链融合新阶段的资源及其能力，都是上一个阶段资源与能力的继承与发展，都是相关主体在继承上一阶段发展成果的基础上大力自主创新、协同创新，积极实践的结果。

8.3 沂蒙老区农村产业链融合的基本路径

8.3.1 沂蒙老区农村Ⅰ型产业链的路径选择

产业融合过程涉及企业通过并购与协作策略，促进跨企业资源的高效整合，旨在强化产业链的整体竞争实力及增值能力。在探索产业融合路径时，可着眼于四个核心维度：垂直整合、横向联合、技术融合与创新、平台化整合机制战略。

（1）垂直整合。此概念涉及经由并购或协作手段，对产业链的上下端实施掌控，进而实现垂直整合。具体展现形式涵盖向上整合、向下整合及全方位垂直整合三大类别。向上整合意指通过对原料生产商的并购或协作，以确保存货来源的稳定性，削减原料成本开支，提升产品品质。例如，一家汽车制造商可能选择并购或合作铸铁厂、橡胶制造商等原料供应商，以此来巩固原料供应链条，减少成本开销，增进汽车产品的质量保证。向下整合则侧重于经由并购或协作销售通道、零售商及消费者终端，拓宽销售路径，增强市场份额占有率，提升品牌形象的辐射力。例如，一家电子商品制造商可通过与电子商务门户、实体店铺等销售渠道的并购或合作，拓宽市场触点，增长市场份额，加强品牌在市场中的影响力。而全方位垂直整合则是指跨越产业链的上中下游，通过并购或协作行为，实现产业链的整体操控，旨在提升产业链的竞争实力与价值创造潜力。例如，一家纺织企业能够通过整合棉花种植基地、纺织工厂、成衣制造及销售环节的企业，全面掌控纺织产业链，从而增强该产业链的竞争力与价值创造力。

（2）水平整合。此概念涉及同领域或跨界企业的合并及协作，旨在扩展生产能力、增强市场份额，并促进资源共享与技术互补。水平整合涵盖三类主要形式：行业内整合、跨界整合及国际整合。首先，行业内整合意味着通过与同类企业的联合或合作，以扩容生产、提升市场占有率为目的，并实现在资源与技术层面的共享与互补。例如，两家相似的电子制造厂商经由合并，能够共谋生产规模的拓展、市场占比的增加及深层次的资源共享与技术协同。其次，跨界整合则是指跨越不同产业界线的企业合并或合作策略，旨在探寻新市场机遇，推动产业链的延伸与多元化。例如，一家传统食品公司与健康食品生产商合作，借此开辟健康食品板块，加速产业链的多向发展。最后，国际整合，则强调与海外企业的联合或合作路径，旨在拓宽国际市场疆域，提升全球竞争力，并促成国内外资源整合的高效对接。例如，一家中国家电制造商与欧洲同行的合并合作，即是迈向国际市场扩容、全球竞争力升级及国内外资源深度融合的有力例证。

（3）技术融合与创新。此概念涉及与高科技企业或科研单位的合作，旨在引入先进科技资源与创新体系，从而增强产业链的科技含量与创新能力。

具体而言，技术融合与创新可分为三大策略：技术吸纳整合、技术协同融合及创新平台整合。首先，技术吸纳整合指借助与科技领先企业的合作机制，引入高端技术与创新模式，推动产业链的技术升级与创新能力跃升。例如，某国内半导体公司可与国际顶级半导体企业合作，引入先进技术与创新实践，加速半导体产业链的科技进步与创新能力提升。其次，技术协同融合，则意味着与其他企业或科研机构建立合作关系，共同开展新产品的研发与技术突破，实现创新资源共享与优势互补。例如，一家医药企业能通过与其他同行或研究机构的协作，携手开发新药与创新技术，达到知识与成果的共通共享。最后，创新平台整合，则聚焦于构建集中的技术创新基地，汇集创新要素，实施集中化、规模化的创新管理模式。例如，一家科技公司可通过设立技术创新园区，有效整合创新资源，推进创新活动的系统化、规模化发展。

（4）平台化整合机制。此概念涉及构建诸如电子商务、供应链管理和智能制造等平台，以信息化手段贯穿生产、供应、销售等流程，旨在提升产业链的效能与品质。具体而言，平台化整合机制涵盖三个方面：电子商务平台的整合、供应链管理平台的整合及智能制造平台的整合。首先，电子商务平台的整合，意在借助该类平台的建立，促进线上线下渠道的无缝连接，增强销售渠道的多样性和智慧化水平，例如，某服装公司借力电子商务平台，实现了销售渠道的全面升级与智能化转型。其次，供应链管理平台的整合，则专注于利用平台实现各运营阶段的信息管理，加速和优化产业链的运转，提升整体效益。例如，一家汽车制造商可依托供应链管理平台，完成从原料采购到市场销售的全链条信息化管控，从而增强汽车产业链的综合效率与质量。最后，智能制造平台的整合，则是通过平台的搭建来实施数字化和智能化的生产流程改造，提高生产效率与产品标准，例如，某机器人生产商通过智能制造平台的应用，推进了生产流程的数字化进程，显著提高了机器人制造链的产出效率及产品质量。

另外，在确定产业价值链整合路径时，应全面评估地域市场诉求、资源禀赋、可持续性发展、技术革新及政策导向等诸多条件，挑选出最具优越性和增长潜力的产业链加以整合。同时，对于整合进程中可能出现的风险与挑战亦需给予充分重视，采取相宜的策略及措施来确保整合的成效与持久性。举例来说，在实施跨国界整合时，必须顾及各国法律规章、文化差异等因素，制定相应的风险管理策略。面对技术创新的整合，要着重于知识产权的保护，防止技术外泄等问题。而在推动平台化整合模式时，平台的安全稳定性能也不容忽视，需防范数据外泄、系统故障等潜在风险。

8.3.2　沂蒙老区农村 II 型产业链的路径选择

对于那些具备资源整合作用及科技创新力，但目前在国内广阔市场与国际舞台上竞争力尚不突出的第二类产业链，可探索以下四种整合途径以增强其竞争力并促使其可持续发展。

（1）技术融合与创新。作为提升产业链竞争力的核心策略之一，技术融合与创新扮演着至关重要的角色。鉴于该产业链已具备一定的科技研发实力，可通过与外部企业或科研单位建立合作伙伴关系，携手开发新技术与新产品，以此强化产业链的技术底蕴与创新活力。合作模式多样，涵盖联合研究、技术许可、共建研发中枢等多种形式。这一协同过程促使各参与方优势互补，共克技术难关，提升研发效能，同时缩减研发成本。此外，构建技术创新园区亦为可行之策，旨在汇集创新资源，推动技术创新的集约化与规模化运营。此园区可独立存在，或与企业、科研机构等多方共建，旨在通过资源整合，优化管理流程，加速技术创新步伐，驱动产业链的迭代与转型。

（2）平台化整合策略。作为一种促进产业链向数字化、智能化及绿色化转型的关键路径，平台化整合显得尤为重要。鉴于当前产业链正处于这些转型的初步阶段，构建电子商务、供应链管理和智能制造等平台成为提升各环节信息化管理水平、增强产业链效能与品质的可行方案。具体而言，电子商务平台的运用能够促成线上至线下流畅衔接，丰富销售渠道并提升其智能互动水平。供应链管理平台则致力于各环节信息资源的高效整合，不仅加快了产业链运行速度，也确保了产出质量。智能制造平台的部署实现了生产流程的数字智能化转型，直接提高了生产效率与产品标准。此外，平台化整合还扮演着拓宽市场渠道、提升市场份额及加固品牌形象的角色。电子商务平台的搭建，为市场扩张与品牌影响力构筑了坚实的基础；供应链管理平台的健全，则强化了对供应商网络的把控与供应链体系的稳健性；智能制造平台的引入，不仅加速了生产智能化进程，亦为品牌竞争力的跃升提供了强有力的支持。

（3）跨界整合。跨界整合是推动产业链延伸与多元化成长的关键策略。鉴于此产业链在国内大市场的竞争力尚待加强，可通过与其他行业实体的合作，开辟新领域，以促进产业链的扩展及多元化进程。具体而言，考虑与互联网、金融业等异业企业建立合作关系，探求新颖业务模式与市场机遇。与互联网企业的联手，能够促成线上线下融合无碍，增强销售渠道的多样性和智慧化水平；而与金融业的合作，则有望激发供应链金融的创新活力，提升供应链的效能与稳定性。

（4）国际整合与协作。强化产业链在全球市场上的竞争力，跨国融合是一条行之有效的路径。鉴于此产业链尚未在国际舞台上树立起显著的竞争优势，探索与海外企业的合作模式，以拓宽国际市场边界、升级全球竞争力，促成国内外资源的高效整合显得尤为关键。具体策略上，可寻求与海外同行企业或具有互补性质的其他行业企业建立合作关系，携手开发国际市场，共谋双赢局面。与海外同行的合作，能够促进技术交流与市场资源共享，为提升全球竞争力奠定坚实基础；而与补充性行业企业的联手，则有助于产业链的延伸与多元化战略的实施，增强其综合竞争实力。

8.3.3 沂蒙老区农村Ⅲ型产业链的路径选择

对于具备领头企业特质及协同创新模式的第三级产业链，可探索以下策略以实现优化升级：

（1）加强技术创新协作。该产业链内已有一家国家级龙头企业的参与，并且各参与主体正积极推进协同创新。为此，深化技术创新协作成为提升产业链技术水平和创新力的可行路径。这包括与国内外顶尖企业和科研机构建立合作，引入先进技术及创新策略，以驱动产业链的技术革新和创新转型。具体策略包括：构建与全球领先企业及研究机构的长效合作机制，携手开发新技术与新产品，促进技术创新资源的共享与互惠；积极参与国际技术规范的制定过程，以增强产业链在全球市场的话语权与影响力；设立技术创新平台，整合技术创新资源，推动技术创新活动的集约化与规模化运作。

（2）增强市场渗透率。当前，该产业链已在国家级层面上展现出显著的影响力，但其在全球市场的拓展尚存广阔空间。为进一步扩张，建议探索与海外企业的协作路径，以强化国际市场份额，提升全球竞争力。此外，构建电子商务平台及供应链管理系统等数字化策略，亦是拓宽销售途径、增加市场占有率的有效方法。具体策略包括：通过与海外企业的合作，深入了解海外消费趋势，开辟新市场领域，推动国际市场份额的增长；建立电子商务平台，促进线上线下融合，拓宽销售网络，提升市场占有率；同时，构建供应链管理平台，实施数字化管理与生产、供应链到销售的全链条，旨在增强产业链的运作效率与服务质量。

（3）强化品牌建构策略。尽管该产业链在国内市场已具备一定的知名度与影响力，其国际市场的品牌认知度与影响力亟待提升。为此，建议采纳多元化、多维度的市场营销策略，以增强品牌的国际影响力，并提升产业链在全球市场中的竞争力。具体策略涵盖：运用网络平台、媒体宣传、参与国际贸易展览会等多种渠道与形式，拓宽品牌传播路径，提升品牌形象与知名度。此外，构建独特的品牌文化，深化品牌形象塑造，进一步巩固品牌影响力。积极参与国际级展览会，展现产业链的先进技术及创新实力，以提升其国际影响力与认可度。

（4）强化生态环境保护措施。在促进产业链发展进程的同时，必须兼顾生态环境保护的议题。可通过采纳绿色生产工艺、构建循环经济体系等途径，推动产业链向绿色化转型，增强其可持续发展性能。具体实施策略包括：普及绿色生产技术，减轻生产活动对环境造成的负担，加速产业链绿色转型步伐；建立循环经济模式，优化资源配置效率，缩减废弃物产出，进一步提升产业链的长期发展潜力；设立生态环境保护区，维护生态平衡，为产业链的可持续性增长提供有力支撑。

（5）推动产业链上中下游企业的协同进化。在此产业链架构内，领头企业已具备显著的行业影响力，但其上下游企业的成长态势将直接关联到整个产业链的进展。鉴于此，可通过构建供应链管理平台、携手建立共用研发中心等策略，以增强产业链上中下游企业之间的协同效应，提升产业链的整体竞争力与可持续发展潜力。具体实施策略包括：构建供应链管理平台，完成生产、供应链、销售等关键环节的信息技术化管理，提速产业链运行效率与质量水平；联合上下游企业共建研发创新中心，共享技术革新成果，互补新产品开发，加速技术创新的循环迭代；促成产业联盟的构建，进一步催化产业链上中下游企业的深度合作，加固产业链总体的竞争壁垒与持续增长的内在动力。

第9章

促进沂蒙老区农村产业
融合的对策研究

本章旨在前文基础上，构建一套促进沂蒙老区农业产业升级融合的策略体系，核心内容围绕以下方面展开：一是加速沂蒙老区人力资源的汇聚与优化；二是加强该区域科技创新体系的建构与完善；三是不断推进沂蒙老区农村产业融合平台的系统性建设；四是稳步驱动沂蒙老区农村全链条产业深度融合的进程。

9.1 推动沂蒙农村老区人力
资源集聚的对策研究

依据增强沂蒙老区产业融合主体自发协作创

新能力的五个策略：构建创新合作机制、驱动技术革新、注重人才培养、完善政策生态系统以及强化品牌塑造，本书针对性地从乡镇政府与县级政府双重视角出发，提出了促进沂蒙老区乡村人力资源集中的实施建议。

9.1.1 乡镇政府推动沂蒙老区人力资源集聚的对策建议

确立明确的策略方针，对沂蒙老区当下的人力资源状况进行全面评估，考量因素涵盖人口总量、年龄段分布、教育背景及专业技能等多个维度。透过细致分析，辨明诸如农业、旅游业及手工艺术品制造等领域内蕴含的巨大发展潜力。在此基础上，细化人力资源发展规划，明确指出在人才培养、引进及留存方面的具体目标与任务路径。进一步构建人力资源信息数据库，系统化收集并整合相关信息资料，旨在为政策拟定与执行提供坚实的数据支撑基础。

实施激励措施以吸引人才至沂蒙老区，当地乡镇政府可采纳多种利好政策。具体而言，对入驻沂蒙老区进行投资或创办企业的主体实行税收减免，为选择在沂蒙老区工作或创立事业的个人提供就业补助及创业奖励，同时，向在该地区投资创业的企业提供低息贷款援助。此外，为在沂蒙老区就业的人士设立住房补贴、子女教育补贴及医疗保障补贴等一系列福利待遇，旨在提升其生活质量与工作吸引力。

加大对基础设施的投资力度是乡镇政府优化人力资源配置环境的关键举措。具体而言，应致力于交通体系的构建，涵盖道路建设与公共交通工具的部署，旨在畅通无阻地连接沂蒙老区，便于人员往来。同时，拓展通信网络基础设施，不仅要加强信号覆盖的广度，还要提速网络服务，为该区域内的工作与生活提供便利。此外，提升公共事业设施的标准，提高居民生活质量，也是吸引人才居留和企业入驻的重要一环。这些措施共同作用，将极大促进该地区的居住吸引力及投资环境。

提升地域文化和旅游业的发展是关键策略。沂蒙革命老区蕴藏着深厚的文化遗产，这为吸引人才和刺激经济增长提供了宝贵资源。地方政府加大对文化和旅游业的投资，不仅能促进文化遗产的保护，还能开拓新的就业机会，引导游客涌入该区域。具体措施涉及两个方面：一方面，加强对文化遗产的维护，例如，修缮历史建筑和保护文物，用以增加该地区的吸引力，招揽人才；另一方面，推动旅游业的基础设施建设和创新，例如，开发特色旅游项目，构建旅游服务设施，旨在吸引更多游客并创造更多就业岗位。此外，组织文化盛事，例如，举办本土文化节庆或艺术展示，也是宣传地方文化、吸纳人才的有效途径。

强化协作及伙伴构建。乡镇政府应当携手当地企业、教育机构及社区组织，共同促进深层次的合作与伙伴关系建设。通过与本土企业的合作，实施有针对性的培训和扶持措施，旨在提升企业竞争力与创新力。对教育机构投入资源与支持，以增进教育水准与教学质量。此外，与社区组织协作，为社区注入资源与支持，推动社区全面发展及人才培养。这一系列举措将有利于营造一个有利于人力资源发展与留存的良性生态系统。

实施教育培训举措。为确保地方劳动力掌握促进经济发展的必要技能与知识，乡镇政府可推行一系列教育培训计划，涵盖职业培训、技能提升研讨会及其他职业发展援助。例如，通过设立职业培训课程，向地方劳动者传授专业技能与职业教育，以对接本地企业的用人需求；开展技能提升研讨会，助力劳动者提升技能水平及增强职场竞争力；此外，提供就业咨询与职业规划辅导等多元化职业发展支持，协助劳动者达成其职业生涯的发展目标。

9.1.2 县级政府推动沂蒙老区人力资源集聚的对策建议

构建人力资源发展规划。县级政府可依据沂蒙老区当前的经济社会状况，制定人力资源发展规划，明晰在人才培养、引进及留存方面的目标与任务。

细化实施方案的具体策略与阶段性步骤，例如，成立专业的人力资源培育机构、吸纳外地优秀人才、开设职业技能培训课程等。建立健全人力资源的监控与评估体系，设定定期评估机制以检验人力资源发展规划的执行成效，并依据评估反馈进行适时的调整与优化策略。

提升教育投资力度至关重要。县级行政部门应考虑加大对沂蒙老区教育资源的配置，旨在提升该地区的教育品质与水平，从而培育出更多具备高素养的人才队伍。具体措施上，建议增强对沂蒙老区教育领域的资金与资源投入，不仅提升教学质量，还应重视人才的高素质培养。为此，可筹建专门的教育培训机构或职业学校，着重提供针对性强的专业技能训练和实用型职业教育，以期满足本地企业对各类专业人才的迫切需求。另外，促进企业与高等教育机构建立紧密的合作关系，携手推动产学研一体化项目，此举将有效增进企业的创新能力及人才培育效能，形成互利共赢的局面。

提升就业环境质量是县级政府吸引人才流向沂蒙老区的关键举措。通过构建全面的就业服务平台，不仅发布实时的职位信息，还应提供专业的职业咨询，旨在为求职者与理想岗位搭建桥梁。鼓励企业采纳灵活多样的雇用模式，例如，远程办公、非全职职位等，以适应各类人才的生活与工作偏好。建立健全就业保障体系，面向失业群体实施职业培训计划及职业导航服务，助力其顺利重返职场。此外，强调企业角色，激励它们创造更多符合个人需求的弹性工作机会，是优化策略的重要组成部分。

县级政府可着手构建创新与创业的综合平台，旨在为创业者筹备孵化设施、创业场所及资金扶持，积极激励创新创业行为，以吸纳更多精英人才投身沂蒙老区的创业热潮。通过组织创业竞赛及主题活动，为创业者搭建展示自我与互动交流的舞台，有力推动创新创业生态环境的成型。此外，创立面向创业者的教育培训体系，不仅提供专业的创业培训课程，还给予实战指导，助力创业者顺利起航，迈向成功。

强化区域协同作用。县级行政机构可与周边区域构建合作联盟，携手推动人力资源的流通与共用。建立健全人力资源共用机制，促成人才的互惠互通，全面提升区域整体的人力资源素质。联合周边区域共建人才流通平台，加速人才的流动与互动交流。

县级政府可实施一系列政策措施以促进人才向沂蒙老区流动并安居乐业。这包括但不限于提供住宅补贴、医疗补助及子女教育津贴等生活福利，旨在减轻人才的生活负担。此外，通过给予企业税收减免及创业奖励等激励措施，刺激企业的投资与创新活动。构建系统化的人才引入体系，为外来专业人士创造便利条件与支持平台，增强该地区对人才的吸引力，进一步鼓励人才投身于沂蒙老区的发展与建设之中。

9.2　强化沂蒙老区科技创新系统建设的对策研究

关于提升沂蒙老区科技创新体系效能的路径探索，本书聚焦于五个核心维度：协同研发投入、研发合作活跃度、产品市场匹配度、科技人力资源配置及政策扶持力度。鉴于大型乡镇政府在驱动科技创新体系建设中展现出的能力局限，本书特意从县级政府的视角出发，有针对性地提出了一系列策略建议，旨在强化沂蒙老区科技创新体系的建构与升级。

（1）构建科技创新发展规划是加固沂蒙老区科技创新体系的根基举措。县级政府应依据沂蒙老区具体的经济与社会发展实况，规划科技创新发展战略，确立创新的具体目标、任务实施路径。该规划需涵盖科技研发平台的搭建、科学技术人才的培育、科研资金的投入规划、激励科技创新的机制设计，以及促进科技创新合作等多个维度。

（2）构建科技创新体系的关键一环是搭建科技创新平台，这对于增强沂蒙老区的科技创新能力尤为重要。县级政府应当着手建立科技产业园区、创新孵化中心等实体，旨在为本土企业和初创团队供给创新实践的环境与多方位资源。这些平台配备有实验室、研发机构、检测服务中心等,旨在加速企业的科研进程。同时,通过提供创业孵化器、共享办公空间及资金扶持等措施,激励创业精神,吸引外部人才涌入沂蒙老区,共同推动创新创业的发展。

(3)强化科技人才的培育与发展。科技人才作为科技创新进程中的核心要素,对于沂蒙老区的发展至关重要。为此,县级政府可采纳以下策略来提升该地区的科技人才培养:第一,设立专业教育机构或培训中心,专注于提供专业技能训练和职业导向教育,旨在培养大批高质量的科技领域人才。第二,构建与高等教育机构的合作桥梁,共同推进产学研一体化项目,旨在不仅增强企业的创新能力,也同步提升教育系统的人才培养效能。第三,建立健全科技人才成长体系,激励企业与个人积极参与科技相关培训及教育活动,以期提升科技人才的专业技能与综合能力。

(4)强化科技创新的资金支持。资金投入是驱动科技创新进程至关重要的因素之一。旨在提升沂蒙老区的科技创新财力支撑,县级政府可采纳如下策略:第一,扩大科技创新的资金投入。应增加资金投放于科技创新领域,以增强科技创新的能力。考虑设立专项科技创新基金,用以扶持企业和个人开展科技创新实践活动。第二,激励企业加大研发投资。通过政策引导,促使企业提升研发投入,增进其创新实力。具体可实施研发税收优惠等政策,刺激企业扩大研发投入。第三,构建科技创新项目监管体系。系统化建立科技创新项目的申报、审查、执行及评价机制,旨在优化科技创新项目的实施成效,确保资源的有效配置。

(5)构建科技创新激励体系。激励体系是激发企业和个人投身科技创新的关键策略之一。为了在沂蒙老区构建这样的科技创新激励体系,县级政府可采取以下举措:第一,创设科技创新表彰项目。通过设立表彰项目,以奖励在科技成果转化及商业化领域取得成就的企业和个人。第二,实施创新补助与创业扶持等财经优惠政策。提供创新补助金及创业扶持金等经济激励,用以鼓励企业和个人积极投入创新实践。第三,确立科技创新成果评审系统。

构建一套科技创新成果的评估机制，旨在评判其价值及应用潜力，为激励体系的实施提供科学的评判基准。

（6）强化科技协作创新。作为推动区域科技发展的一项关键策略，加强科技创新合作显得尤为重要。为了提升沂蒙老区的科技协作创新能力，县级政府部门可采取以下举措：构建周边区域科技协作网络。通过与周边地区建立起科技协作关系，携手共促区域内的科技创新进程。深化与高等教育机构及研究组织的合作伙伴关系。主动与高校及各类研究机构对接，联合开展科技创新项目。积极参与全球科技创新交流。涉足国内外的科技创新交流活动，以拓宽科技创新合作的领域和视野。

9.3　促进沂蒙老区农村产业融合平台体系建设的对策建议

依据沂蒙老区产业升级的需求，针对产业园区、农产品电子商贸平台、农业科技研发平台以及综合服务枢纽等不同领域的发展策略，本书从基层乡镇政府与县级政府两个维度出发，系统地阐述了推动沂蒙老区农村产业融合支撑体系构建的政策建议。

9.3.1　乡镇政府促进农村产业融合平台体系建设的对策建议

随着科技的不断进步与市场经济体系的日益完善，构建农村产业融合平台系统正日益成为激发农村经济社会发展潜力的关键途径之一。在此进程中，乡镇政府作为最贴近基层的行政力量，扮演着促进这一平台体系建设不可或缺的角色。下文将从多维度展开分析，旨在深入探讨乡镇政府如何有效推动农村产业融合平台体系的建设与发展。

（1）政府扶持被视为推动农村产业融合平台体系建构的关键支撑因素。在此过程中，乡镇政府扮演着重要角色，通过制定并发布一系列政策文件，明晰平台构建与运营的具体导向及终极目标，同时向投身平台建设与运维的企业提供多项政策利好，涵盖税收减免、资金扶持等，旨在激励更多企业的积极参与。举例来说，可适当调低平台企业的所得税税率，或者按照一定比例向平台企业提供资金补助，以此缓解其运维成本压力。此外，构建平台企业信用评价体系亦显得尤为关键，依据企业的信用评估等级实施差异化的政策扶植措施，旨在促进平台企业的良性发展态势。

（2）技术支撑体系构成了农村产业融合平台高质量发展的核心要素。在此过程中，乡镇政府扮演着至关重要的角色，通过多元化的策略强化对平台的技术支持。首先，组织技术培训活动，使平台企业能吸纳最新的科技成果及管理理念，从而提升其技术实力和管理水平。其次，促进技术转移与引进，为平台企业架设获取尖端技术和装备的桥梁，创造技术革新与升级的条件。再其次，利用信息技术工具——大数据、云计算、人工智能等，不仅增强了平台的操作效能和管理水平，还实现了市场推广的精准化及决策过程的智能化。最后，构建技术创新激励机制，例如，设立专项基金，用以鼓励和支持平台企业在技术研发和创新上的探索，持续推动平台的革新与拓展，是乡镇政府另一项关键举措。

（3）农村产业融合平台运作的高效性有赖于资源整合的优化实施，这是其前提条件。在此过程中，乡镇政府扮演着关键角色，通过该平台整合农村的关键生产要素——土地、劳动力及资本，旨在实现资源的合理配置与高效利用。首先，平台充当了构建农村土地流转机制的媒介，促进了土地的自由流通与集约化使用，直接提升了土地使用的经济效益。其次，平台为建立农村劳动力服务系统提供了基础，这一系统专注于为农村劳动力开展就业技能培训及职业路径规划，加速了劳动力的动态转移与职业转型进程。再其次，平台还促进了农村金融服务体系的成型，为农村产业融合平台的运转注入金融活水，有力推动了平台的扩展与深化发展。最后，乡镇政府亦可利用此平台优势，加大对优质农产品的市场推广力度，拓宽销售渠道，从而切实增加农民的经济收益。

（4）市场创新构成了驱动农村产业融合平台持续演进的核心动力。在此过程中，乡镇政府可借力此平台，探求新型市场策略，为农村产业的壮大开辟更广阔的路径。首先，利用平台优势，推行电子商务及直售模式，拓宽农村产业的市场边界。其次，通过构建社区支持型农业体系，强化城乡之间的互助与共赢，推进城乡一体化进程的发展。再其次，平台为建立乡村旅游及文化创意产业提供了契机，助力农村文化的传承与革新。最后，乡镇政府应把握平台资源，搭建农村产业链条，促成农业向产业化转型及产业向农业渗透的深度融合，从而引领农村经济向更高质量的形态迈进。

（5）农村产业融合平台体系的建设进程中，法律保障扮演着根基性的角色。在此背景下，乡镇政府担当着通过立法与执法双重路径来确保平台及其参与者权益的重要职责。首先，借助法律法规的制定，旨在确立平台运营与管理的清晰准则及标准，引导平台活动步入规范化轨道。其次，通过严格执行法律法规，旨在维系平台市场的良性秩序，严厉处置违法及不公平竞争行为，净化平台环境。再其次，法律保障机制还着重于捍卫平台用户的各项合法权益，巩固平台信誉与品牌形象。最后，构建高效的平台争议解决机制，为用户提供直接且高效的纠纷调解通道，是乡镇政府促进平台健康持续发展的又一关键举措。

9.3.2 县级政府促进农村产业融合平台体系建设的对策建议

作为地方政府的基本构成单元，县级政府在推动农村产业融合平台体系构建中扮演着核心角色。接下来，我们将多维度地剖析县级政府如何有效地促进这一平台体系的发展与完善。

（1）增强政策法规体系。县级政府应当依据本地具体实际，制定单独的政策，清晰界定农村产业融合平台体系建设的愿景与职责，规范平台运作行为，确保平台用户的合法权利得到维护。在借鉴国家级与省级政策文献的同时，应结合本地农业特色，定制适宜的地方性政策举措。举例而言，可拟定农村电子商务发展规划，确立平台建构与运行的方向及目标，助力平台企业的成长与扩展。此外，构建平台冲突调解机制，为平台用户供应迅捷、高效的矛盾解决渠道，确保平台运营的顺畅与进步。

（2）强化技术支撑体系。县级政府应当致力于农村信息化基础设施的构建，涵盖宽带网络及云计算等领域，为平台运行提供坚实的技术后盾。通过搭建农业科技创新体系，鼓励和支持平台企业开展技术创新及研发活动，驱动平台持续创新与演进。例如，建立农业大数据资源库，系统地收集并处理农业生产、流通、销售等多个环节的数据，为平台企业数字化赋能，助力实现精细化市场推广与智能化策略制定。同时，设立农业技术教育与实训基地，针对平台企业实施技术教育及专业技能培训，以提升其技术水平及运营管理能力。

（3）增强财政扶持力度。县级行政当局应致力于构建乡村金融服务体系，向平台企业输送金融资源，催化平台的成长与扩展。通过设立乡村保险机制，为平台企业构筑风险防护网，缩减其运营过程中的不确定性因素。例如，可创设乡村融资担保机构，为平台企业提供信贷担保，加速其资本累积与市场拓展进程。此外，铺设乡村金融服务网络，确保平台企业能够获得灵活、高效率的金融服务，贴合其日常的金融需求。

（4）增强市场创新力。县级政府应着眼于构建农村电子商务体系，为入驻平台的企业开拓更宽广的市场领域，推广高质量的农产品，拓宽销售路径，从而提升农民的经济收益。此外，可通过搭建农村旅游及文化创意业务平台，激活农村文化的传承与创新动能，提升乡村旅游和文化创意领域的附加值。例如，建立社群支持型农业模式，促进城乡之间的互惠合作，推动城乡融合发展的实现。另外，可发展农村品牌塑造平台，驱动农村产品品牌化进程，增强其市场价值和认知度。

（5）强化监督与服务职能。县级行政当局需设立平台监管实体，对平台运营活动实施监察与管理，以维系市场秩序，遏制平台上的违规及不正当竞争现象。此外，构建平台服务组织，面向平台企业供给培训辅导、咨询服务和技术支持等多元化服务，助推企业健康成长。例如，可创设平台用户权益保障机构，以捍卫用户的合法权利，巩固平台信誉及品牌形象。同时，可成立平台企业孵化中心，为初创平台企业提供孵化扶持与创新创业服务，激励企业的创新与创业活力。

9.4 推动沂蒙老区农村全产业链融合的对策研究

依据沂蒙老区乡间存在的第一型、第二型及第三型产业链的主要特征、优势及缺陷，结合这些链条的具体改进方向，深入考量沂蒙老区产业链超越单一行政区域的特性，本书特意从县域政府的视角出发，旨在提出一系列促进沂蒙老区农村全链条融合的发展策略与建议。

县级政府在促进沂蒙老区农村产业链整合进程中，需紧密贴合本土实情，实行有针对性的策略。下文拟从多维度深入剖析，旨在探讨乡镇政府如何有效推进沂蒙老区农村产业融合的全面发展。

（1）强化平台效能。县级政府应当致力于构建农村产业融合的支撑平台，整合农村各类生产要素，以促进资源的高效配置与优化组合。平台的构建途径多样，涵盖构建农业生态体系平台、农产区产业园区平台及农村电商交易平台等。平台的发展规划需紧密贴合本地实情，依据农业生产结构、市场导向及科技水平等诸多因素，明确平台构建的方向与预期目标。此过程亟须政府的引领与扶持，可通过政策倾斜、资金注入等激励手段，积极吸引企业主体与个人投身于平台的构建与运维之中。

（2）促进产业链的高级化发展。县级政府应当借助技术革新与市场创新的双重驱动力，引导沂蒙老区农村产业链向更高层次转型与升级。具体而言，技术革新可借由构建农业科技创新体系，加大对农业科技探索与应用的支持力度，促动农业生产方式的根本性变革与提升。例如，通过设立农业大数据中枢，系统地收集并分析农业生产、流通及销售等全方位数据，为农业生产活动赋予强有力的数据支撑，践行精确农业与智慧农业理念。同时，建立农业科技创新实验园区，为农业科研与创新项目提供孵化平台，加速农业生产模式的迭代更新。至于市场创新方面，则建议发展农村电商生态系统，拓宽高品质农产品的市场路径，增加农民收入来源。这包括创建农村电商平台，为农民开辟线上销售新渠道，推广其优质产品，扩大市场覆盖面，提升农户经济收益。此外，建立线下直销网点如农民自产自销商店等，为农产品销售增设实体通道，进一步扩大市场份额，增进农民福祉。

（3）强化基础设施建设的重要性。县级行政机构应当致力于农村基础设施的发展，涵盖水利、交通及能源设施等领域，为促进农村产业融合奠定坚实的基础。具体而言，通过实施农村水利设施工程，例如，水库、水闸及泵站的构建，可以有效改善农村地区的水资源管理状况，提升农业生产的效能。交通体系的升级则涉及铺设农村公路、扩展铁路接入及探索航空运输潜力，这些措施有利于疏通农村交通瓶颈，加速产业间的融合进程。此外，构建以农村光伏发电站和生物气化发电站为代表的新能源供给系统，不仅能够为农村产业融合提供稳定的能源支持，也是实现该过程长期可持续性的关键所在。

（4）强化政策扶持力度。县级政府应当采取积极的政策举措，以促进沂蒙老区农村产业链的深度融合。此过程可通过多维度策略实施，涵盖政策倾斜、资金补助及教育培训等多个层面。政策倾斜旨在通过发布相关政策文件，确立乡村产业链融合的清晰愿景、具体任务，同时规范平台运作模式，确保参与者的合法权利得到保障。例如，可制定《乡村电子商务发展纲要》，明晰平台建构与运营的导向与目标，助力平台企业的成长与扩展。资金补助则涉及构建官方服务平台，为平台企业提供政策导航、项目申报指引及资金获取渠道等，助推企业健康成长。例如，设立乡村金融服务体系，为平台企业提供资本后盾，加快其发展扩张步伐。至于教育培训支持，则建议建立农业技能实训基地，为平台企业成员提供专业技能培训与技术支持，提升其技术应用与管理水平。例如，创办农业技能研修中心，有针对性地提升企业团队的专业技能与管理效能。

附　　录

一、沂蒙老区农村产业科技创新系统
高质量发展情况调查问卷

1. 基本信息调查

（1）姓名：＿＿＿＿＿＿＿；性别：＿＿＿＿＿＿＿；年龄：＿＿＿＿＿＿＿；文化程度：

＿＿＿＿＿＿＿；职业：＿＿＿＿＿＿＿；所在村镇：＿＿＿＿＿＿＿

（2）家庭年收入：＿＿＿＿＿＿＿万元

（3）农村产业科技创新支持程度：＿＿＿＿＿＿＿

（4）参与农村产业科技创新情况：＿＿＿＿＿＿＿

2. 政策环境调查

（1）您是否了解当地政府对农村产业科技创新的支持政策？

（2）您认为当前政府对农村产业科技创新的支持程度如何？

（3）您认为当前政府对农村产业科技创新的支持政策是否满意？对哪些方面不满意？为什么？

（4）您认为当前政府对农村产业科技创新的支持政策是否有效？

（5）您认为当前政府对农村产业科技创新的支持政策存在哪些问题？

3. 经济环境调查

（1）您认为当前农村产业科技创新的经济环境如何？

（2）您认为当前农村产业科技创新的市场需求如何？

（3）您认为当前农村产业科技创新的盈利空间如何？

（4）您认为当前农村产业科技创新的资金投入如何？

（5）您认为当前农村产业科技创新的成本结构如何？

（6）您认为当前农村产业科技创新的利润分配机制如何？

（7）您认为当前企业产品市场的竞争状况如何？

4. 社会环境调查

（1）您认为当前农村产业科技创新的社会文化环境如何？

（2）您认为当前农村产业科技创新的社会认同程度如何？

（3）您认为当前农村产业科技创新的人才队伍建设如何？

（4）您认为当前农村产业科技创新的社会影响如何？

5. 技术环境调查

（1）您认为当前农村产业科技创新的技术环境如何？

（2）您认为当前农村产业科技创新的技术水平如何？

（3）您认为当前农村产业科技创新的支持力度如何？

（4）您认为当前农村产业科技创新成果转化率如何？

（5）您认为当前农村产业科技创新的标准和规范如何？

（6）您认为当前农村产业科技创新的模式如何？

6. 创新主体调查

（1）您认为当前农村产业科技创新的创新主体是谁？

（2）您认为当前农村产业科技创新的创新主体的创新能力如何？

（3）您认为当前农村产业科技创新的创新主体的创新动力如何？

（4）您认为当前农村产业科技创新的创新主体的创新效益如何？

（5）您认为当前农村产业科技创新的合作情况如何？

（6）您认为当前农村产业科技创新的合作对象有哪些？

（7）您认为当前农村产业科技创新的合作效果如何？

（8）您认为当前农村产业科技协同创新的持续性如何？

7. 创新成果调查

（1）您认为当前农村产业科技创新的创新成果如何？

（2）您认为当前农村产业科技创新的创新成果的应用程度如何？

（3）您认为当前农村产业科技创新的创新成果对当地经济社会发展的贡献如何？

（4）您认为当前农村产业科技创新的创新成果存在哪些问题？

（5）您所在的企业在过去 3 年里获得了多少国家专利？

（6）您所在的单位在过去 3 年里转让了多少国家专利？转让金额是多少？

8. 建议与期望

（1）您认为应如何进一步促进农村产业科技创新的高质量发展？

（2）您对未来农村产业科技创新的发展前景有什么期望？

（3）您认为当前农村产业科技创新的困难和挑战有哪些？您认为如何克服这些困难？如何更好地迎接挑战？

二、沂蒙老区农村企业家基本情况调查问卷

1. 基本信息调查

（1）姓名：_____；性别：_____；年龄：_____；文化程度：_____；从事产业：_____；所在企业：_____

（2）企业年产值：_____万元

（3）企业科技创新水平：_____

2. 在您成长的过程中，最重要的人是谁？最重要的事件是哪一件或者哪些？

3. 当前的企业家培养环境调查

（1）您认为当前农村产业发展的经济环境如何？

（2）您认为当前农村产业发展的市场需求如何？

（3）您认为当前农产品的市场竞争状况如何？

（4）您认为当前农村企业的盈利空间如何？

（5）您认为当前政府对农村产业发展投入的资金如何？

（6）您认为当前政府、社会对农民企业家重视、尊重吗？

4. 企业家的主要能力调查

（1）您认为当前农村企业家应该具备的基本能力有哪些？

（2）您认为当前农村企业家应该具备的核心能力有哪些？

（3）您认为当前农村企业家的总体水平如何？如何构建企业家的能力体系？

（4）您是如何对待自主创新、协同创新的？

5. 企业家能力的主要影响因素调查

（1）您认为当前哪些因素影响了您的企业家能力？比如在基本能力和核心能力方面。

（2）您认为当前哪些因素影响了同县域的企业家能力？

（3）在影响您的企业家能力的诸因素中，哪些影响力更大一些？或哪一种因素更重要？

（4）在企业刚建立的时候，什么因素影响了您的企业家能力？

（5）在企业快速发展时期，什么因素影响了您的企业家能力？

（6）在新时代，什么因素影响了您的企业家能力？

6. 企业家能力提升路径调查

（1）当前条件下，您认为如何提升企业家的基本能力？

（2）当前条件下，您认为如何提升企业家的核心能力？

（3）当前条件下，您认为如何提升企业家的自主创新能力？

（4）当前条件下，您认为如何提升企业家的协同创新能力？

（5）当前条件下，您认为如何提升企业家的自主式协同创新能力？

（6）当前条件下，您认为如何提升企业家的协同式自主创新能力？

7. 建议与期望

（1）您对沂蒙老区农村的企业家还有什么希望或要求吗？

（2）您对沂蒙老区农村科技专家、营销精英、返乡创业者还有什么期望或要求吗？

（3）您认为当前沂蒙老区农村产业发展的困难和挑战有哪些？您认为如何克服这些困难？如何更好地迎接挑战？

三、沂蒙老区农村的科技专家基本情况调查问卷

1. 基本信息调查

（1）姓名：_____；性别：_____；年龄：_____；文化程度：_____；从事产业：_____；所在企业：_____

（2）企业年产值：_____万元

（3）企业科技创新水平：_____

2. 在您成长的过程中，最重要的人是谁？最重要的事件是哪一件或者哪些？

3. 当前的科技专家培养环境调查

（1）您认为当前农村产业发展的经济环境如何？

（2）您认为当前农村产业发展的市场需求如何？

（3）您认为当前农产品的市场竞争状况如何？

（4）您认为当前农村企业的盈利空间如何？

（5）您认为当前政府对农村产业发展投入的资金如何？

（6）您认为当前政府、社会对农村的科技专家重视、尊重吗？

4. 科技专家的主要能力调查

（1）您认为当前农村科技专家应该具备的基本能力有哪些？

（2）您认为当前农村科技专家应该具备的核心能力有哪些？

（3）您认为当前农村科技专家的总体水平如何？如何构建企业家的科技创新能力体系？

（4）您是如何对待自主创新、协同创新的？

5. 科技专家能力的主要影响因素调查

（1）您认为当前哪些因素影响了您的科技研发能力？比如在基本能力和核心能力方面。

（2）您认为当前哪些因素影响了同县域的科技专家的研发能力？

（3）在影响您的科技创新能力的诸因素中，哪些影响力更大一些？或哪一种因素更重要？

（4）在企业刚建立的时候，什么因素影响了您的科技创新能力？

（5）在企业快速发展时期，什么因素影响了您的科技创新能力？

（6）在新时代的转型期，什么因素影响了您的科技创新能力？

6. 科技专家科技创新能力提升路径调查

（1）当前条件下，您认为如何提升科技专家的基本能力？

（2）当前条件下，您认为如何提升科技专家的核心能力？

（3）当前条件下，您认为如何提升科技专家的自主创新能力？

（4）当前条件下，您认为如何提升科技专家的协同创新能力？

（5）当前条件下，您认为如何提升科技专家的自主式协同创新能力？

（6）当前条件下，您认为如何提升科技专家的协同式自主创新能力？

7. 建议与期望

（1）您对沂蒙老区农村的科技专家还有什么期望或要求吗？

（2）您对沂蒙老区农村企业家、营销精英、返乡创业者还有什么期望或要求吗？

（3）您认为当前沂蒙老区农村产业发展的困难和挑战有哪些？您认为如何克服这些困难？如何更好地迎接挑战？

四、沂蒙老区农村的返乡创业者基本情况调查问卷

1. 基本信息调查

（1）姓名：_____；性别：_____；年龄：_____；文化程度：_____；从事产业：_____；所在企业：_____

（2）企业年产值：_____万元

（3）企业科技创新水平：_____

2. 在您成长的过程中，最重要的人是谁？最重要的事件是哪一件或者哪些？

3. 当前的返乡创业者培养环境调查

（1）您认为当前农村产业发展的经济环境如何？

（2）您认为当前农村产业发展的市场需求如何？

（3）您认为当前农产品的市场竞争状况如何？

（4）您认为当前农村企业的盈利空间如何？

（5）您认为当前政府对农村产业发展投入的资金如何？

（6）您认为当前政府、社会对农村返乡创业者重视、尊重吗？

4. 返乡创业者的主要能力调查

（1）您认为当前农村返乡创业者应该具备的基本能力有哪些？

（2）您认为当前农村返乡创业者应该具备的核心能力有哪些？

（3）您认为当前农村返乡创业者的总体水平如何？如何构建返乡创业者的创新创业能力体系？

（4）您是如何对待自主创新、协同创新的？

5. 返乡创业者能力的主要影响因素调查

（1）您认为当前哪些因素影响了您的创新创业能力？例如，在基本能力和核心能力方面。

（2）您认为当前哪些因素影响了同县域的返乡创业者的创新创业能力？

（3）在影响您的创新创业能力的诸因素中，哪些影响力更大一些？或哪一种因素更重要？

（4）在企业刚建立的时候，什么因素影响了您的创新创业能力？

（5）在企业快速发展时期，什么因素影响了您的创新创业能力？

（6）在新时代的转型期，什么因素影响了您的创新创业能力？

6. 返乡创业者创新创业能力提升路径调查

（1）当前条件下，您认为如何提升返乡创业者的基本能力？

（2）当前条件下，您认为如何提升返乡创业者的核心能力？

（3）当前条件下，您认为如何提升返乡创业者的自主创新能力？

（4）当前条件下，您认为如何提升返乡创业者的协同创新能力？

（5）当前条件下，您认为如何提升返乡创业者的自主式协同创新能力？

（6）当前条件下，您认为如何提升返乡创业者的协同式自主创新能力？

7. 建议与期望

（1）您对沂蒙老区农村的返乡创业者还有什么期望或要求吗？

（2）您对沂蒙老区农村企业家、科技专家、营销精英等主体还有什么期望或要求吗？

（3）您认为当前沂蒙老区农村产业发展的困难和挑战有哪些？您认为如何克服这些困难？如何更好地迎接挑战？

五、沂蒙老区农村企业家情况的调查问卷

1. 基本信息

（1）姓名：_____；性别：_____；年龄：_____；文化程度：_____；从业时间：_____；所在企业：_____

（2）企业固定资产：_____万元；年产值：_____万元；利税：_____万元

（3）企业员工：_____人；科技人员：_____人；管理人员：

_____人

2. 您认为企业发展依靠什么？

（1）管理：企业家的管理；全体管理人员的共同努力

（2）资金：自有资金；银行支持；家族资金支持；朋友帮助

（3）技术：先进设备；科技骨干；自我研发；合作研究；购买专利；专家指导

（4）政府：国家大政方针；县政府政策措施；乡镇政府支持

（5）市场：本地市场；省内市场；省外市场；国际市场

3. 您对企业层面的创新是怎么理解的?

（1）创新的重要性：很重要；不创新也能活，或者活得很好；创新是找死；创新是长期发展的根本动力

（2）创新的类型：管理创新；科技创新；制度创新；营销创新；产品创新；工艺创新；流程创新；商业模式创新；市场创新

（3）在企业发展初期，您认为哪些创新最重要？在企业快速发展时期，您认为哪些创新最重要？在企业转型发展时期，您认为哪些创新最重要？

（4）创新的方式：

您认为自主创新和协同创新哪一个或哪些更重要？

在企业发展初期，企业进行了哪些自主创新或协同创新?

在企业快速发展时期，企业进行了哪些自主创新或协同创新?

在企业转型发展时期，企业进行了哪些自主创新或协同创新?

您的团队对企业的自主创新或协同创新有过分歧吗?

（5）您认为自主创新的难点在哪里？

科技人员能力不足；研发的组织管理需提升；资金不足；所需时间长；没有前期积累

（6）您认为协同创新的难点在哪里？

好的合作者难找；合作门槛高，资金不足；企业科技骨干真正参与合作

的程度低；研发的基础设施不足

　　4. 您认为哪些因素影响了企业家的自主式协同创新？

　　（1）企业实力：它是如何影响企业家的自主式协同创新的？

　　（2）政策环境：它是如何影响企业家的自主式协同创新的？

　　（3）企业竞争：它是如何影响企业家的自主式协同创新的？

　　（4）市场需求：它是如何影响企业家的自主式协同创新的？

　　（5）技术能力：它是如何影响企业家的自主式协同创新的？

　　（6）合作关系：它是如何影响企业家的自主式协同创新的？

　　（7）文化环境：它是如何影响企业家的自主式协同创新的？

　　（8）企业发展战略：它是如何影响企业家的自主式协同创新的？

　　（9）企业前期积累：它是如何影响企业家的自主式协同创新的？

　　5. 您认为应如何提升企业家自主式协同创新的能力？

　　（1）建立新型合作机制：新型合作机制的具体内容是什么？

　　（2）推进技术创新：企业需要什么样的技术创新？通过什么渠道促进企业家自主式协同创新能力提高？

　　（3）强化人才培养：企业需要什么样的研发人才？人才培养又是如何提升企业家的自主式协同创新能力的？

　　（4）优化政策环境：它是如何提升企业家的自主式协同创新能力的？

　　（5）加强品牌建设：它是如何提升企业家的自主式协同创新能力的？

　　（6）设立研发基金：它是如何提升企业家的自主式协同创新能力的？

　　6. 您对沂蒙老区农村企业家还有什么建议或想法？

六、沂蒙老区农村科技专家情况的调查问卷

　　1. 基本信息

　　（1）姓名：_____；性别：_____；年龄：_____；文化程度：_____；从业时间：_____；所在企业：_____

（2）所获发明专利：_____项；所获软件著作权：_____项

（3）研发团队：_____人；国家级专家：_____人；省级专家：_____人

2. 您认为科技创新依靠什么？

（1）管理：企业家的管理；全体管理人员的共同努力

（2）资金：自有资金；银行支持；家族资金支持；朋友帮助

（3）技术：先进设备；科技骨干；自我研发；合作研究；购买专利；专家指导

（4）政府：国家大政方针；县政府政策措施；乡镇政府支持

（5）市场：本地市场；省内市场；省外市场；国际市场

3. 您对企业的科技创新是怎么理解的？

（1）创新的重要性：很重要；不创新也能活，或者活得很好；创新是找死；创新是长期发展的根本动力

（2）创新的类型：管理创新；科技创新；制度创新；营销创新；产品创新；工艺创新；流程创新；商业模式创新；市场创新

（3）在企业发展初期，您认为哪些创新最重要？在企业快速发展时期，您认为哪些创新最重要？在企业转型发展时期，您认为哪些创新最重要？

（4）创新的方式：

您认为自主创新和协同创新哪一个或哪些更重要？

在企业发展初期，企业进行了哪些自主创新或协同创新？

在企业快速发展时期，企业进行了哪些自主创新或协同创新？

在企业转型发展时期，企业进行了哪些自主创新或协同创新？

您的团队对企业的自主创新或协同创新有过分歧吗？

（5）您认为自主创新的难点在哪里？

科技人员能力不足；研发的组织管理需提升；资金不足；所需时间长；没有前期积累

（6）您认为协同创新的难点在哪里？

好的合作者难找；合作门槛高，资金不足；企业科技骨干真正参与合作的程度低；研发的基础设施不足；平台不行

4. 您认为哪些因素影响了科技专家的自主式协同创新？

（1）企业实力：它是如何影响科技专家的自主式协同创新的？

（2）农业科技创新联盟：它是如何影响科技专家的自主式协同创新的？

（3）建立农村科技创新基地：它是如何影响科技专家的自主式协同创新的？

（4）建立农业科技创新奖励机制：它是如何影响科技专家的自主式协同创新的？

（5）建立农业科技创新培训机制：它是如何影响科技专家的自主式协同创新的？

（6）合作关系：它是如何影响科技专家的自主式协同创新的？

（7）建立农业科技创新资源共享平台：它是如何影响科技专家的自主式协同创新的？

（8）建立农业科技创新融资机制：它是如何影响科技专家的自主式协同创新的？

（9）企业前期积累：它是如何影响科技专家的自主式协同创新的？

5. 您认为应如何提升科技专家自主协同创新的能力？

（1）建立新型合作机制：新型合作机制的具体内容是什么？

（2）推进技术创新：企业需要什么样的技术创新？通过什么渠道促进科技专家自主式协同创新能力提高？

（3）强化人才培养：企业需要什么样的研发人才？人才培养又是如何提升科技专家的自主式协同创新能力的？

（4）优化政策环境：它是如何提升科技专家的自主式协同创新能力的？

（5）加强品牌建设：它是如何提升科技专家的自主式协同创新能力的？

（6）设立研发基金：它是如何提升科技专家的自主式协同创新能力的？

6. 您对沂蒙老区农村科技专家还有什么建议或想法？

七、沂蒙老区返乡创业者情况的调查问卷

1. 基本信息

（1）姓名：_____；性别：_____；年龄：_____；文化程度：_____；从业时间：_____；所在乡镇：_____

（2）创业企业固定资产：_____万元；年产值：_____万元；利税：_____万元

（3）企业员工：_____人；科技人员：_____人；管理人员：_____人

2. 您认为在农村创新创业依靠什么？

（1）管理：企业家的管理；全体管理人员的共同努力

（2）资金：自有资金；银行支持；家族资金支持；朋友帮助

（3）技术：先进设备；科技骨干；自我研发；合作研究；购买专利；专家指导

（4）政府：国家大政方针；县政府政策措施；乡镇政府支持

（5）市场：本地市场；省内市场；省外市场；国际市场

（6）其他：社会资本；区位优势；地方传统文化

3. 您对农村创新创业是怎么理解的？

（1）创新的重要性：很重要；不创新也能活，或者活得很好；创新是找死；创新是长期发展的根本动力

（2）创新的类型：管理创新；科技创新；制度创新；营销创新；产品创新；工艺创新；流程创新；商业模式创新；市场创新

（3）在企业发展初期，您认为哪些创新最重要？在企业快速发展时期，您认为哪些创新最重要？在企业转型发展时期，您认为哪些创新最重要？

（4）创新的方式：

您认为自主创新和协同创新哪一个或哪些更重要？

在企业发展初期，企业进行了哪些自主创新或协同创新？

在企业快速发展时期，企业进行了哪些自主创新或协同创新？

在企业转型发展时期，企业进行了哪些自主创新或协同创新？

您的团队对企业的自主创新或协同创新有过分歧吗？

（5）您认为自主创新的难点在哪里？

科技人员能力不足；研发的组织管理需提升；资金不足；所需时间长；没有前期积累

（6）您认为协同创新的难点在哪里？

好的合作者难找；合作门槛高，资金不足；企业科技骨干真正参与合作的程度低；研发的基础设施不足

4. 您认为哪些因素影响了农村返乡创业者的自主式协同创新？

（1）企业实力：它是如何影响农村返乡创业者的自主式协同创新的？

（2）政策环境：它是如何影响农村返乡创业者的自主式协同创新的？

（3）企业竞争：它是如何影响农村返乡创业者的自主式协同创新的？

（4）市场需求：它是如何影响农村返乡创业者的自主式协同创新的？

（5）技术能力：它是如何影响农村返乡创业者的自主式协同创新的？

（6）合作关系：它是如何影响农村返乡创业者的自主式协同创新的？

（7）文化环境：它是如何影响农村返乡创业者的自主式协同创新的？

（8）企业发展战略：它是如何影响农村返乡创业者的自主式协同创新的？

（9）企业前期积累：它是如何影响农村返乡创业者的自主式协同创新的？

5. 您认为应如何提升农村返乡创业者自主式协同创新的能力？

（1）建立新型合作机制：新型合作机制的具体内容是什么？

（2）推进技术创新：需要什么样的技术创新？通过什么渠道促进农村返乡创业者自主式协同创新能力提高？

（3）强化人才培养：创新创业需要什么样的研发人才？人才培养又是如何提升农村返乡创业者的自主式协同创新能力的？

（4）优化政策环境：它是如何提升农村返乡创业者的自主式协同创新能力的？

（5）加强品牌建设：它是如何提升农村返乡创业者的自主式协同创新能力的？

（6）设立研发基金：它是如何提升农村返乡创业者的自主式协同创新能力的？

6. 您对沂蒙老区农村返乡创业者还有什么建议或想法？

八、沂蒙老区农村体力劳动者情况的调查问卷

1. 基本信息

（1）姓名：_____；性别：_____；年龄：_____；文化程度：_____；从业时间：_____；所在村庄：_____；打工企业名称：_____；企业工人：_____人

（2）每月收入：_____万元；家庭有_____人

2. 您认为哪些因素影响了你的劳动能力提升？

（1）管理：企业管理水平

（2）资金：家庭富裕程度

（3）技术：自身的技术水平

（4）政府：国家大政方针；县政府政策措施；乡镇政府支持

（5）市场：企业产品的市场需求

（6）努力：该努力的时候没有努力，该抓住机会的时候没有抓住机会

（7）其他：社会资本；区位优势；地方传统文化

3. 您认为应如何提升农村体力劳动者的能力？

（1）建立新型合作机制：新型合作机制的具体内容是什么？

（2）推进技术创新：需要什么样的技术创新？通过什么渠道促进农村体力劳动者劳动能力提高？

（3）强化人才培养：创新创业需要什么样的研发人才？人才培养又是如何提升农村体力劳动者劳动能力的？

（4）优化政策环境：它是如何提升农村体力劳动者的劳动能力的？

（5）加强品牌建设：它是如何提升农村体力劳动者的劳动能力的？

（6）设立研发基金：它是如何提升农村体力劳动者的劳动能力的？

4. 您对沂蒙老区农村体力劳动者劳动能力的提高，还有什么建议或想法？

九、沂蒙老区农村产业园区情况的调查问卷

1. 基本信息

（1）姓名：_____；性别：_____；年龄：_____；文化程度：_____；在园区时间：_____

（2）园区名称：_____；园区建立时间：_____；主要产业：_____；园区企业数量：_____；大中型企业数量：_____

2. 您所在的园区属于什么类型？

（1）农产品加工；（2）养殖业为主；（3）轻工业；（4）商贸物流园区；（5）特色产业园区；（6）种植业园区

3. 您认为您所在的产业园区具有什么特点或优势？

（1）产业聚集；（2）规模效应；（3）技术创新；（4）环境友好；（5）生活方便；（6）区位优势；（7）产品独特；（8）市场优势；（9）园区服务好；（10）政府支持；（11）资源优势；（12）融资优势

4. 您认为农村产业园区高质量发展依靠什么？

（1）管理：企业家的管理；全体管理人员的共同努力

（2）资金：自有资金；银行支持；家族资金支持；朋友帮助

（3）技术：先进设备；科技骨干；自我研发；合作研究；购买专利；专

家指导

（4）政府：国家大政方针；县政府政策措施；乡镇政府支持

（5）市场：本地市场；省内市场；省外市场；国际市场

（6）其他：社会资本；区位优势；地方传统文化；还有什么影响因素吗？

5. 您认为如何促进农村产业园区的高质量发展？

（1）加强政府支持；

（2）引进先进技术，深化产业园区内部的协同创新机制；

（3）推行绿色创新；

（4）完善园区与企业合作，强化园区产业链合作；

（5）培养专业人才，拓展园区与高校、研究机构的合作；

（6）增强产业园区的市场营销能力；

（7）不断优化产业园区的基础设施和环境；

（8）您认为还有其他影响因素吗？

十、沂蒙老区农村农产品电商平台情况的调查问卷

1. 基本信息

（1）姓名：_____；性别：_____；年龄：_____；文化程度：_____；在电商平台时间：_____

（2）平台名称：_____；平台建立时间：_____；平台用户数量_____；大中型企业数量：_____；主要交易商品：_____；平台每月交易额：_____万元

2. 您所在的农产品电商平台交易什么产品？

（1）农业加工品；（2）养殖业类产品；（3）轻工业产品；（4）工业品；（5）特色农产品；（6）大宗农产品

3. 您认为您所在的农村农产品电商平台具有什么特点或优势？

（1）产业聚集；（2）规模效应；（3）技术创新；（4）环境友好；（5）生

活方便；（6）区位优势；（7）产品独特；（8）市场优势；（9）平台服务好；
（10）政府支持；（11）资源优势；（12）融资便捷

4. 您认为农村农产品电商平台高质量发展依靠什么？

（1）管理：企业家的管理；全体管理人员的共同努力

（2）资金：自有资金；银行支持；家族资金支持；朋友帮助

（3）技术：先进设备；科技骨干；自我研发；合作研究；购买专利；专
家指导

（4）政府：国家大政方针；县政府政策措施；乡镇政府支持

（5）市场：本地市场；省内市场；省外市场；国际市场

（6）其他：社会资本；区位优势；地方传统文化；还有什么影响因素吗？

5. 您认为如何促进农村农产品电商平台的高质量发展？

（1）加强政府支持；

（2）完善平台内部的协同创新机制；

（3）增强技术创新和服务创新；

（4）增强用户黏性；

（5）深化平台与物流公司合作，优化物流配送；

（6）严格质量控制；

（7）扩大平台规模；

（8）加强品牌建设；

（9）您认为还有其他影响因素吗？

十一、沂蒙老区农业科技创新平台情况的调查问卷

1. 基本信息

（1）姓名：_____；性别：_____；年龄：_____；文化程度：
_____；在平台时间：_____

（2）平台名称：_____；平台建立时间：_____；主要产业：

_____；平台企业数量_____；大中型企业数量：_____；平台近三年的研发成果：_____项；成果等级：_____

2. 您所在的平台主要的研发领域有哪些？

（1）农产品加工；（2）养殖业为主；（3）轻工业；（4）商贸物流；（5）特色农产品；（6）种植业；（7）医药

3. 您认为您所在的平台具有什么特点或优势？

（1）人才聚集；（2）规模效应；（3）技术创新；（4）环境友好；（5）生活方便；（6）区位优势；（7）转化优势；（8）市场优势；（9）园区服务好；（10）政府支持；（11）资源优势；（12）合作优势

4. 您认为沂蒙老区农村的农业科技创新平台高质量发展依靠什么？

（1）管理：企业家的管理；全体管理人员的共同努力

（2）资金：自有资金；银行支持；家族资金支持；朋友帮助

（3）技术：先进设备；科技骨干；自我研发；合作研究；购买专利；专家指导

（4）政府：国家大政方针；县政府政策措施；乡镇政府支持

（5）市场：本地市场；省内市场；省外市场；国际市场

（6）人才与团队；社会资本；区位优势；地方传统文化

（7）其他：还有什么影响因素吗？

5. 您认为应如何促进沂蒙老区农村的农业科技创新平台的高质量发展？

（1）优化平台的技术和服务

（2）加强政府合作

（3）建立平台内部的协同创新机制

（4）完善园区与企业合作，强化园区产业链合作

（5）吸引和培养人才

（6）加强与高校和研究机构的合作

（7）增强市场营销能力

（8）您认为还有其他影响因素吗

十二、沂蒙老区农村综合服务平台情况的调查问卷

1. 基本信息

（1）姓名：_____；性别：_____；年龄：_____；文化程度：_____；在平台时间：_____

（2）平台名称：_____；平台建立时间：_____；平台用户数量_____；大中型企业数量：_____；服务对象：_____；平台每月交易额：_____万元

2. 您所在的农村综合服务平台主要服务什么产品？

（1）农业加工品；（2）养殖业类产品；（3）轻工业产品；（4）工业品；（5）特色农产品；（6）大宗农产品

3. 您认为您所在的农村综合服务平台具有什么特点或优势？

（1）产业聚集；（2）规模效应；（3）技术创新；（4）环境友好；（5）生活方便；（6）区位优势；（7）产品独特；（8）市场优势；（9）平台服务好；（10）政府支持；（11）资源优势；（12）融资便捷

4. 您认为农村综合服务平台高质量发展依靠什么？

（1）管理：企业家的管理；全体管理人员的共同努力

（2）资金：自有资金；银行支持；家族资金支持；朋友帮助

（3）技术：先进设备；科技骨干；自我研发；合作研究；购买专利；专家指导

（4）政府：国家大政方针；县政府政策措施；乡镇政府支持

（5）市场：本地市场；省内市场；省外市场；国际市场

（6）其他：社会资本；区位优势；地方传统文化；还有什么影响因素吗？

5. 您认为应如何促进农村综合服务平台的高质量发展？

（1）加强政府支持；

（2）增强农民参与度，建立平台与农民之间的互动机制。

（3）提升平台的技术和服务整体水平；

（4）健全合作机制，完善合作体系，增强用户黏性；

（5）深化平台与物流公司合作，优化物流配送；

（6）严格质量控制；

（7）扩大平台规模，扩大市场影响力；

（8）加强品牌建设；

（9）您认为还有其他影响因素吗？

参考文献

[1] 程建青，罗瑾涟，杜运周. 制度环境与心理认知何时激活创业?: 一个基于 QCA 方法的研究 [J]. 科学学与科学技术管理，2019，40（2）: 114-131.

[2] 崔海云，施建军. 协同创新、承诺与农业龙头企业绩效关系的实证研究：基于京津冀地区农业龙头企业的调研 [J]. 现代管理科学，2013（11）: 3-5.

[3] 邓翔，王仕忠. 农业科技创新投入对农业经济增长影响研究 [J]. 东岳论丛，2020，41（12）: 109-120，192.

[4] 丁玉梅，李鹏，张俊飚，等. 农业废弃物循环利用：技术推广与农户采纳的协同创新及深度衔接机制 [J]. 中国科技论坛，2014（6）: 154-160.

[5] 杜永红. 基于中国国情的农业全产业链数字化转型路径 [J]. 中国流通经济，2023，37（12）: 36-48.

[6] 杜运周，孙宁，刘秋辰. 运用混合方法发展和分析复杂中介模型——以营商环境促进创新活力，协同新质生产力和"就业优先"为例 [J]. 管理世界，2024，40（6）: 217-237.

［7］杜运周，贾良定．组态视角与定性比较分析（QCA）：管理学研究的一条新道路［J］．管理世界，2017（6）：155－167．

［8］杜运周，李佳馨，刘秋辰．复杂动态视角下的组态理论与QCA方法：研究进展与未来方向［J］．管理世界，2021，37（3）：180－197，12－13．

［9］杜运周，刘秋辰，程建青．什么样的营商环境生态产生城市高创业活跃度？基于制度组态的分析［J］．管理世界，2020，36（9）：141－155．

［10］傅琳琳，黄祖辉，朋文欢．农村产业融合经营主体"互利共生"的机理与推进路径［J］．南京农业大学学报（社会科学版），2022，22（6）：69－77．

［11］高启杰，姚云浩．合作农业推广网络治理模式及创新［J］．科技管理研究，2015，35（11）：192－196．

［12］国家发展改革委宏观院和农经司课题组．推进我国农村一二三产业融合发展问题研究［J］．经济研究参考，2016（4）：3－28．

［13］韩喜艳，刘伟，高志峰．小农户参与农业全产业链的选择偏好及其异质性来源：基于选择实验法的分析［J］．中国农村观察，2020（2）：81－99．

［14］韩正涛，张悟移．农业科技协同创新中涉农企业间知识共享机制的演化博弈分析［J］．农林经济管理学报，2020，19（1）：55－66．

［15］郝爱民，谭家银．农村产业融合赋能农业韧性的机理及效应测度［J］．农业技术经济，2023（7）：88－107．

［16］郝华勇，杨梅．农村产业融合发展带动农民增收：分析框架与路径对策［J］．湖北社会科学，2023（8）：78－85．

［17］郝世绵，韦文联，程亮．现代农业协同创新的关系契约模型及治理机制［J］．湖南社会科学，2014（5）：160－163．

［18］何美章，尤美虹．小农户进入农业全产业链循环的机理：以湖北

四家涉农供应链创新与应用试点企业为例 [J]. 中国流通经济，2022，36 (2)：23 - 35.

[19] 贺大兴. 农业生产率与中国粮食安全 [J]. 南京农业大学学报（社会科学版），2015，15 (6)：68 - 77，138.

[20] 胡宝贵，庞洁. 企业技术创新效率与协同主体相关关系：基于农业产业化龙头企业的实证分析 [J]. 经济问题，2016 (2)：74 - 79.

[21] 胡海青，王兆群，张琅. 孵化器控制力对创新孵化绩效的影响：一个有调节的中介效应 [J]. 南开管理评论，2017，20 (6)：150 - 162，177.

[22] 胡平波. 支持合作社生态化建设的区域生态农业创新体系构建研究 [J]. 农业经济问题，2018 (12)：94 - 106.

[23] 黄瑶，李佳. 农业产业创新链构建：实质、依托与模式 [J]. 经济纵横，2022 (10)：89 - 95.

[24] 黄政，张金萍，胡元涛，等. 行动者网络视角下农村产业融合过程与机制研究：以海口市施茶村为例 [J]. 地理研究，2023，42 (10)：2759 - 2778.

[25] 黄钟仪，赵骅，许亚楠. 众创空间创新产出影响因素的协同作用研究：基于 31 个省市众创空间数据的模糊集定性比较分析 [J]. 科研管理，2020，41 (5)：21 - 31.

[26] 贾伟. 产业融合助推农业强国：作用机理、实践经验和未来发展 [J]. 江西社会科学，2024，44 (2)：62 - 69.

[27] 姜长云. 日本的"六次产业化"与我国推进农村一二三产业融合发展 [J]. 农业经济与管理，2015 (3)：5 - 9.

[28] 姜长云. 创新引领农村一二三产业融合发展 [J]. 中国农村科技，2015 (11)：15.

[29] 姜长云. 推进农村一二三产业融合发展的路径和着力点 [J]. 中州

学刊，2016（5）：43－49.

［30］焦青霞，刘岳泽．数字普惠金融、农业科技创新与农村产业融合发展［J］．统计与决策，2022，38（18）：77－81.

［31］焦青霞．农村产业融合对农村共同富裕的影响效应分析［J］．统计与决策，2023，39（15）：30－34.

［32］今村奈良臣．把六次产业的创造力作为21世纪农业产业［J］．地域制作月刊，1996（1）：89.

［33］李二玲．中国农业产业集群演化过程及创新发展机制：以"寿光模式"蔬菜产业集群为例［J］．地理科学，2020，40（4）：617－627.

［34］李海艳．数字农业创新生态系统的形成机理与实施路径［J］．农业经济问题，2022（5）：49－59.

［35］李琳，田彩红．农村一二三产业融合促进了县域共同富裕吗：来自长江经济带579个县域的证据［J］．农业技术经济，2024（4）：59－75.

［36］李眉洁，王兴骥．乡村振兴背景下农旅融合发展模式及其路径优化：对农村产业融合发展的反思［J］．贵州社会科学，2022（3）：153－159.

［37］李鹏，吴海霞，李平，等．产业链与技术链双向融合下的我国农业科技创新系统的协同发展研究：基于新型经营主体培育视角［J］．科技管理研究，2016，36（3）：1－7.

［38］李鹏，张俊飚，颜廷武．农业废弃物循环利用参与主体的合作博弈及协同创新绩效研究：基于DEA-HR模型的16省份农业废弃物基质化数据验证［J］．管理世界，2014（1）：90－104.

［39］李鹏，张俊飚．农业科研团队协同创新绩效测度的实证研究：基于三阶段DEA模型的林果业科研团队［J］．软科学，2013，27（4）：88－93.

［40］李同昇，罗雅丽．农业科技园区的技术扩散［J］．地理研究，2016，35（3）：419－430.

[41] 李晓龙，冉光和．农村产业融合发展如何影响城乡收入差距：基于农村经济增长与城镇化的双重视角 [J]．农业技术经济，2019 (8)：17 - 28.

[42] 李晓龙．城镇化对农村产业融合发展的影响研究：基于财政支农的门槛效应分析 [J]．农业经济与管理，2021 (2)：32 - 42.

[43] 李治，王东阳．交易成本视角下农村一二三产业融合发展问题研究 [J]．中州学刊，2017 (9)：54 - 59.

[44] 梁立华．农村地区第一、二、三产业融合的动力机制、发展模式及实施策略 [J]．改革与战略，2016，32 (8)：74 - 77.

[45] 林青宁，毛世平．协同创新模式与农业科研院所创新能力：研发禀赋结构的双门槛效应 [J]．研究与发展管理，2018，30 (6)：84 - 92.

[46] 林青宁，孙立新，毛世平．协同创新对中国农业科研院所创新产出影响研究：基于研发禀赋结构的双门槛效应 [J]．农业技术经济，2018 (7)：71 - 79.

[47] 刘畅，郭一迪，马国巍．黑龙江省农业高质量发展与农业科技创新能力的协同发展水平 [J]．科技管理研究，2021，41 (14)：81 - 88.

[48] 刘传磊，张雨欣，马九杰，等．农业全产业链数字化发展的困境与纾解：基于 L 县坚果产业云平台的案例研究 [J]．中国农业大学学报（社会科学版），2023，40 (2)：118 - 128.

[49] 刘海洋．农村一二三产业融合发展的案例研究 [J]．经济纵横，2016 (10)：88 - 92.

[50] 陆明，杨德明．全产业链布局会提高企业创新产出吗？[J]．经济管理，2024，46 (3)：128 - 147.

[51] 卢中华．乡村产业振兴的基本逻辑研究 [M]．济南：山东人民出版社，2023.

[52] 罗公利，王晓彤．低碳城市创新能力的驱动机制研究：基于 fsQCA

范式分析视角 [J]. 科学学与科学技术管理, 2024, 45 (5): 92 – 104.

[53] 马利邦, 李梓妍, 王录仓, 等. 乡村政治能人治理能力与产业融合发展的耦合关系及作用机制 [J]. 地理学报, 2022, 77 (8): 1987 – 2005.

[54] 马晓河. 推进农村一二三产业融合发展的几点思考 [J]. 农村经营管理, 2016 (3): 28 – 29.

[55] 孟维福, 任碧云. 数字金融对农村产业融合的影响机制和空间效应 [J]. 西南民族大学学报 (人文社会科学版), 2023, 44 (3): 96 – 106.

[56] 孟维福, 郑素兰, 刘婧涵. 数字经济促进农村产业融合的影响机制与实证检验 [J]. 财经理论与实践, 2023, 44 (5): 84 – 91.

[57] 明庆忠, 史鹏飞, 韩剑磊. 旅游全产业链: 内涵、逻辑与构建 [J]. 学术探索, 2023 (1): 83 – 93.

[58] 宁静, 孙宇, 朴永鑫. 黑龙江省乡村人口 – 土地 – 产业融合发展对乡村经济的驱动路径研究: 基于 QCA 和 NCA 的复合分析方法 [J/OL]. 中国农业资源与区划, 1 – 12 [2024 – 07 – 20]. http: //kns. cnki. net/kcms/detail/11. 3513. S. 20240607. 1019. 002. html.

[59] 欧金荣, 张俊飚. 农业知识源头协同创新的理论构建及对策研究: 以农业院校为例 [J]. 科技进步与对策, 2012, 29 (16): 55 – 59.

[60] 欧沙, 成思婕, 罗晓霞, 等. 湖南省 "五化" 协同发展评价及对策 [J]. 经济地理, 2019, 39 (8): 44 – 50, 58.

[61] 欧阳胜. 贫困地区农村一二三产业融合发展模式研究 [J]. 贵州社会科学, 2017 (10): 156 – 161.

[62] 彭思喜, 李桦, 张日新. 基于要素协同的农业企业产学研深度融合模式与机制研究: 以温氏主导的产学研为例 [J]. 农业经济问题, 2023 (12): 113 – 129.

[63] 钱明辉, 李胡蓉, 郭佳璐, 等. 中国农村产业融合模式分析与融合度测算: 基于文本数据挖掘的视角 [J]. 农业经济问题, 2023 (6): 58 – 77.

[64] 邱密, 李建军. 荷兰 Rondeel 协同创新主体及机制研究 [J]. 科技进步与对策, 2014, 31 (15): 48-52.

[65] 邱书钦, 滕剑仑. 数字经济对农村三次产业融合发展影响的实证检验 [J]. 统计与决策, 2024, 40 (5): 67-72.

[66] 任杲, 宋迎昌. 中国农业全产业链优化的时代价值、理论框架与推进路径 [J]. 青海社会科学, 2023 (1): 79-85.

[67] 生吉萍, 莫际仙, 于滨铜, 等. 区块链技术何以赋能农业协同创新发展: 功能特征、增效机理与管理机制 [J]. 中国农村经济, 2021 (12): 22-43.

[68] 苏毅清, 游玉婷, 王志刚. 农村一二三产业融合发展: 理论探讨、现状分析与对策建议 [J]. 中国软科学, 2016 (8): 17-28.

[69] 孙宁, 杜运周, 陈凯薇. 混合方法研究的原理与设计: 以 QCA 与多案例研究的混合为例 [J/OL]. 南开管理评论, 1-16 [2024-07-20]. http://kns.cnki.net/kcms/detail/12.1288.f.20240606.1356.002.html.

[70] 汤洪俊, 朱宗友. 产业融合发展的若干思考 [J]. 宏观经济管理, 2017 (8): 48-52.

[71] 田彩红, 李琳, 廖斌. 农村一二三产业融合能否促进农业绿色发展?: 以长江经济带 579 个县域为例 [J]. 自然资源学报, 2024, 39 (3): 601-619.

[72] 田剑英. 农业全产业链融资方式与完善对策: 基于浙江省 55 条农业全产业链的调查与跟踪研究 [J]. 经济纵横, 2018 (9): 112-121.

[73] 王长征, 冉曦, 冉光和. 农民合作社推进农村产业融合的机制研究: 基于生产传统与现代市场的共生视角 [J]. 农业经济问题, 2022 (10): 60-71.

[74] 王超, 崔华清, 蒋彬. 农业文化遗产如何推进农村一二三产业融合发展?: 基于共生系统说的贵州从江占里侗寨案例探索 [J]. 广西民族研

究，2023（3）：164 – 172.

[75] 王丹，赵新力，杜旭，等. 国家农业科技创新系统生态演化研究[J]. 中国软科学，2021（12）：41 – 49，83.

[76] 王丹，赵新力，张翔玮，等. 农业科技协同创新网络的理论模型、结构特征与优化对策研究[J]. 中国科技论坛，2023（9）：163 – 175.

[77] 王海飞，钱茜. 数字经济赋能我国农村三次产业融合发展研究[J]. 甘肃社会科学，2024（2）：196 – 205.

[78] 王乐君，寇广增. 促进农村一二三产业融合发展的若干思考[J]. 农业经济问题，2017（6）：82 – 89.

[79] 王农，周莉，王跃华，等. 农业科研协同创新动力机制研究探讨[J]. 科学管理研究，2016，34（1）：91 – 92，120.

[80] 王琴，李敬，刘洋. 农村产业融合对县域共同富裕的影响[J]. 统计与决策，2023，39（19）：28 – 33.

[81] 王庆芳，郭金兴. 中国农村剩余劳动力估计：2010—2018 年[J]. 经济理论与经济管理，2021（12）：93 – 110.

[82] 王腾，关忠诚，郑海军. 政府干预下的创新联盟协同行为演化博弈分析：基于联盟分类视角[J]. 技术经济，2023，42（3）：102 – 113.

[83] 王文亮，李雪梅，肖美丹，等. 校企协同创新驱动要素分析：以河南农业大学为例[J]. 技术经济与管理研究，2015（1）：26 – 31.

[84] 王晓君，孙立新，吴敬学，等. 创新要素集聚对京津冀农业科技协同发展的影响[J]. 地域研究与开发，2021，40（3）：140 – 144，150.

[85] 王学真，郭剑雄. 协同创新是农业现代化转型之路[J]. 经济管理，2000（3）：23 – 25.

[86] 王燕，刘晗，赵连明，等. 乡村振兴战略下西部地区农业科技协同创新模式选择与实现路径[J]. 管理世界，2018，34（6）：12 – 23.

[87] 魏晓蓓，王淼. "互联网＋"背景下全产业链模式助推农业产业升

级 [J]. 山东社会科学, 2018 (10): 167-172.

[88] 文雁兵. 我国农业科技自主创新能力研究 [J]. 科学学研究, 2015, 33 (7): 1017-1025.

[89] 吴丽丽, 朱世友, 吕永强. 安徽省农村三产融合发展水平评价及优化路径 [J/OL]. 中国农业资源与区划, 1-11 [2024-07-20]. http://kns.cnki.net/kcms/detail/11.3513.S.20240325.1019.004.html.

[90] 夏岩磊, 韩慧霞, 翟璐. 主体协同、报酬溢价与农业科技园区创新能力 [J]. 统计与信息论坛, 2021, 36 (9): 98-109.

[91] 项诚, 毛世平. 组织模式协同是否影响研究机构创新产出 [J]. 中国科技论坛, 2019 (12): 31-39.

[92] 谢帮生, 陈鎏鹏, 董丙瑞, 等. 农村产业融合的农业碳减排效应研究 [J]. 农林经济管理学报, 2024, 23 (2): 197-205.

[93] 谢智敏, 王霞, 杜运周. 创业生态系统如何促进城市创业质量: 基于模糊集定性比较分析 [J]. 科学学与科学技术管理, 2020, 41 (11): 68-82.

[94] 解学梅. 都市圈城际技术创新"孤岛效应"机理研究 [J]. 科学学与科学技术管理, 2010 (10): 78-83.

[95] 徐鹏杰. 新型农村集体经济、产业融合发展与农民农村共同富裕 [J]. 财经科学, 2023 (12): 68-81.

[96] 徐宣国, 尹春凤, 崔丙群. 种业振兴背景下种子企业与农业科技园区协同创新实证分析 [J]. 中国科技论坛, 2023 (2): 93-103.

[97] 许伟. 农村产业融合与县域经济增长: 基于农村产业融合发展试点政策的经验证据 [J]. 世界农业, 2023 (7): 98-111.

[98] 许伟. "鱼"与"熊掌"兼得: 农村产业融合的城乡共富效应 [J]. 农林经济管理学报, 2023, 22 (3): 359-368.

[99] 易加斌, 李霄, 杨小平, 等. 创新生态系统理论视角下的农业数

字化转型：驱动因素、战略框架与实施路径 [J]. 农业经济问题，2021 (7)：101-116.

[100] 尹成杰. "三产融合" 打造农业产业化升级版 [J]. 农村经济，2016 (7)：20-22.

[101] 尹春凤，徐宣国，崔丙群. 种业振兴背景下我国作物育种区域协同创新水平测度与评价：基于种子龙头企业与农业科技园区的实证分析 [J]. 科技管理研究，2022，42 (16)：55-61.

[102] 余庆来，杨普，李东平，等. 基于与农业企业协同创新的路径、问题与对策研究 [J]. 科技管理研究，2018，38 (9)：166-169.

[103] 袁伟民，赵泽阳. 农业科技成果转化内卷化：困境表征与破解进路 [J]. 西北农林科技大学学报 (社会科学版)，2022，22 (2)：104-113.

[104] 曾龙，陈淑云，付振奇. 土地规模化经营对农村产业融合发展的影响及作用机制 [J]. 资源科学，2022，44 (8)：1560-1576.

[105] 张慧利，夏显力，蔡洁，等. "三站链合" 创新驱动现代农业全产业链发展的理论与实践：以苹果产业为例 [J]. 科学管理研究，2018，36 (4)：60-64.

[106] 张立新，袁雪. 农村产业融合发展认知对返乡农民工创业能力的影响：基于复合多重中介效应模型的实证检验 [J]. 农业经济与管理，2021 (1)：104-116.

[107] 张林，曹星梅，温涛. 中国农村产业融合发展的区域差异与空间收敛性研究 [J]. 统计与信息论坛，2023，38 (4)：71-87.

[108] 张林，温涛. 数字普惠金融如何影响农村产业融合发展 [J]. 中国农村经济，2022 (7)：59-80.

[109] 张明，陈伟宏，蓝海林. 中国企业 "凭什么" 完全并购境外高新技术企业：基于 94 个案例的模糊集定性比较分析 (fsQCA) [J]. 中国工业经济，2019 (4)：117-135.

［110］张毅，杨金江．现代设施农业的创新发展：理论逻辑、现实情境与改革路径［J］．东岳论丛，2024，45（1）：68－77．

［111］张岳，周应恒．数字普惠金融、传统金融竞争与农村产业融合［J］．农业技术经济，2021（9）：68－82．

［112］赵霞，韩一军，姜楠．农村三产融合：内涵界定、现实意义及驱动因素分析［J］．农业经济问题，2017（4）：49－58．

［113］郑风田，乔慧．农村一二三产业融合发展的机遇、挑战与方向［J］．中国合作经济，2016（12）：17．

［114］周芳，朱朝枝．农村三产融合的动态演进路径分析：基于扎根理论的研究方法［J］．福建论坛（人文社会科学版），2021（4）：92－103．

［115］朱信凯，徐星美．一二三产业融合发展的问题与对策研究［J］．华中农业大学学报（社会科学版），2017（4）：9－12．

［116］Fiss P C. Building better causal theories：A fuzzy set approach to typologies in organization research［J］. Academy of Management Journal，2011，54（2）：393－420.

［117］Furnari S，Crilly D，Misangyi V F，et al. Capturing Causal Complexity：Heuristics for Configurational Theorizing［J］. Academy of Management Review，2020.

［118］Gioia D A，Corley K G，Hamilton A L. Seeking qualitative rigor in inductive research：Notes on the Gioia methodology［J］. Organizational Research Methods，2013，16（1）：15－31.

［119］Gomes C P，Lopes P D，Carvalho L. Industry fusion：A systematic literature review［J］. Journal of Cleaner Production，2021，295：126427.

［120］Nambisan S，Lyytinen K，Song M. Digital innovation in the networked economy：A review and research agenda［J］. Information Systems Research，2019，30（1）：18－42.

[121] Ritala P, Hurmelinna-Laukkanen P, Saarijärvi H. Digital transformation through industry fusion: A systematic literature review [J]. Industrial Marketing Management, 2020, 85: 257 – 270.

[122] Vis B, Woldendorp J, Keman H. Examining variation in economic performance using fuzzy-sets [J]. Quality & Quantity, 2013, 47: 1971 – 1989.